"十四五"职业教育国家规划教材

民航服务沟通技巧

Communication Skills in Civil Aviation Service

主　审　赵居礼
主　编　安　心　韩春梅
副主编　邓丽君　申永强
　　　　董　媛　张馨予

北京理工大学出版社
BEIJING INSTITUTE OF TECHNOLOGY PRESS

内容提要

本书为"十四五"职业教育国家规划教材。全书根据高等院校民航运输类相关专业人才培养目标及专业教学改革要求进行编写。全书共分为7个模块，主要包括认识服务与民航服务、沟通知识必备、民航地勤服务沟通技巧、客舱服务沟通技巧、特殊旅客沟通技巧、异常运输及突发事件服务沟通技巧、民航服务人员内部沟通技巧等内容。

本书可作为高等院校空中乘务、航空服务、民航运输等相关专业的教材，也可作为民航从业人员工作时的参考用书。

版权专有　侵权必究

图书在版编目（CIP）数据

民航服务沟通技巧 / 安心，韩春梅主编.--北京：北京理工大学出版社，2023.7重印
 ISBN 978-7-5763-0140-3

Ⅰ.①民… Ⅱ.①安… ②韩… Ⅲ.①民航运输－商业服务－高等学校－教材 Ⅳ.①F560.9

中国版本图书馆CIP数据核字（2021）第164310号

出版发行 / 北京理工大学出版社有限责任公司	
社　　址 / 北京市海淀区中关村南大街5号	
邮　　编 / 100081	
电　　话 /（010）68914775（总编室）	
（010）82562903（教材售后服务热线）	
（010）68944723（其他图书服务热线）	
网　　址 / http://www.bitpress.com.cn	
经　　销 / 全国各地新华书店	
印　　刷 / 河北鑫彩博图印刷有限公司	
开　　本 / 787毫米×1092毫米　1/16	
印　　张 / 16.5	责任编辑 / 李　薇
字　　数 / 352千字	文案编辑 / 李　薇
版　　次 / 2023年7月第1版第3次印刷	责任校对 / 周瑞红
定　　价 / 49.00元	责任印制 / 边心超

图书出现印装质量问题，请拨打售后服务热线，本社负责调换

前言

随着我国国民经济的飞速发展和综合国力的不断增强，民航运输业逐步进入了崭新的发展阶段。民航运输业作为公共交通运输的重要组成部分，是推动我国经济社会发展的战略性产业。当前，我国民航强国建设已进入关键时期，建设民航强国，既是更好地服务国家发展战略，满足人民美好生活需求的客观需要，也是深化民航供给侧结构性改革，提升运行效率和服务品质，支撑交通强国建设的内在要求。

民航服务是以旅客的需求为中心，为满足旅客的出行需要而提供的一种服务。随着民航运输业的飞速发展，如何为旅客提供优质高效、热情周到的服务直接关系到民航企业的生存与发展，这就要求民航服务人员在工作中必须具备良好的沟通与交流能力，并掌握一定的沟通方法和技巧。本书编者结合党的二十大报告中关于"全面贯彻党的教育方针，落实立德树人根本任务"，"推进产教融合"，优化职业教育类型定位"，"推进教育数字化，建设全民终身学习的学习型社会、学习型大国"等相关要求，对教材内容进行了修订完善，旨在培养民航业发展需要的德才兼备的高素质人才。与同类教材相比，本书特色及优势主要体现在以下几方面：

1. 依据最新《高等职业学校空中乘务专业教学标准》，由校企合作共同编写。在保持学科知识系统性和完整性的同时，融入课程思政内容和民航从业人员的岗位知识技能，注重学生综合能力的培养。

2. 采用模块单元制体例进行编写，注重目标导向，由典型案例导入单元内容，穿插"职场小贴士""拓展阅读"等栏目，配有模块小结、岗位典型工作任务实训，坚持理论学习与能力训练有机结合。

3. 教材内容对接岗位任职要求、职业资格证书考试、乘务技能大赛等，以在线答题的形式，考察学习效果，推动岗课赛证融通。

4. 配套国家级专业教学资源库资源，通过扫码即可在线观看微课及相关视频，实现课堂内外互动学习，满足信息化教学需要。

本书由西安航空职业技术学院安心、韩春梅担任主编，由西安航空职业技术学院邓丽君，西部机场集团有限公司申永强，陕西财经职业技术学院董媛、张馨予担任副主编。具体编写分工为：韩春梅编写模块一、模块二，安心编写模块三、模块五、模块六，邓丽君、董媛、张馨予共同编写模块四、模块七，申永强负责本书配套资源的制作及整理。全书由航空工业职业教育教学指导委员会副主任委员赵居礼（二级教授）担任主审。

本书在编写的过程中，参阅了许多相关书籍、文献资料和相关案例，并借鉴了诸多学者、行业专家以及同行的著作和研究成果，在此表示衷心的感谢！

由于编者水平有限，加之编写时间仓促，书中难免存在疏漏及不妥之处，敬请广大读者批评指正。

编　者

为了给相关专业的院校师生提供更多增值服务，我们还特意开通了"建艺通"微信公众号，负责对教材配套资源进行统一管理，并为读者提供行业资讯及配套资源下载服务。如果您在使用本教材过程中，有任何建议或疑问，可通过"建艺通"微信公众号向我们反馈。

"建艺通"微信公众号

目 录

模块一 认识服务与民航服务 001

单元一　认识服务 003
　一、认识服务的特征 003
　二、遵守服务原则 004
　三、提高服务意识 005
单元二　认识民航服务 006
　一、了解民航服务的岗位特征 006
　二、熟悉民航服务内容 007
　三、遵循民航服务原则 011
　四、走出民航服务的误区 014

模块二 沟通知识必备 019

单元一　认识沟通 021
　一、认识良好沟通的重要性 021
　二、明确沟通七要素 022
单元二　明确沟通形态 025
　一、倾听 025
　二、口头语言沟通 034
　三、身体语言沟通 037
　四、书面沟通 039
单元三　选择沟通方式 040
　一、面谈沟通 040
　二、会议沟通 041
　三、电话沟通 042
　四、邮件沟通 044
单元四　克服沟通障碍 045
　一、克服心理障碍 045
　二、克服语言障碍 047
　三、克服不同习俗与文化带来的障碍 048
　四、避免沟通误区 048

模块三 民航地勤服务沟通技巧 055

单元一　电话咨询服务沟通　057
一、明确一般要求　057
二、电话问询沟通　059
三、处理电话投诉　061
四、业务办理沟通　062

单元二　售票服务沟通　063
一、了解沟通方式　063
二、明确沟通要求　065
三、掌握沟通用语　068

单元三　候机服务沟通　070
一、了解沟通方式　070
二、明确沟通要求　071
三、候机销售　074
四、候机广播　074
五、过站分流服务沟通　079
六、登机服务沟通　080

单元四　值机服务沟通　081
一、了解沟通方式　081
二、明确沟通要求　083
三、晚到旅客沟通　085
四、团队旅客沟通　086
五、需托运小动物旅客沟通　086

单元五　安检服务沟通　090
一、了解沟通方式　090
二、明确沟通技巧　092

单元六　行李提取服务沟通　093
一、了解沟通方式　094
二、明确沟通要求　094
三、少收行李的处理与沟通　098
四、污损（破损）行李的处理与沟通　099
五、托运行李内物品被盗丢失的处理与沟通　100

模块四 客舱服务沟通技巧 105

单元一　客舱迎送服务沟通　107
一、明确客舱迎送服务沟通要求　107
二、掌握客舱迎送服务用语　108
单元二　安全检查沟通　109

一、明确安全检查沟通要求 …………… 109
　　二、掌握安全检查用语 …………………… 112
单元三　客舱巡视服务沟通 ……………………… 112
　　一、明确客舱巡视沟通要求 ……………… 113
　　二、掌握客舱巡视用语 …………………… 114
单元四　客舱广播沟通 …………………………… 115
　　一、明确客舱广播沟通要求 ……………… 115
　　二、掌握客舱广播用语 …………………… 116
单元五　客舱餐饮服务沟通 ……………………… 125
　　一、明确客舱餐饮服务沟通要求 ………… 125
　　二、掌握客舱餐饮服务用语 ……………… 126
单元六　客舱投诉处理 …………………………… 128
　　一、了解处理旅客投诉的原则 …………… 128
　　二、掌握处理旅客投诉的方式方法 ……… 131
　　三、熟悉常用的处理旅客投诉的小窍门 … 132

模块五　特殊旅客沟通技巧　139

单元一　特殊旅客服务沟通基础 ………………… 141
　　一、充分了解旅客 ………………………… 141
　　二、做好沟通准备 ………………………… 142
单元二　重要旅客沟通 …………………………… 143
　　一、了解重要旅客服务需求 ……………… 144
　　二、遵守重要旅客服务标准 ……………… 146
　　三、明确重要旅客的沟通原则 …………… 148
　　四、掌握重要旅客沟通用语 ……………… 149
单元三　儿童旅客沟通 …………………………… 149
　　一、了解儿童旅客服务需求 ……………… 150
　　二、遵守儿童旅客服务原则 ……………… 153
　　三、与儿童旅客的语言沟通 ……………… 153
　　四、与儿童旅客的非语言沟通 …………… 154
　　五、与自闭症儿童旅客的沟通 …………… 154
单元四　老弱旅客沟通 …………………………… 155
　　一、了解老弱旅客服务需求 ……………… 156
　　二、遵守老弱旅客服务原则 ……………… 158
　　三、掌握老弱旅客服务沟通要点 ………… 158
单元五　病残旅客沟通 …………………………… 159
　　一、了解病残旅客服务需求 ……………… 160

二、遵守病残旅客的服务原则 …………………… 161
三、掌握病残旅客的沟通要点 …………………… 163
单元六　孕妇旅客沟通 …………………………………… 166
一、了解孕妇旅客的服务需求 …………………… 167
二、遵守孕妇旅客的服务原则 …………………… 168
三、掌握孕妇旅客的沟通要点 …………………… 168
单元七　醉酒旅客与额外占座旅客沟通 ………………… 169
一、醉酒旅客沟通 ………………………………… 169
二、额外占座旅客沟通 …………………………… 170
单元八　遣返旅客及在押人员沟通 ……………………… 171
一、遣返旅客沟通 ………………………………… 171
二、在押人员沟通 ………………………………… 172
单元九　国际航班旅客沟通 ……………………………… 172
一、语言沟通 ……………………………………… 172
二、非语言沟通 …………………………………… 173
三、不同国家旅客的服务沟通 …………………… 176

模块六
异常运输及突发事件服务沟通技巧
179

单元一　旅客运输异常服务沟通 ………………………… 181
一、误机旅客沟通 ………………………………… 181
二、漏乘旅客沟通 ………………………………… 182
三、错乘旅客沟通 ………………………………… 184
四、登机牌遗失、漏扫或漏撕沟通 ……………… 185
五、航班超售沟通 ………………………………… 187
单元二　航班运输异常服务沟通 ………………………… 192
一、航班延误及取消服务沟通 …………………… 192
二、航班中断服务沟通 …………………………… 201
三、航班返航服务沟通 …………………………… 201
四、补班服务沟通 ………………………………… 202
五、航班备降服务沟通 …………………………… 202
单元三　突发事件服务沟通 ……………………………… 208
一、了解突发事件的特殊性 ……………………… 208
二、关注突发事件对旅客的影响 ………………… 213
三、掌握突发事件旅客情绪安抚技巧 …………… 214
四、掌握民航突发事件播音技巧 ………………… 221

模块七 民航服务人员内部沟通技巧

单元一　正式沟通与非正式沟通…………………………235
　一、正式沟通……………………………………………235
　二、非正式沟通…………………………………………239

单元二　上行沟通…………………………………………242
　一、明确上行沟通要求…………………………………242
　二、掌握上行沟通语言技巧……………………………243
　三、掌握上行沟通非语言技巧…………………………244

单元三　下行沟通…………………………………………244
　一、与下属建立良好的沟通关系………………………245
　二、掌握赞美下属的技巧………………………………246
　三、掌握批评下属的技巧………………………………247

单元四　平行沟通…………………………………………247
　一、明确平行沟通的要求………………………………248
　二、掌握平行沟通的语言技巧…………………………249

参考文献……………………………………………………254

模块一
认识服务与民航服务

1. 了解服务的特征及服务原则；
2. 熟悉民航服务的独特性及民航服务原则；
3. 熟悉民航服务的工作内容；
4. 明确民航服务常见误区。

1. 能够提高自身的服务意识；
2. 能够遵守民航服务原则、提高民航服务质量；
3. 能够走出民航服务的误区，更好地服务旅客。

1. 树立民航服务意识，秉承"真情服务"理念，提高服务质量；
2. 深入研究人民群众对航空服务的需求，将"永远把人民对美好生活的向往作为奋斗目标"这一理念真正落实到民航工作中。

一天，某航空公司收到旅客投诉：一位旅客称自己于××月××日乘坐××航班前往香港，办完乘机手续后进入贵宾室休息。当旅客双手提着行李走到贵宾室门口时遭到了服务人员的阻拦，要求旅客出示登机牌，也不做任何解释，对此旅客非常不满，因此投诉；另一位旅客原计划乘坐××月××日的××航班前往北京，由于该航班取消，旅客急于要赶往北京，于是同意再付200元升至另外的××航班的头等舱，当旅客拿着空白旅客订座单前往"晚到柜台"请工作人员签字时，当值工作人员不予理睬与进行业务办理，且态度恶劣，因此，旅客感到不满并作出投诉。

两个案例中，旅客投诉的原因都是对服务人员的服务态度和服务方式感到不满，那么民航服务人员在为旅客服务的过程中应该怎么规范自己的言行，才能减少旅客投诉呢？

单元一 认识服务

一、认识服务的特征

服务是指为他人做事,并使他人从中受益的一种有偿或无偿的活动。它是以提供活劳动的形式满足他人某种特殊需要,并让他人拥有满足的心理感受,充分体验服务这种产品的附加值。

由此,服务的含义包含以下三层:

第一,服务是一种满足他人或组织需要的行为;

第二,服务是一个互动交流的过程;

第三,服务是一项追求双赢的表现。

服务作为一种特定的产品与一般产品相比,具有以下显著特征。

▲ 微课:服务的本质

1. 无形性

服务的无形性是指服务与有形的实体产品相比,其特质及组成服务的元素是无形无质的,同时又表现为生产与消费的同时性。也就是说,服务的生产和消费大都是同时进行的,服务的生产过程同时也是服务的消费过程。服务过程只可以感觉,却不具有可视性。消费者关注的不仅是有形的物质产品,而且更加注重作为产品有机组成部分的服务的无形性,而服务质量很大程度上依靠服务人员的表现来实现,无形性是服务的最基本特征,其他特征是由此特征派生而来。

2. 差异性

服务的差异性是指服务的构成成分及质量水平经常发生变化,很难人为控制。服务行业是以"人"为中心的产业,服务虽然有一定的标准,但会因人、因时、因地而表现出差异性,如有经验的员工与没有经验的员工提供给顾客的服务可能差距甚远,有服务热情的员工与缺乏服务热情的员工提供的服务效果也不同,同一员工受到激励时和缺乏激励时的服务效果也是不一样的。

3. 利他性

服务的利他性是指服务人员和服务企业为满足他人需求的行为,或者说是为他人提供有益的服务的活动,而不是为满足自身需要的活动,并通过提供服务获得他人的满意和好评。

4. 不可储存性

服务的不可储存性是指服务不像有形的产品可以储存起来,以备将来出售或消费。服务产品的无形性、生产和消费的不可分离性,使服务不可能像实物产品一样被储存,只能在生产的同时被即时消费。例如,民航服务是有形的实物产品和无形的服

务活动所构成的集合体。

5. 质量测评的复杂性

实物产品由于具有实体性特点，可以按照统一的工艺流程进行生产，按照统一的技术标准进行质量测评，而测评无形的、不能储存的服务产品的质量是非常复杂的，服务企业很难通过标准化管理来保证服务产品的质量。

二、遵守服务原则

1. 真诚服务、感恩服务

真诚是一种美德，是做人的底线原则，也是同事、朋友之间交往得以持续的保证。真诚要求人们注重自身的品德修养，成为一个真诚的人，勤于学习、勤于事务，并懂得耻辱。真诚的品德要求员工安分守己，摆正自己的位置。在民航企业里，服务人员摆不正自己位置的情况十分普遍，特别是在为旅客服务时，常常有混淆服务与被服务关系的情况发生。在民航企业内部管理方面，服务人员摆不正自己位置的情况也时有发生，部分员工一旦受到束缚，达不到目的，就会跳出来无端责怪他人，形成无原则的纠纷。

"感恩服务"即以一颗感恩的心去善待、呵护旅客，用心服务，用心沟通。感恩是对他人所给的帮助和恩惠表示感谢和感激之情，感恩是一种好习惯。感恩，说明一个人对自己与他人和社会的关系有着正确的认识；报恩，则是一种责任感。若没有人与人之间的感恩和报恩，很难想象一个社会能够正常运转；一个没有感恩情怀，不知道感恩、报恩的民族，是一个没有希望和未来的民族。

2. 相互尊重，相互理解

要想获得旅客的尊重，首先就要尊重他人。人们的思想和言行以至文化背景都是存在差异的，承认这种差异的存在是一种理性思维。人们渴望获得他人的认可和肯定，包括被给予尊重、赞美、赏识和承认地位。尊重是一种修养，尊重是不分对象的，无论对方的身份和社会地位如何，都值得被尊重，而在心理上处于弱势的群体或身处逆境的人更需要得到尊重。尊重是相互的，只有尊重他人才能赢得他人的尊重，只有相互尊重才会产生真正意义上的沟通。民航服务人员应该通过为旅客提供优质服务来获得旅客的尊重，每家航空公司无论在地面和还是空中都有严格的服务流程，针对不同旅客群体提供个性化的服务。民航服务的专业性极强，旅客在接受服务的各个场所都有知情权，如航班延误、取消、客舱服务等。只有专业的服务，才能得到旅客的认同，进而得到旅客的尊重。因此，实现相互尊重是旅客与服务人员进行良好沟通的前提。

每一个人看世界的角度都不尽相同，每一种审美的眼光都体现了一个人的修养。素质好，文明程度高；素质差，文明程度低。差异的存在是世界多样化的特征。《论语》中有："君子和而不同，小人同而不和。"意思是求同存异，不必求全。我们应该有胸怀去理解别人的不同观点，做到换位思考，在相互尊重的基础上，相互理解，这样才有利于进行有效沟通。从服务人员的角度出发,应尽可能多地去了解旅客的生理和心理需求,理解旅客的情绪状态。在出行过程中,旅客遇到航班延误等情况很容易出现消极负面情绪,对此,民航服务人员不仅要给予充分理解,还要多关心、多疏导旅客不良情绪,通过自己的努力和优质的服务赢得旅客的理解与信任。

3. 主动沟通,包容沟通

主动就是"没有人告诉你而你正做着恰当的事情"。主动沟通是沟通的发起者主动寻找话题与沟通对象进行交流。在民航服务中,主动沟通可以满足旅客的知情权,可以避免旅客产生误会,可以化解矛盾,还可以将误会消灭在萌芽状态。

中华文明历来崇尚"上善若水""有容乃大"等情操,这些思想表明了包容是一种胸怀、一种修养、一种人生境界。世界是多元的,人的个性又是多样的,哲学家提到"我们争论是因为我们看世界的角度不同",因此,学会站在他人的角度看问题,容易更好地理解彼此的观点。

由于服务工作会接触到各种各样的旅客,而不同旅客的爱好和需求千差万别,这就要求服务人员学会包容,包容他人的不同喜好,包容他人的挑剔。服务人员需要培养同理心,需要去接纳差异,包容差异。

三、提高服务意识

作为一个企业,特别是民航这样的服务行业中的企业,服务意识必须作为对员工的基本素质要求加以重视。每一个员工也必须树立起自己的服务意识。

服务意识是指服务人员有随时为客户提供各种服务的、积极的思想意识。它通过客户对服务的感觉、认识、思维而形成,与组织精神、职业道德、价值观念和文化修养等紧密相连,是热爱本职工作的表现。服务意识的核心理念是:服务既不是下贱的,也不是低人一等的,服务是光荣的。中国封建社会的"重农抑商"思想,导致人们轻视商业、服务业,看不起提供服务的工作。在这一传统思想影响下,时至今日许多年轻人在选择职业时,仍对把服务业作为终身职业心有不甘,这种观点与西方发达国家相比差别较大。其实,今天服务的"内涵"比以往扩大了很多。现代服务业的不断扩展,社会分工促成了繁杂的行业、工种与岗位的产生,它们支撑着社会肌体的正常运转。每个人都是在为他人做工作,同时也都在接受着他人的服务。整个社会就像一个服务网络,每个人都是其中的一个节点。我们应该清醒地意识到,服务是光荣的,离开了服务,当今社会就无法正常运转。

▲微课:服务意识

服务意识的要求如下:

1. 明确角色

服务人员与服务对象之间是服务与被服务的关系,是服务产品的提供者与消费者的关系。尽管双方在人格上是完全平等的,但所承担的社会角色完全不同,在服务岗位上自然就不能与服务对象平起平坐。与此相反,有的服务人员认为自己就是侍候人的，在服务对象面前唯唯诺诺、谦恭过头，这完全没有必要。现代社会不同于封建社会，等级观念已完全被打破，服务人员绝不是奴隶和小听差，不必自卑自贱。美国的里兹·卡尔顿酒店提出一个口号："我们是为先生女士服务的先生女士。"能正确认识自身价值，自尊自重，自豪而不自卑，将更能得到客人的尊重。

2. 关注细节

服务人员要想满足服务对象的不同需要，不能只关注所谓大事，而是必须从细节做起，关注细节。不论工作如何繁杂而琐碎，还是多么简单与重复，都要重视、留神、认真、严谨地对待每一个细微之处。对服务人员来说，服务工作是日复一日的，是成百上千次的，但对服务对象来说，却可能是第一次，甚至是唯一的一次感受。因此，服务人员不仅要认真细致地做好每一个服务对象的高质量服务工作，在服务过程中耐心细致地做好每一件小事，使服务对象无时无刻地感到这种服务是一种美好的经历和享受。俗话说"细节决定成败"，有时是看起来微不足道的小事，却能给服务对象留下深刻的印象，这直接决定了他们对服务的评价。眼下许多个性化服务的核心其实就是关注细节服务，其结果往往是感动服务对象，培养了终身客户。

3. 善解人意

善解人意，就是服务人员要学会揣摩客人心理和换位思考。服务是一门艺术，服务人员应该研究每一位服务对象的不同服务需求，在向服务对象提供服务时，要综合考虑对方的身份地位、消费能力、修养和心理，甚至是对方与同来的其他服务对象之间的关系，据此来揣摩服务对象的心理，然后依照各自不同的情况，提供有针对性的差异化服务。在揣摩服务对象的基础之上，服务人员还应学会换位思考，即要站在服务对象的角度去考虑问题，主动进入对方的角色，思考旅客所需要的究竟是什么，只有这样才能真正做到服务到客人的心坎上。

4. 一视同仁

在服务行业中，服务人员对所有的服务对象不分性别、国籍、民族、肤色、服饰、宗教信仰、文化程度、社会地位、经济状况，都应一视同仁，热情服务。

单元二　认识民航服务

一、了解民航服务的岗位特征

民航服务就是以旅客的需求为中心，为满足旅客的需求而提供的一种服务。从广义的角度看，民航服务不仅包括单纯的服务技巧，还包括航空公司所提供的各项内外设施，是有形设施和无形服务共同组合而成的有机整体；从旅客的角度看，民航服务是旅客在消费过程中所感受到的一切行为和反应，可以说是一种感受，也可以说是航

模块一 认识服务与民航服务

空公司及服务人员的表现给他们留下的印象和体验；从航空公司的角度看，民航服务的本质是员工的工作表现。这是航空公司提供给旅客的无形产品，而这个产品具有消费和生产同时发生的特性，并且不可能储存。

优质的民航服务，应该能够让旅客产生温暖的、被了解、被关注的宾至如归的良好感觉，并由此达到让旅客渴望再次光临的效果。民航服务具有知识型岗位和简单操作型岗位的双重特点，或者说是这两类岗位的混合体，具体特点包括：

（1）一定的灵活性。民航服务岗位工作的灵活性在于其服务对象、服务场景的多变性。由于服务对象是活生生的人，而且服务场景不断发生变化，这决定了在工作过程中会有很多难以预料的情况发生，需要服务人员灵活处理，竭尽全力为顾客提供优质的服务。

（2）一定的创造性。民航服务岗位的工作除像知识型岗位那样具有灵活性的特点外，还具有一定的创造性。其服务岗位的现有服务规程不可能囊括将要面对的所有服务环节，尤其是对于一些服务细节的处理更需要员工发挥创造力。

（3）很强的主动性。主动服务是一种发自内心、充满真情实意的服务，其服务效果与被动服务效果差异明显。在服务企业流传着这样一个衡量微笑的标准，就是看服务人员微笑时是否正好露出 8 颗牙齿。实际上，真正让旅客感到愉快的微笑标准并不是看露出的牙齿是多少，而是看微笑是否发自于内心，是否是主动的微笑。生硬的微笑与冰冷的面孔对于旅客来说是没有区别的。服务人员具备主动服务的意识，并能在旅客提出需求之前就察觉其需求而主动提供服务的行为，则会让旅客念念不忘。

（4）工作过程显性，工作行为具有可衡量性。民航服务岗位的工作过程一般都是外显的，这一点与生产操作型岗位有相似之处。乘客和管理者可以通过直接观察到的服务人员的行为举止评价其服务质量。虽然民航服务岗位的员工不像生产岗位的员工那样每个动作都能完全按规定要求做，但其工作的基本流程是明确和有章可循的。

（5）体力付出较大。许多民航服务岗位人员承担较大的体力付出，大多表现为需要长时间站立、行走，尤其是在机坪工作的岗位，对人员的身体健康条件提出了更高的要求。

二、熟悉民航服务内容

民航服务主要分为空中服务和地面服务两大部分，是机上乘务工作和机场地面工作的整体岗位概况，包括旅客从购票到安全抵达目的地的每一个环节，这些服务环节的优劣直接影响着每一位乘客的情绪。

（1）空中服务。空中服务主要包括空中乘务（图1-1）和空中安全两大类服务内容。前者主要是根据空中服务程序、标准及客舱安全管理规则在飞机客舱内为乘客提供的服务；后者肩负着空中飞行安全职责，但目前空中安全员多由男乘务员兼任。

（2）地面服务是一个广阔的职业操作系统，指在航空公司、机场地面服务的所有工作岗位。地面服务具体包括：

▲ 图 1-1　承担空中服务工作的客舱乘务员

1）值机。值机是指航空运输企业如航空公司、机场等专门为乘客乘机所设置的各项乘机手续办理程序的工作部门和岗位。

2）安检。安检是指负责整个机场隔离区内的安全保卫工作，一般为安检和护卫（图 1-2 和图 1-3）。

▲ 图 1-2　机场安检人员（一）　　　　▲ 图 1-3　机场安检人员（二）

3）VIP 客服。VIP 客服是指各大航空公司设在机场为会员服务的工作岗位。

4）调配。调配主要是指挥飞机降落、运行车辆停靠位置等的工作岗位。

5）票务。票务主要是指提供旅客客票的出售、退票、客票变更、客票遗失及团体旅客客票的处理等事务性服务的工作岗位。

模块一 认识服务与民航服务

职场小贴士

民航服务的类型

（1）民航商品性服务和民航劳务性服务。根据是否涉及民航商品的价值转移，可将民航服务分为民航商品性服务和民航劳务性服务两类。

1）民航商品性服务。民航商品性服务是指为民航商品的转移而提供的劳务，民航的这种服务内容转移了民航商品的价值，具体包括同变换民航商品价值形成有关的服务（例如：航空公司从甲城市运往乙城市的货物，这一过程所提供的所有劳务都属于商品性服务）、同增加商品价值有关的服务（例如：空中餐饮与食物的加工、航空公司为其货主运送活鱼、珍贵动物等活体动物所提供的容器、温度、含氧保证，候机楼内的餐厅、酒吧……这些都是一种加工性质的服务，通过这种服务增加或保持了商品的价值）及为民航旅客、货主提供内容复杂的服务（例如：为了方便旅客购票，客货代理部门提供了方便旅客购票的服务措施，这些服务措施也许并不能增加机票的商品价值，但是能增加客货代理部门的销售量，提高航空公司的在载运量）。

2）民航劳务性服务。民航劳务性服务是指不涉及民航商品本身价值转移的服务，主要是通过提供活动来满足旅客、货主的某种需要。民航劳务性服务涉及的范围甚广，可以说凡是涉及与民航商品价值无关或基本无关的保障性服务，都属于民航劳务性服务，如候机楼的问询问题、外汇兑换服务、电话服务、复印服务、安检服务、机场的餐饮服务等。

（2）事前服务、事中服务和事后服务。根据旅客、货主接受民航服务的时间顺序不同，可将民航服务分为事前服务、事中服务和事后服务。

1）事前服务。事前服务是指民航旅客、货主接触民航企业的服务前一段时间，民航企业为旅客、货主所做的服务内容。例如，航空公司通过一定的媒体，向旅客介绍航空旅行知识，向旅客推荐某一航线，从旅客的经济利益等因素出发，介绍什么情况下选择何种交通工具……事前服务对于旅客来说，他最想先得知的就是航空公司航线的航班是否方便自己的旅行，票价居于什么档次，对航空公司安全和整点的信心……民航事前服务更多体现在公关、广告宣传等服务内容上。在心理服务内容上，民航企业服务的经营方针、服务理念、有关服务人员的言谈举止等都会吸引旅客愿意接受民航企业的服务。

2）事中服务。事中服务是指旅客从购买机票，到达旅行目的地全过程中，民航企业所提供的服务内容。要使旅客满意，服务人员应该遵循几个基本原则：当好参谋，及时解答，提供方便，遇到特殊困难旅客及时帮助。

3）事后服务。到达目的地并不意味着民航企业与旅客建立的服务关系的结束。如果这时能针对旅客的一些需要提供及时的事后服务，可以使他们对民航企业增加信任感，促使他们成为"回头客"。

（3）民航功能性服务和民航心理性服务。根据服务层次高低不同，可将民航服务分为民航功能性服务和民航心理性服务。

民航功能性服务，也称作民航机能性服务或民航服务的硬件系统。其主要是指按民航商品价值要求所应达到的服务标准，包括物质保证条件和有形的制度保证等内容，至少包含以下三层含义：

1）有关民航商品本身的服务。如客货代理机构，应向旅客公开各航空公司各航线的票价；允许旅客自由选择航空公司；对旅客所提出的问题进行准确、耐心的解答；办理售票时在规定时间内办完有关手续；帮助旅客了解登机、乘机常识。

2）有关保障措施、设备的服务。这里包括的范围比较广，如对于航空公司而言，机型、航班正常率、航班延误或航班取消情况下的各种补救措施与服务的具体内容；再如，机场候机楼是否设有贵宾休息室、母子候机室，母子候机室是否有玩具、哺乳用具；候机楼是否有完善的信息传播系统、是否真正发挥作用等。这些都是检验机场候机楼功能完善程度及反映民航功能性服务水平的标志。

3）有关民航商品价值所必须达到的服务水平。这很容易理解，比如民航旅客中心的头等舱购买者、重要旅客等，从购票、候机、办理乘机手续、空中服务、纪念品的档次方面理应不同于普通旅客。

民航心理性服务也称为民航精神性服务或人的服务。这是一项高级的服务内容。在民航服务工作过程中，物质环境条件的满足仅仅是一方面，也是非常有限的层次较低的基础性服务；给予旅客、货主以心理（精神）上的满足会使他们对民航服务的印象良好。民航心理服务包括民航企业服务人员的仪表、气质风度、精神面貌、文明礼貌、语言艺术、与旅客的心理距离、处理服务冲突的艺术等内容。

（4）知识性服务、功能性服务、便利性服务和享受性服务。根据旅客的需求层次不同，可将民航服务分为功能性服务、便利性服务、享受性服务和知识性服务。

1）功能性服务除民航商品价值要求应达到服务水准外，还包括满足旅客的生理需求。如机场餐饮公司向旅客提供价廉物美、符合大众口味、干净卫生的饭菜，以满足他们消除饥渴的生理需要；机场宾馆要有适宜休息和睡眠的环境和必要的卫生设备，以满足旅客消除疲劳的生理需要。

2）便利性服务可以满足旅客求方便的要求。如机场餐厅不但能让旅客吃上价廉物美的餐食，还要求供应快捷、让过境旅客随到随吃。一个现代化的航空港应配有文娱场所、购物中心、停车场、出租车队……这种整体的服

模块一 认识服务与民航服务

> 务，使旅客处处感到方便、满足。
> 3）享受性服务满足旅客对舒适的要求。如机场候机楼整体布局和楼内陈设给人以美感，能提供丰富多彩、健康充实的物质和精神生活内容（如音乐、电视电影、图书等）；服务人员的服饰、语言、态度，服务内容的适时、恰当、具体、趣味、实惠、可靠及使旅客感到意料之外的服务，这些都会使旅客感到接受民航服务是一种享受。
> 4）知识性服务满足旅客扩大视野的要求，如介绍一些航空运输知识、飞机所飞越地区的人文文化景观、旅游景点的奇闻怪景等。

三、遵循民航服务原则

民航服务是由民航企业提供的，以满足旅客需要而从事的具体工作，实现旅客与民航企业双赢的活动过程。它包括民航地面服务、空中服务两方面的活动内容。

民航服务应遵守以下原则：

（1）三A法则。三A法则是由美国学者布吉林教授等人提出来的。它的基本含义是在人际交往中要成为受欢迎的人，就必须善于向交往对象表达我们的善良、尊重、友善之意。这种沟通技巧有三点内容，用英文来讲，这三点内容的每一个词的第一个字母都是A，所以称为三A法则。它们分别是接受对方（Accept）；欣赏对方（Appreciate）；赞美对方（Admire）。下面分别从服务技巧的角度来解读三A法则。

1）接受服务对象。接受服务对象实际上就是民航服务人员服务态度是否端正的问题。真正将旅客视为自己的上帝和衣食父母，诚心诚意地意识到旅客至上，自然而然就会认可对方、容纳对方、接近对方。只有做到了这一点，才能真正地提高自己的服务质量。如多使用礼貌用语、善用尊称、肢体语言和表情等，传导出亲切、温暖和友善的信息，才能为旅客所接纳、欢迎，从而留下良好的印象。

2）欣赏服务对象。欣赏服务对象是民航服务人员发自内心地表达对旅客的一种重视态度，这是对旅客表达敬重之意的具体化，主要表现为认真对待旅客，并且主动关心旅客。具体而言是通过民航服务人员提供的服务，使旅客真切地体验到自己备受民航服务人员关注、看重。如牢记旅客的姓名、善用尊称和倾听旅客要求等。

3）赞美服务对象。赞美服务对象实质上是民航服务人员对旅客的接受与重视的表现。从心理上讲，所有的人都希望自己能够得到他人的欣赏与肯定，而且他人对自己的欣赏与肯定越多越好。获得他人的赞美是对自己最大的欣赏与肯定。一个人在获得他人真诚的赞美时内心的愉悦程度常常是任何物质享受都难以比拟的。具体要求民航服务人员在服务过程中要善于发现旅客之所长，并且及时地、恰到好处地对其表示欣赏、肯定与称赞。这种做法的最大好处是可以争取旅客的合作，使民航服务人员与旅客双方在整个服务过程中和睦而友善地相处。

（2）首轮效应。首轮效应又叫作首度效应或第一印象效应。心理学家研究发现，人们的第一印象形成是非常短暂的，有人认为是见面的前40秒，有人甚至认为是前两秒，在一眨眼的工夫，人们就已经对你盖棺定论了。有时就是这几秒钟会决定一个人的命运，因为在生活节奏紧张的现代化社会，很少有人会愿意花更多时间去深入了解、旁观再证一个留给他不美好的第一印象的人。无论第一印象是正确还是错误的，大部分人都依赖于第一印象的信息，而这个第一印象的形成对于其日后有关这个人的决定起着非常大的作用。毫不夸张地说，第一印象就是效率，就是经济效益。它比第二次、第三次的印象和日后的了解更重要。民航企业的全体人员必须充分意识到树立良好第一印象的重要性。

无论是自己的个人形象，还是本单位的企业形象，都是自己对旅客所提供服务的有机组成部分之一，都会成为或积极或消极的第一印象的重要制约因素（图1-4）。所以，要树立以下几个方面的意识：

▲ 图1-4 民航服务人员专业化形象

1）形象是一种服务。个人形象、企业形象塑造得成功，不仅会令顾客感受到应有的尊重，而且还会使之在享受服务时感到赏心悦目、轻松舒畅。

2）形象是一种宣传。在民航企业里，个人形象、企业形象塑造得成功，就会使广大旅客有口皆碑，交口称道，并且广为传播，进而为自己吸引来更多的目标旅客。

3）形象是一种品牌。在市场经济条件下，拥有一种乃至数种知名品牌，往往会为自己带来巨大的好处。在任何一个服务单位里，如果全体员工的个人形象与整个企业的形象真正为社会所认同，久而久之就会形成一种同样难能可贵的品牌形象。

4）形象是一种效益。就形象塑造而言，投入与产出肯定是成正比的。民航企业的形象塑造得成功，自然会获得一定的社会效益与经济效益。

那么，如何在服务中给旅客塑造良好的第一印象，可以考虑从以下两个方面来打造：一是主观塑造，从容貌、服饰、身段、声音等方面，塑造自己良好的风格、风度和风范博取旅客的好感；二是客观塑造，从视觉感受、心理氛围、宣传信息、人际网络等方面，提升自己的修为和修养，以获取旅客的赞美。

（3）亲和效应。亲和效应是心理学上的一个概念。它的主要含义是：人们在交际应酬中，往往会因为彼此之间存在着某种共同之处或相似之处，从而感到相互之间更加容易接近。这种接近会使双方萌生亲密感，进而促使双方进一步相互接近、相互体谅。

在人与人交往的过程中，心理定式是普遍存在的，每个人的心中都有在一定时间内所形成的一种具有一定倾向性的心理趋势。即一个人在其过去已有经验的影响下，心理上对某一问题通常会处于一种准备的状态，从而对其认识问题、解决问题带有一定的倾向性与专注性。在与人交往的时候，大家都有一种认识倾向，对于那种他们看起来比较亲近的人会更乐于接近。人们往往会因为彼此存在着某种共同或近似之处，感到相互更容易接近；接近后，又因此萌生亲切感。这些共同之处，可以是血缘、地缘、学缘，也可以是志向、兴趣、爱好、利益。在现实生活中，我们往往更喜欢和那些与自己志向相同、利益一致，或者同属于某一团体、组织的人成为朋友。

民航业服务人员与旅客，尤其是常来常往的旅客彼此之间形成亲和力是非常有必要的，要做到这一点，需要做到以下4个方面：

1）待人如己。待人如己，也就是凡事为他人着想，站在他人的立场上思考，学会换位思考。换位思考即想问题、办事情，设身处地，转换角色，切身体会对方感受。正所谓一事当前，要想知道别人的想法，先问一问自己的想法；要想知道别人的感受，先想一想自己的感受。孔子所说的"己所不欲，勿施于人"，就是合了推己及人、待人若己的要义。无论说法怎么变换，古今中外都是一致认定：诚善对己，也要诚善对人，这样才能人己和谐，相得益彰。利己是人类的一种共性。在一般情况下，人们都通常会考虑自己的处境，爱护自己、保护自己、善待自己。在民航服务岗位上，民航服务人员要使旅客真正地感受到自己在服务工作中所表现出来的亲和力，就必须要做到待人如己，也就是说，民航服务人员在接待旅客，为其提供服务时，要像对待自己一样，而不是将其视为与自己毫不相干的人。

2）出自真心。民航服务人员对旅客提供服务时，还必须时刻留意，自己对对方的友善之意要出自真心、实心实意。不可以假乱真、虚情假意，利用对方对自己的信任去欺骗、愚弄对方。那样做即使可以得逞一时，也终会有一天因为真相大白而遭人唾弃，自毁信誉，因此，是得不偿失的。

3）不图回报。尽管从经营的角度来说，民航企业是注重投入与产出比例的，但是这只是就总体而言，具体到民航服务人员的每一项日常行为，如对旅客的待人如己、亲密无间等，就不能够立即要求回报。事实上，出自真心的热情服务是难以计价的，是不可用金钱来衡量的。否则，它便失去了自身存在的价值。

（4）末轮效应。末轮效应是指在服务过程中，民航服务人员和民航企业留给旅客的最后印象。其核心思想是要求人们在塑造自己的整体形象时，必须有始有终、始终如一。在人们相互认知与彼此交往的整个过程中，第一印象至关重要，但最后印象也同样发挥着关键的作用。因此，首轮效应理论与末轮效应理论并不是对立、矛盾的，实际上它们只不过讨论的是一个过程之中的两个不同侧面而已,二者同等重要。

根据人际交往的一般规律,在人们与其他人或其他事物的初次接触、交往中,通常对于第一印象比较重视。而当人们与其他人或其他事物发生过一段接触、交往之后,则对最后印象尤为看重。所以,民航企业与民航服务人员都应特别注意,在为旅客进行服务的整个过程中,如要给对方留下完美的印象,不仅要注意给对方留下良好的第一印象,也要注意给对方留下良好的最后印象。二者缺一,便难有完美的印象。

在服务过程中,得体而周全地运用末轮效应的理念,抓好最后的环节,至少对于民航企业存在以下三大好处:

1)有助于民航企业与民航服务人员始终如一地在旅客面前维护自己的完美形象。

2)有助于民航企业与民航服务人员为旅客热情服务的善意真正地获得对方的认可,并且被对方所愉快地接受。

3)有助于民航企业与民航服务人员在服务过程中克服短期行为与近视眼,从而赢得旅客的认可,并因此逐渐地提高本企业的社会效益与经济效益。

(5)零度干扰。零度干扰就是要求民航业与民航服务人员在服务过程中,为旅客创造一个宽松、舒畅、安全、自由、随意的环境,使旅客在享受服务的整个过程中,尽可能地保持良好的心情,获得精神上的愉悦。通过创造零度干扰的环境,注重与旅客保持适度的距离、热情有度的行为等方面,让旅客尊享自由自在的环境,获得美好的心理感受,凸显民航企业优质服务的价值。

▲ 微课:服务礼仪的内涵与核心

四、走出民航服务的误区

随着我国国民经济的飞速发展和综合国力的不断增强,我国民航企业也得到了快速发展。同时随着航空市场的逐步放开,外资航空公司凭借国内航空公司加入航空联盟、与其签订代码共享协议及我国第五航权的开放等机会进军中国航空运输市场。目前,中国民航正经历着"发展的阵痛",在服务质量提升上还处于探索阶段,因此,认真找准问题,有针对性地采取措施,提升服务质量走出民航服务的误区至关重要。

1. 理念、认识上的误区

(1)对行业认识的误区。人所共知,民航是一个服务行业,但是,一部分民航服务人员(特别是一些老员工)并不认可这一认知,他们内心深处还不愿接受民航是一种大众交通工具的概念,他们还没能从计划经济体制下的民航服务模式中走出来,那时的民航工作者令人向往,人们只有凭介绍信才能乘机。这种对现实行业服务特质的不认可,致使其在为旅客服务时常常存在较大的心理落差,遇到问题时常常不是积极主动地去协调、沟通、解决,而是产生不满、抱怨甚至发泄情绪。

(2)"伺候人"的观念误区。民航企业中一些年轻职工(尤其是刚走出校门的毕业生)对服务行业的理解还比较肤浅,他们对工作产生了一种单纯而片面的理解，认为找一份薪水高、不加班、冬夏有空调甚至最好一年有两次假期的工作比较体面。当他们来到民航企业后发现"理想"与现实存在差异，面对每天琐碎而有时还被误认为身份低微的工作，在对旅客的服务过程中就表现得缺乏耐心、得过且过，很难坚持发自内心的微笑服务。从另一个角度看，在旅客的眼中，民航服务人员的工作十分"体面"，他们在良好的环境中从事服务工作，就应该周到耐心、态度温和、彬彬有礼。由于服务者与被服务者双方观念不同，当遇到矛盾和问题时，民航服务人员难以站在旅客的角度去解决和处理，而旅客也难以理解服务人员的工作态度和处理方法，从而容易使服务工作陷入困境。

（3）"打发人"的观念误区。由于有些人的服务并不是真正地发自内心，因此有时有的服务人员面对旅客就会持一种"打发人"的态度，遇到特殊情况时也常常不负责任地拖延处理。例如，航空公司在处理航班不正常问题时都有一定的预案，但有的工作人员在执行预案时往往会有意无意地拖延处理，似乎能拖就拖，能够不给旅客补偿的就不给，能够少给一点的就少给一点，把旅客打发走了事。事实上，越是拖延到最后越难处理。

2．服务标准化的误区

民航服务一直以来都在坚持标准化和职业化的服务管理，规定了各类具体的服务标准，用服务标准来衡量、规范服务质量。民航服务的标准化塑造了其在国内各种交通方式中独特的形象，有利于主管部门对民航服务质量的量化管理，保障了民航企业的整体服务品质，也成为引领各种交通方式提高服务质量的标杆。然而，过度的标准化、唯标准的标准化服务也制约了民航服务品质的进一步提升。从某种角度看，服务标准成为约束民航企业和员工的行为准则，因为标准只规定了服务质量的最低要求，最高要求应该是旅客满意。如果以标准化未涉及作为企业或员工"不作为"的借口拒绝旅客合理合法的要求，标准化就走入了误区。另外，如果不能积极主动地为旅客提供"差异化"的服务，教条式的标准服务就难以获得旅客真正的满意。

3．服务问责误区

（1）责任模糊的误区。目前，民航企业已建立了分类齐全的行业法规体系，但是许多企业及员工对责任划分还不清楚，因此在面对旅客时过分地小心翼翼，担心摊上不必要的麻烦。在民航企业的管理中，如果责权利不明确、没有必要的培训教育、没有合理的服务流程，那么服务出现问题就应该由企业来承担责任。模糊不清的责任界限、不问青红皂白的问责都会让员工在任何情况下对旅客唯唯诺诺，从而导致个别旅客有恃无恐地违法胡闹。只有明确员工责任，才能让员工在明确界限的情况下有理有节地规劝、阻止旅客的错误行为。通过清楚的责任划分及时化解服务矛盾，才是问责的目的。

（2）责任承担的误区。由于认错就可能让企业及其员工做出某些牺牲，因此，许多员工不愿为服务矛盾负责，不愿认错，而是一味地遮掩、辩解，以避免自己承担责任。

4. 航班延误处理误区

（1）忽略旅客"被尊重"的心理需求。当航班延误时，了解旅客的真实需求，解其所急，提高服务水平才是避免冲突的良方妙药。一些民航企业及员工常抱怨被延误旅客没有给予服务人员应有的尊重，但如果换位思考，自己是否给了旅客应有的尊重呢？在航班延误时是否让旅客的知情权和选择权得到了充分的实现呢？如果在航班延误处置过程中，旅客"被尊重"的权利被忽略了，出现矛盾的主要责任就不应该在旅客身上。

（2）回避拖延。航班延误一直是困扰民航企业的难题，而由此带来的一系列服务问题更成为难中之难。目前，乘坐飞机逐渐成为大众所选择的出行方式，对于航班延误，个别旅客不能用合理、合法的手段来维权，不理性的吵闹甚至暴力冲突事件时有发生，给航空公司带来一定负面的影响。表面上看，这些旅客不能合法维权是主要原因，而深入来看，有些民航企业处置不够果断有力也是直接原因。当航班延误发生时，有的相关企业及其工作人员总是刻意回避拖延问题，使矛盾随着时间的推移而渐渐发酵，直至彻底爆发。如果能第一时间发布信息，第一时间提供相关服务，第一时间进行沟通协调，第一时间妥善安置……就可能大事化小、小事化了，把矛盾消除在萌芽状态。

（3）讳疾忌医。在处理航班延误时，一些民航现场工作人员对自身存在的问题抱有一种讳疾忌医的心态。之所以这样，主要有三个方面原因：

1）部分员工本能的恐惧心理。当航班不准点时，由于现实中发生过一些旅客非理性的行为，有的员工担心再有类似事件发生而尽量逃避现场、避免与旅客面对面，使旅客不能及时得到正常的信息和服务，从而有可能引发新的矛盾甚至群体性事件。

2）信息沟通渠道不畅通。一方面由于机务、运控等相关部门的服务意识不强，没有充分认识及时、准确地公布航班延误信息的重要性；另一方面则是由于很多延误信息需要从对方场站获取，但对方场站信息传递不及时，最终导致地面服务人员无法及时向旅客提供需要的信息。

3）服务人员没有接受系统、全面的服务沟通技巧的培训。在航班延误时，面对形形色色的旅客，许多新员工很少或者几乎不会独立处理这样复杂的事件，面对突发事件往往会束手无策。

5. 重硬件、轻软件的误区

近几年，随着我国服务经济的快速发展，民航运输业已由"卖方市场"转变为"买方市场"，航空企业面临前所未有的内、外竞争压力。在这种大背景下，各大航空企业都在下大力气改善服务硬件，从引进最新机型到更新客舱设施，再到提高机上餐饮标准，航站楼从实用到豪华。这确实在一定程度上缩小了我国与国际民航在服务硬件上的差距。但是，在社会发展进步的今天，航空服务应该超越简单的物质层面，更致力于一种良好的服务氛围的建立，致力于服务软件的提升。

模块一　认识服务与民航服务

> **职场小贴士**
>
> ### 民航服务标准的七项要求
>
> 国内外都很重视民航服务的质量水平。有关人士认为,民航服务的基本要求可以用英语单词 SERVICE(服务)来进行诠释。具体含义如下:
>
> 第一个字母 S,即 Smile(微笑)。其含义是服务人员要对每一位旅客提供微笑服务。
>
> 第二个字母 E,即 Excellent(出色)。其含义是服务人员要将每一项微小的服务工作都做得非常出色。
>
> 第三个字母 R,即 Ready(准备好)。其含义是服务人员要随时准备好为旅客服务。
>
> 第四个字母 V,即 Viewing(看待)。其含义是服务人员要把每一位旅客都看作需要提供特殊照顾的宾客。
>
> 第五个字母 I,即 Inviting(邀请)。其含义是服务人员在每一次服务结束时,都要邀请旅客下次再来光临。
>
> 第六个字母 C,即 Creating(创造)。其含义是每一位服务人员都要精心创造出使旅客能享受其热情服务的气氛。
>
> 第七个字母 E,即 Eye(眼光)。其含义是每一位服务人员始终都要用热情好客的目光关注旅客,领悟旅客的要求,并及时提供服务,使旅客时刻感受到服务人员在关心自己。

模块小结

服务是指为他人做事,并使他人从中受益的一种有偿或无偿的活动。它是以提供活劳动的形式满足他人某种特殊需要,并让他人拥有满足的心理感受,充分体验服务这种产品的附加值。服务具有无形性、差异性、利他性、不可储存性和质量测评的复杂性等特征。服务时应遵守真诚服务、感恩服务的原则,尊重和理解服务对象,主动与其进行及时的沟通。民航服务人员应提高服务意识,结合民航服务的特殊性,遵循民航服务的 3A 法则、首轮效应、亲和效应、末轮效应及零度干扰等原则,为旅客提供优质的空中服务和地勤服务。

岗位典型工作任务实训

1. 岗位实训项目

从细节做起,提高民航服务人员的服务意识。

2. 岗位实训内容

将学生分成两组:一组模拟旅客;另一组模拟民航服务人员负责接待。观摩同学对负责接待同学的表现打分,并对其值得借鉴之处和不足之处分别进行分析与阐述。

3. 岗位实训要求

服务人员要细心观察,不忽略关于旅客的每一件小事和每一处细节,细致认真地为每一位服务对象提供礼貌的服务,使服务对象时时刻刻感受到这种接待服务是一种美好的经历和享受。

4. 岗位实训心得

_____

_____

_____

_____

_____

_____

_____

▲ 在线答题

模块二
沟通知识必备

1. 了解沟通的重要性；
2. 熟悉沟通的七要素；
3. 熟悉常见的沟通形态；
4. 掌握沟通的常用方式；
5. 掌握克服常见沟通障碍的方法。

1. 能够采取恰当的沟通方式，提高沟通质量；
2. 能够运用不同的沟通形态，避免沟通过程中出现误会；
3. 能够克服沟通中的各种障碍，更好地为旅客提供高质量的民航服务。

1. 有意识的培养语言沟通能力，能够有效的与服务对象交流思想、感情，并能够对沟通对象抱有同理心；
2. 尊重沟通对象的人格、价值观，能从对方的立场出发思考和处理问题。

案例导入

　　有一天晚上，小王接到了好朋友小张的电话，小张称公司在策划"同创造、齐分享、共飞扬"活动，她负责广告宣传，现急需一份宣传海报，且明天就要复印，她说绘图设计师不在，她的压力非常大，想请小王帮忙。此时，小王自己手头也正在忙着一个方案，但小张是他的好朋友，所以他决定熬夜为小张把宣传海报赶出来。第二天一大早，小王给小张看了版面设计，她说可以复印。上午10点小王便把印好的宣传海报放到了小张的办公桌上。小王虽然累得够呛，但很高兴能够帮上好朋友的忙。小王回到办公室，准备工作，却发现了小张的语音留言，她说："小王，这次你真的搞砸了！我知道这次事件很急，但……唉，版面根本就没有弄好，而且看起来歪歪扭扭的。我只能说是一团糟！你知道，这个东西对我非常重要，我相信你一定能够立即帮我补救……"听了小张的留言，小王立刻拨通了小张的电话：

　　小王："嗨，小张，我听到你的留言了。"

　　小张："是的，小王，一定要及时补救。"

　　小王："你先听我说，这个图的确不是百分之百的完美，但我已经标示得很清楚了，绝不会造成误解。"

　　小张："别这样说，小王，这个东西真的没法拿出手，我想你也知道这一点。"

　　小王："可是……"

　　小张："这没什么好争论的，小王，我们一起搞砸的，不是吗？现在只要把它重新弄好，大家不就没事了吗？"

　　小王："那今天一早你为什么不说？"

　　小张："哦，小王，我又不是校稿员！而且我的压力很大，我必须要把这个做好，而且要百分之百做好。现在你只要说一句话，是一起做还是放下我不管？"

　　小王："……那好吧，我再做一下。"

案例思考：

　　小王和小张之间的沟通效果如何？应如何沟通？

思政元素：

　　协作、很显然，这是一次不太成功的沟通。好几个月过去了，小王还是耿耿于怀，甚至有时还影响了他的工作，而他与小张之间的关系也一直紧绷着。

　　良好的沟通可以充分展示一个人的分配能力、组织能力、解决问题和获取信息的能力。相反，不良的沟通会带来很多意想不到的麻烦。职员小王的故事可以充分说明沟通的重要性。

单元一　认识沟通

沟通是指人与人之间为达到一定目的，传达思想观点、表达态度、交流情感、交换情报信息的过程。

一、认识良好沟通的重要性

沟通无处不在，无时不有。伴随着经济的日益发展，人际关系日益复杂，在人与人之间的交谈中，有效的沟通起着至关重要的作用。

沟通不仅是一种手段，更是一种技巧。在工作和生活中，沟通的重要性主要体现在：

▲ 微课：沟通的内涵与本质

1. 传递和获得信息

信息的采集、传送、整理、交换，无一不是沟通的过程。人们通过沟通交换有意义、有价值的各种信息，生活中的大小事务才能得以开展。掌握低成本的沟通技巧、了解如何有效地传递信息能提高人们的办事效率，而积极地获得信息更会提高人的竞争优势。掌握良好沟通技巧的人可以一直保持注意力，随时抓住内容重点，提取出所需要的重要信息。他们能更透彻地了解信息的内容，拥有最佳的工作效率，并节省时间与精力，获得更高的生产力。

2. 提高工作效率，化解矛盾

工作中的任何一个决策都需要一个有效的沟通过程才能施行，沟通的过程就是对决策的理解传达的过程。决策表达得准确、清晰、简洁是进行有效沟通的前提，而对决策的正确理解是实施有效沟通的目的。每当决策下达时，决策者要和执行者进行必要的沟通，以对决策达成共识，使执行者准确无误地按照决策执行，避免因为对决策的曲解而造成的执行失误。想要完成某项工作的群体成员之间需要进行的交流包括：相互在物质上的帮助、支持和在感情上的交流、沟通，信息的沟通是联系群体共同目的和群体中有协作的个人之间的桥梁，良好的沟通能化解不必要的矛盾，取得事半功倍的效果。

3. 改善人际关系

社会是由人们互相沟通所维持的关系组成的网络，人们相互交流是因为需要同周围的社会环境取得联系。沟通与人际关系两者相互促进、相互影响。有效的沟通可以赢得和谐的人际关系，而和谐的人际关系又促使沟通更加顺畅。相反，人际关系不良会使沟通难以开展，而不良的沟通又会使人际关系变得更坏。

4. 从表象问题过渡到实质问题的手段

对于任何问题，只有从问题的实际出发，实事求是才能解决问题。而在沟通中获得的信息是最及时、最前沿、最实际、最能够反映当前工作情况的。当我们在学习、工作中遇见各种各样的问题时，如果单纯地从事物的表面现象出发来解决问题，不深入了解情况，接触问题本质，就会带来不必要的困惑和麻烦。

个人与个人之间、个人与群体之间、群体与群体之间开展积极、公开的沟通，从多角度看待一个问题，则解决遇到的问题时就能统筹兼顾、未雨绸缪。甚至在许多问题还未发生时，就从表象上看到、听到、感觉到，经过研究分析，把一些不利因素扼杀掉，可使工作更加平稳顺利地展开和进行。

拓展阅读

沟通带来的好处

（1）帮助你获得更好更多的合作机会；消除与同事、上级、下级、顾客及相关部门的误解；使沟通对象更乐于与你交流。

（2）使你的观点变得举足轻重，让人乐于去倾听。

（3）可避免不必要的错误，为工作的顺利进行提供帮助；沟通是锻炼个人逻辑思维的最佳手段；在工作上通过沟通能使人了解大局，从而从整体上把握全局，树立工作中的自信心。

（4）互相之间能够沟通得好，就能增进感情和信任，有很多事情都可以通过沟通来达成一致意见，解除误会，夫妻之间沟通就能使感情更好，和孩子沟通就能知道孩子的想法，有错误的可以及早制止，和朋友沟通就能增进友谊。

二、明确沟通七要素

虽然大多数人都认为沟通就是交流，但这种认识并不全面，或者可以肯定地说，如果你对沟通的认识仅仅局限于这个层面，那么你的沟通注定会失败。事实上，良好的沟通离不开七大要素，即信息源、信息、通道、目标靶、反馈、障碍及背景。

1. 信息源

人是社会性动物，总会有一些信息、思想或是情感想需要与他人分享，这个想要与他人分享自己信息的人就是信息源，沟通的过程通常由他们发起，沟通的对象和沟通的目的也多由他们决定。例如，五岁的贝卡在幼儿园里被一个小朋友抓破了手，她感觉自己万分委屈，虽然老师已经极力安慰了她并批评了那个抓破她手的小朋友，可贝卡还是希望告诉妈妈。所以，贝卡一见到妈妈就开始讲述这段让她感到痛苦的经历。那么，现在五岁的贝卡就是信息源。

2. 信息

信息主要指信息源试图传递给他人的观念和情感，在上面的例子中，贝卡想要告诉妈妈她的手被抓破的这件事，以及她痛苦的感受就是信息。这些信息必须被转化为各种可以被别人觉察的信号才能发挥其作用，包括语词的和非语词的。贝卡的诉说就是语词的，她一边掉眼泪一边扭动着身体，以及她抽泣的音调等就是非语词的。

3. 通道

如果你有过煮面条的经历，那么沟通的通道就不难理解。比如，煮面条时，你可以在水开之后下面条，也可以把水烧热没开的时候下面条。结果虽然面条都能煮熟，但口感肯定不一样。

传递自己的信息也一样，需要某种方式，这个方式就是信息的通道。小贝卡就是通过面对面的沟通向妈妈传递了自己的经历和感受，事实上这也是人们最常用的通道。因为面对面的沟通除具有语词或非语词本身的信号外，沟通者的心理状态信息、背景信息及时地反馈信息等都更能够使顾听者的情绪被感染，从而产生良好的沟通效果。

4. 目标靶

你一定知道"有的放矢"和"无的放矢"这两个词吧，它们各自最后的效果你也一定清楚。沟通也一样，你的信息发出去得有一个"目的地"，就是说你说话得有人听，你把信息传递给谁，谁就是这次沟通的目标靶，简单来说就是信息的接收者。但沟通的目标靶与射击的目标靶并不相同，因为沟通的目标靶不是木头，而是一个人，他总是带有自己的经验、情感和观念，所以发出的信息能否产生影响，并不完全取决于自身或其他客观因素，还要取决于目标靶是否注意到了你的信息，并对其产生了知觉。

5. 反馈

沟通是双向的，是交互作用的过程，沟通的双方不断地将自己接收到的信息反馈给对方，使对方了解自己发送信息所引起的作用，知道对方是否接收了信息，是否理解了信息，以及接收信息后的心理状态等，从而根据对方的反应调整自己的信息发送过程，以便达到预期的沟通目的。

比如，小贝卡在和妈妈诉说自己的手被抓破时，起先她语调平静，妈妈看伤口并不严重所以没有表现得十分惊讶和愤怒。于是，小贝卡把声音提高，同时还掉眼泪，妈妈看到小贝卡如此难过，反馈也发生了变化，把她抱在怀里，温柔地安慰她、爱抚她。面对妈妈这样的反馈，小贝卡很欣慰，哭了一会儿竟然在妈妈怀里睡着了。这就是反馈的作用，可以通过自己对对方信息的反应来改变对方的谈话方式和内容。

6. 障碍

在沟通过程中，障碍可能会随时发生，从而导致沟通双方无法顺利地进行沟通。这种阻碍沟通的障碍大致有三种，即外部障碍、内部障碍和语义障碍。

（1）外部障碍。外部障碍来自环境，你与同宿舍的人正推心置腹地交谈，可能被一大群在楼道里叫喊的人、一架轰鸣而过的飞机或是窗外的电锯声打断；或者你在炙热的太阳下与人交谈，使你感觉很不舒服从而无法集中精力；也或者你在郊外野餐，不幸坐到了一个蚂蚁堆上，而蚂蚁在你的毯子上乱爬，你的谈话也可能变得结巴起来。

（2）内部障碍。内部障碍则发生在信息源与目标靶的头脑中，一旦他们的思想和情感集中在沟通以外的事情上，沟通就没有办法继续下去。这样的事情随处可见，你因为考虑午饭而没有听老板的命令，妻子因为要给孩子喂奶没听清丈夫说什么。当然，内部障碍也可能源于各自的信念或是偏见。比如，丽雅觉得有个男同事对她不怀好意，所以，只要那个男同事看向她，她就白他一眼。

（3）语义障碍。语义障碍是由人们对某类词语情感上的反应造成的，这些都会干扰沟通过程中全部或部分信息的发出和接收。

7. 背景

沟通背景主要是指沟通发生的情境，既包括外部环境也包括谈话的气氛。它是影响沟通过程的重要因素，在不同的沟通背景下，即便是完全相同的沟通信息，也有可能获得截然不同的沟通效果。比如，礼堂是演讲和表演的好地方，但对于交谈来说却并不理想；如果你和要好的朋友有私事要交谈，那么最好是在一个舒适的环境里，而不是在嘈杂的食堂或大厅。

拓展阅读

有效沟通

所谓有效沟通，是通过听、说、读、写等载体，通过演讲、会见、对话、讨论、信件等方式，将思维准确、恰当地表达出来，以促使对方接受。

达成有效沟通须具备两个必要条件：首先，信息发送者应清晰地表达信息的内涵，以便信息接收者能确切理解；其次，信息发送者重视信息接收者的反应，并根据其反应及时修正信息的传递，免除不必要的误解，两者缺一不可。

有效沟通能否成立关键在于信息的有效性，信息的有效程度决定了沟通的有效程度。信息的有效程度又主要取决于以下两个方面内容。

（1）信息的透明程度。当一则信息作为公共信息时就不应该出现信息的不对称性。信息必须是公开的。公开的信息并不意味着简单的信息传递，而要确保信息接收者能理解信息的内涵。如果以一种模棱两可的、含糊不清的文字语言传递一种不清晰的、使人难以理解的信息，对于信息接收者而言没有任何意义。另外，信息接收者也有权获得与自身利益相关的信息内涵，否则有可能导致信息接收者会对信息发送者的行为动机产生怀疑。

（2）信息的反馈程度。有效沟通是一种动态的双向行为，而双向的沟通对信息发送者来说应得到充分的反馈。只有沟通的主体、客体双方都充分表达了对某一问题的看法，才真正具备有效沟通的意义。

单元二　明确沟通形态

一、倾听

倾听是人类复杂的行为之一，其是一个过程，不能简化为"只是听听"。狭义的倾听是指凭借听觉器官接收言语信息，进而通过思维活动达到认知、理解所传递信息的全过程；广义的倾听包括文字交流等方式。其主体者是听者，而倾诉的主体者是诉说者。

▲ 微课：倾听的意义和内涵

1. 倾听的步骤

（1）接收。倾听是从听开始的，听是无意识的、被动的，但倾听是有意识的、主动的。在信息接收阶段，不仅要注意别人说了什么（包括语言和非语言信息），还要注意别人省略了什么。提高接收能力的方法包括：

1）把注意力集中在说话者的语言和非语言信息上，而不要集中在你下一步要说的话上。如果你开始准备自己的反馈，你将错过说话者后面的内容。

2）避免分心，关掉一切影响你的声音。

3）保持自己的倾听者角色，避免插话。

（2）理解。理解是获悉说话者所传递信息的阶段，是把握说话者的思想和情感的阶段。提高理解能力的方法包括：

1）在说话者开口之前不要揣测他的意思。如果倾听者这么做了，就会阻碍倾听者听到说话者真正想表达的内容。

2）从说话者的角度来理解信息。在倾听者真正理解说话者所要表达的意思之前，避免提前做出判断。

3）如有需要，询问一些额外的细节或例子。这不仅表示倾听者在用心倾听对方，而且还表明倾听者想要了解更多。那些没有被理解的信息是很容易遗失的。

4）用自己的语言复述说话者的意思。倾听者可以默念，也可以大声说出来。如果倾听者默念，将帮助其重新组织并得到更多的信息；如果倾听者大声说出来，也可以帮其确认自己对说话者所表达意思的理解。

（3）记忆。有效倾听取决于记忆。提高记忆能力的方法包括：

1）确定中心概念。即使是最随意的闲谈，也有中心意思。记住这些主题，随着谈话的进行，不断地重复这些主题。

2）用更容易记忆的方式来总结信息，切忌不要忽略关键细节。如果能把关键内容分类记忆，那么就能记住更多的信息。比如，你想记住15～20种要去超市采购的东西，若将它们分成农产品、肉类、罐头食品来记忆，就会更容易记住它们了。

3）在心里不断重复那些名字或关键概念。

（4）评估。评估即用某种方式评价信息，评价说话者隐含的意思和动机，有些时候，评估是带有批判和分析的性质的。进行信息评估时要注意以下几点：

1）完全弄懂说话者的观点后再开始评估。

2）把事实和说话者的观点、倾听者的理解区分开来。

3）识别偏见、个人利益。这些可能使说话者所说的内容带有偏见。比如，女性不适合当记者。

（5）反馈。反馈就是在沟通过程中使信息源察觉到的倾听者的回答或是反应，反馈可以在说话者讲话的时候反应，也可以在说话者讲完以后作出反应。倾听者与说话者之间的反馈越多，倾听者对信息的理解就越准确。为了使反馈更加有效，应注意：

1）在对方说话的过程中，通过使用一些表示倾听者正在倾听的信号来表明倾听者对说话者的支持，如点头或"我明白""嗯"。

2）确认说话者感知到了反馈。

3）全神贯注地倾听是一种特殊的反馈。要做到全神贯注地倾听首先要保持眼神的接触；其次是身体的姿势应该采取直接的、身姿前倾和近距离的，而不是不停变换姿势、坐立不安、拉大距离等；还应保持回应时的面部表情，使用简洁的语言回应说话者。

拓展阅读

有效反馈的原则及注意事项

（1）反馈的原则。

1）及时。及时意味着倾听者一旦理解了谈话的意思（在解述和澄清后）就要给出反馈，有时哪怕只滞后几个小时，反馈就会变得没有价值。

2）诚实。诚实意味着要给出倾听者最真实的反应。当然不必把倾听者的感受表达到催人泪下的程度，但至少不要采用粗暴的方式，因为粗暴的方式很少有真诚的成分。

3）鼓励。鼓励意味着充满支持。可以委婉地说出倾听者要说的话，尽可能不引起对方的反感。

（2）倾听的注意事项。在倾听过程中，有效反馈可以起到激励和调节的作用。但要做到有效反馈，还要注意以下4点：

1）反馈语言要明确具体。反馈要使用具体明确、不笼统、不抽象和不带有成见的语言。例如，"你的任务完成得很好啊！"就不如"这次会展的组织工作完成得非常出色，达到了我们预想的目的"，后者更明确具体。

2）反馈的态度应是支持性的和坦诚的。反馈要明确具体，但不能不顾及对方的感受，真正的双向沟通和反馈，是一个分享信任并达成共识的过程，而不是其中一方试图主导交流或评审对方的过程。要达到沟通的目的，就必须把对方置于与自己同等的地位，任何先入为主、盛气凌人的沟通方式都是不可能被接受的。例如，一位经理当着大家的面对一位下属的报告进行这样的反馈:"你的报告提交得太晚了,不仅如此,字号还小得像蚂蚁一样。重新打印一份,马上交给我!"这样的反馈虽然具体明确,但却完全没有心理上的平等沟通,因此是无法与对方建立起信任和理解的关系的。

3)把握适宜的反馈时机。一般情况下,倾听者应给予对方及时的反馈。及时的反馈往往有利于问题的解决,否则矛盾将逐渐积累,会越发不可收拾。但是及时的反馈并不意味着立刻做出反应,还必须灵活地捕捉最佳时机。有时需要及时反馈,而有时反馈应在接收者准备接收时给予。如当一个人情绪激动、心烦意乱、对反馈持有抵触情绪时,就应推迟反馈。反馈时机还与谈话者言语中所表现出的感情有关。善于反馈的人应能识别对方言语中哪些是真情实感,哪些是表面情绪,并只对对方的真情实感进行反馈。

4)反馈必须要适度。尽管反馈在沟通中十分重要,但反馈也必须要适度,因为不适当的反馈会让对方感到窘迫,甚至产生反感。如果把判断方式作为反馈,这类判断最好能保持中立,不要简单地评论,如"这简直是大错特错!"。另外,要记住的是反馈只能是反馈,不能直接作为建议,除非对方有这样的要求。

职场小贴士

影响倾听的主要因素

作为倾听者,我们在倾听过程中被很多因素影响着,这些因素主要包括文化、性别、年龄、大脑半球分工、身体和心理状态、态度等。

(1)文化。传播学者认为文化是所有沟通行为中的一个主要决定因素,因为一个人的文化在本质上定义了这个人是谁,他怎样通过认知过滤器进行沟通。当一个人进行跨文化交流时,文化对他的影响尤为显著。比如,在美国和加拿大,理解是倾听者的责任;而在日本和沙特阿拉伯,说话者要确认倾听者理解一切。因此,我们要调整自己的沟通风格,学会在不同文化中倾听并且做出恰当反馈。

(2)性别。研究发现,在倾听过程中,男性倾向于事实,女性倾向于情绪。女性能够听到一条信息的更多内容,男性则倾向于按照他们自己的目标重新建构信息,且对情感因素反应更小。

(3)年龄。一个人的倾听能力会随着年龄的增长而发生变化。从婴幼儿到青年,人们在不断地倾听中获得更多的经验,获得良好有效的倾听能力。随着年龄的增长、器官的衰退,老年人的倾听敏感度会逐渐降低。

(4)大脑半球分工。双大脑理论表明,左半脑和右半脑各司其职,两个半脑相互促进又相互干扰。右半脑倾向于用空间、整体、非语言及感性的方式处理主要由画面和图像构成的信息,而左半脑倾向于用逻辑与分析来处理以语言、数字和符号构成的高度组织的信息。所以,建立半脑之间的合作能力,可以极大地提高人们信息处理和倾听的能力。

(5)身体和心理状态。一个倾听者的身体状态对他的听觉会产生影响,老年性耳聋和眼花是所有人必须面对的事实。因此,保护我们的听觉和视觉,从而保证感觉器官在尽可能高的水平上运作是十分必要的。

(6)态度。态度与倾听紧密相连,这些要素包括兴趣、责任、他人导向、耐心、平等、开放等。有效倾听者基本上是兴趣广泛的人,他们对很多话题和很多人都特别感兴趣。他们会主动倾听对他们有用的信息。消极的倾听者缺乏兴趣,不愿去倾听。以自我为中心的倾听者更关心他们自己,他们最喜欢的用语是"我""我的",最喜欢的声音是他们自己的,对自己的故事更感兴趣,而不愿意倾听他人的故事;与之对应的是以他人为中心的倾听者,这种人会压制自己讲话的欲望,尽可能多地集中精力去倾听别人的话。无效倾听者总是传递出很多不耐烦的信号,他们会不时地看表、手指不停地做敲击动作等,而耐心的倾听者会关心他人,关心他们的倾听行为会怎样影响别人的自尊。思想封闭的人很少倾听,他们拒绝接受不同的想法、观点和立场;思想开放的人既自信也谦卑,很少自我防卫,可以被挑战,能够承认错误,他们会认真听取对方的观点,从中学习很多东西。

倾听者在整个沟通过程中,都会受到上述因素的影响,从而提高或降低倾听效率。作为一名倾听者,我们应该主动倾听,不断练习,提高自己的倾听能力。

2. 倾听的层次

倾听可以分为五个层次,一个人从层次一的倾听者成为层次五的倾听者的过程,就是其沟通能力、交流效率不断提高的过程。

(1)完全没有听。对方传递的信息完全没有被倾听者接收,从未入脑入心。

(2)假装听。人在心不在,听者其实在考虑其他毫无关联的事,或内心想辩驳,但他们的兴趣点并不在听的内容上,这样容易导致关系破裂、冲突的出现和拙劣的决策制定。

(3)选择地听。听者只选自己爱听的、中意的、有利的、无害的听,其余都当耳边风,听而不讲。

(4)专心地听。听者主要倾听所有的字词和内容,但很多时候还是错过了讲话者通过语调、身体姿势、手势、脸部表情等所要表达的意思,一般听者是通过点头同意表示正在倾听,而不用询问澄清问题,所以,讲话者很容易误解对方已完全听懂并理解透彻。

(5)同理倾听。以"同理心"的细密感受去体会对方的需求,听者容易在说话者传递的信息中寻找感兴趣的部分,获取新的和有用的信息。

3. 倾听障碍

倾听障碍具体说来是比较复杂的，不同的人有不同的经历，也有不同的看法，但大体而言，可以归纳为以下两方面。

（1）环境障碍。

1）环境干扰是影响倾听最常见的因素之一，交谈时的环境各种各样，时常转移人的注意力，从而影响听者专心倾听。有学者做过试验，一个人同时听到两个信息时，他会选择倾听其中的一个，而放弃另一个。这样的话，就很容易忽略另外一个人传递的信息。具体来说，环境障碍主要从两方面施加对倾听效果的影响。

①干扰信息传递过程，消减、歪曲信号。如在嘈杂的课堂上，老师的声音几乎被学生的吵闹声淹没了，坐在后排的同学根本就听不到老师的讲话，这跟在一个安静的课室所能达到的效果是迥然不同的。

②影响沟通者的心境。也就是说，环境不仅从客观上，而且从主观上影响倾听的效果，这正是为何人们很注重挑选谈话环境的原因。比如，领导在会议厅里向下属征询建议，大家会十分认真地发言，要是换作在餐桌上，下属可能就会更随心所欲地谈谈想法，有些自认为不成熟的念头也在此得以表达。反之亦然，在咖啡厅里上司随口问问你西装的样式，你会轻松地聊上几句，但若上司特走到你的办公桌前发问，你多半会惊恐地想这套西装是否有违公司仪容规范。这是由于不同场合人们的心理压力、氛围和情绪都大有不同的缘故。

2）消除环境对倾听的影响，应创造良好的倾听环境，包括：

①选择合适的场所。场所合适与否直接关系到沟通双方的心理感受和抵抗外在噪声的干扰的能力。在公众场合下，应避免在噪声比较大的地方交谈，如施工场所、十字路口。应尽量寻找安静、舒适、典雅、有格调的咖啡厅、茶室等，同时力求避免电话、手机和他人的干扰。如果是在家中聚会，有必要将电视音量调低，保证室内空气清新、舒适，假如临近街道，可以将门、窗关紧，同时注意室内家具的摆放、颜色的搭配等细节问题。

②选择恰当的时间。公众场所都有自己的高峰期，像公园、商场、节假日风景区，人比较多，咖啡厅晚上人流较大，而餐馆则在中午、下午6点以后客人较多。选择场所时还应考虑时间的不同对谈话双方的效果也将不同。

③保持一定的距离。说话者跟听话者感情好，私下交谈时则相互挨得近，恋人更是如此。但如果在正式场合，无论亲疏，都应保持一定的距离。过远，则不容易听清；过近，容易使说话者感到紧张。

（2）倾听者障碍。

1）倾听者本人在整个交流过程中具有举足轻重的作用，倾听者理解信息的能力和态度都直接影响倾听的效果。但由于每个人都有自己的思想和经验，难免在倾听时带有自己的感情色彩，在无形中树立了障碍，无法准确理解别人传递的信息，从而影响了沟通效果。以下是具体来自倾听者自身障碍的表现。

①急于发言。人人都有表现欲。发言在商场上尤其被视为主动的行为，而倾听则是被动的行为。在这种思维习惯下，人们极容易在他人发言的过程中，就迫不及待地

打断对方，或者表现得不耐烦，往往不可能正确理解对方的意思。

②排斥异议。有些人喜欢听和自己意见一致的人讲话，偏心于和自己观点相同的人。这种拒绝倾听不同意见的人，不仅拒绝了许多通过交流获得信息的机会，而且在倾听的过程中注意力就不可能集中在讲逆耳之言的人身上，也不可能和任何人都交谈得愉快。

③心理定式。人类的全部活动都是由积累的经验和以前作用于自己大脑的环境所决定的，人们从经历中早已建立了牢固的条件联系和基本的联想。由于人人都有根深蒂固的心理定式和成见，所以很难以冷静、客观的态度来接受说话者的信息，这也会大大影响倾听效果。

④厌倦。由于大脑思考的速度比说话的速度要迅速，前者至少是后者的3～5倍，倾听者很容易在听话时感到厌倦。因为人们可以接纳一个人说的话，但同时还有很多空余的"大脑时间"，人们很想中断倾听过程，去思考其他事情。"寻找"其他事做，占据大脑剩余的空间，这是一种不良的倾听习惯。

⑤消极的身体语言。有些人习惯在听人说话时东张西望，双手交叉抱在胸前，跷起二郎腿，甚至用手不停地敲打桌面。这些都属于消极的身体语言。

⑥生理差异。由于倾听是感知觉的一部分，它的效果受听觉器官、视觉器官的限制。听觉器官的严重缺陷将导致沟通困难，或者几乎不可能，而视觉器官的缺陷将导致沟通者无法看到对方在交流过程中的手势、表情等身体语言，这会限制有效沟通的进行，所有这些必然会影响倾听效果。

⑦选择倾向。人人都有评估和判断所接收到信息的天生倾向，人们往往选择感兴趣的部分听，而漏掉很多有用的信息，这无疑会影响倾听效果。

⑧过分关注。有时倾听者过分关注所接收的信息，想努力记住所有人的名字、所有日期、所有地点。这样反而忽略了交谈时的要点，因为这个要点淹没在了汪洋大海一样的细节里面。

⑨武断。武断的一种形式是把话塞回说话者的口里。正因如此，有时候会跟自己最亲近的人交流发生误解。因为人们肯定自己知道他们是什么意思，就不愿意听他们实际上想说什么。有时候根本就不等对方把话说完。武断的另一种形式是事先假定一个人的话或思想很无聊，或者是会引起误解的。也许早早就决定一个人说出来的话没有任何价值，从而选择忽略他所讲的，以致接收不到真实的信息。

⑩太注重说话方式与个人外表。人们倾向于根据一个人的长相或讲话的方式来判断对一个人的评价，因此，忽略了他的真实意思。有些人常被说话者的口音和个人外表及行为习惯扰乱心绪，从而影响了倾听效果。

2）克服倾听者的障碍应从以下几个方面着手：

①认真对待倾听。要意识到倾听的重要性，倾听是倾听者从他人那里获得信息的有效途径之一。认真对待倾听的表现：一是明确倾听的目的，这有助于在倾听时更有针对性，双方不会因为一些无关紧要的话题而浪费太多口舌，由此可以提高沟通效率。二是重视说话者，重视说话者的人，必然会更珍惜与其交谈的机会，让说话者感觉到倾听者对他的兴趣和尊重，从而更加乐意和倾听者交谈，进而实现有效沟通。

②谈论有趣的话题。有趣的话题能够让人提起精神，不至于因为只谈论单一的话题而厌烦和逃避。如适当地说一些笑话、讲几则幽默故事、问几个脑筋急转弯或者讨论最近的娱乐新闻等，都可以缓解紧张或无聊的气氛，调动双方谈话的积极性，从而实现有效沟通。

③及时反馈。如果说话者一个人在那里唱独角戏，他一定会觉得特别无聊，所以倾听者应该给予一定的反馈，可以通过以下的方式来表现倾听者正在倾听并作出了自己的思考。第一，语言符号。倾听者可以阐述自己的观点，同时也可以通过适时适度的提问来获得更多的信息，倾听中的提问要做到：数量要少而精，太多的问题会打断说话者的思路和情绪，恰当的提问往往有助于双方的交流，要紧紧围绕谈话内容，不应漫无边际地提一些随意而不相关的问题，浪费彼此的时间。第二，非语言符号。倾听者可以通过动作、姿势、表情等让说话者感受到倾听者心情，最基本的就是目光注视，让对方感觉到倾听者正在专注地倾听，当倾听者觉得对方的谈论很精彩时可以鼓掌，当倾听者觉得对方说得很有趣时，可以微笑甚至大笑，当倾听者觉得疑惑时，也可以皱皱眉，让人觉得若有所思等。

④善于运用其他形式。毕竟只是用听的话，所记住的信息有限，这时候就需要借助一些其他的方式来帮助倾听者更好地记忆。如做笔记，这样能更有效地理解对方所说的话。同时，通过做笔记也能有选择地记下自己认为更重要的信息，从而避免一把抓而费时费力。

4. 不良倾听习惯

在日常沟通中，一些人养成了某些不良的沟通习惯，这些不良习惯会严重阻碍人际沟通，应尽量避免和消除。

（1）带着偏见去听。如果倾听者认定某个人很笨、没有能力，就不太会关注这个人传递的信息，因为倾听者早已给这个人下了定论，真正的倾听要求我们只有在听完全部内容后才能做出评价。

（2）喜欢挑剔。这类人总是怀着批判的态度听别人讲话，过分在意对方话语中的漏洞，而不是其中包含的有价值的信息。一旦发现对方话语中的漏洞，就急于提出自己的见解。

（3）断章取义。这类人要么有选择地听取自己最想知道的内容，而对其他信息不予注意，要么拘泥于细节或事例而忽略了讲话者言论或观点的主旨。其结果是对信息的把握不够完整，容易造成误会。

（4）畏惧困难。有时信息太难或过于专业化会使倾听者产生畏惧心理，所以，就干脆横下心来放弃倾听。这类人往往习惯于逃避一切复杂和困难的问题。

（5）喜欢扮演专家的角色。这类人俨然是解决难题的专家，随时准备给予他人帮助和建议，听不了几句话就开始在脑子里搜寻自认为正确的建议。殊不知，就在倾听者尝试给他人开处方和说服他人的时候，其可能错过了更重要的信息。

（6）表情呆滞。这类人在情感上比较冷漠，往往只注意听到的内容，而没有任何非语言信号与说话人进行沟通，这种态度常常会影响说话人的情绪。

（7）阿谀奉承。这类人很注意与说话人的关系，不愿意得罪说话人。当说话人说到得意的时候，倾听者常常不失时机地表示自己的钦佩或羡慕。这类人永远不会给予对方任何真实的批评性的反馈，明知对方的谈话内容中有明显的错误，通常也不愿意指出。

（8）自我辩解。多数人在一定程度上都具有自我辩解的倾向。当他们听到对自己的批评意见时，总是急于为自己辩解，明明知道自己错了也不愿意爽快承认。

（9）随意转换话题。谈话时，这类人常常突然转换话题，把话题引到自己感兴趣的话题上。

5．倾听技巧

（1）创造良好的倾听环境。倾听环境对倾听的质量和效果具有重要的影响，沟通双方如果能够选择并营造出一个良好的倾听环境，就能够在很大程度上改善倾听的效果。良好倾听环境所包括的内容见表2-1。

表 2-1　良好倾听环境的内容

项目	内容
适宜的时间	如果有可能，可根据沟通的需要，慎重选择有助于倾听的时间。某些人工作效率最高的时候是早晨，所以，他们适合把重要的汇报安排在早晨；对多数人来说，一天当中心智最差的时候是在午餐后和下班前，因为在饱食后很容易疲倦，而人们在下班前不愿被过多耽搁。因此，应尽量避免在这些时间里安排重要的倾听内容。另外，在时间长度上要尽量避免时间限制，如果你只有几分钟的时间，而这个谈话又很重要或很复杂，需要更多的时间，那么最好把它定在另一个时间段。在这种情况下，你可向对方解释，说明你需要足够的时间深入地与他探讨，对方一般会很乐意与你重新确定谈话的时间
适当的地点	谈话地点的选择也很重要。地点的选择必须保证交谈时不受干扰或打扰。要尽量排除所有导致分心的事，如关掉手机或在门上挂一块免扰牌。另外，还要适当安排办公室的家具及座位，要使家具安放的位置不至于妨碍谈话，座椅的摆放应能够使交谈双方直接看到对方的眼睛，这样不仅能够集中交谈双方的注意力，而且易于观察对方的非语言表现
平等的氛围	要根据交谈内容来营造氛围。讨论工作上重要的事情时，应该营造一个严肃、庄重的氛围，而在联欢晚会上，则要营造一个轻松、愉快的气氛。要知道，同样的一句话在不同的氛围下传到听者耳朵里的效果是不同的。但不管哪种氛围的营造，都要遵循平等、信任、协调的原则，这样才能使谈话的氛围成为有利的条件，而不至于成为沟通障碍

（2）努力培养倾听的兴趣。在倾听时，倾听者既要保持良好的精神状态，又要以开放的心胸和积极的态度去倾听，这样不仅能够听到谈话的主要内容和观点，还能够较容易地跟上说话者的节奏。即使自己对说话者所说的话感到失望，也要试着努力倾听正面的及有趣的信息。从而培养倾听的兴趣，还能让倾听者提取到更多有价值的信息。如果倾听者对所谈论的话题很感兴趣，说话人就会受到鼓舞。

（3）专注地听。虽然注意听对方谈话的内容对有效倾听能产生积极效果，但很多因素会让我们在沟通过程中分心。比如对方的一句话就勾起了倾听者的一系列联想，等倾听者的思绪回到谈话中的时候，很多关键的信息已经漏掉了。作为倾听者，应注意使自己不要偏离谈话的主题，也不要纠结于那些无关紧要的细节。有时，人们倾向于听和自己明显有关的信息。这种倾听会妨碍倾听者拓宽自己的视野。不要把所有的信息都解读成倾听者自己理解的信息，而要换个角度看问题。倾听者常犯的一个错误是当说话者还在讲话时，就开始思考自己该如何回应，这将妨碍倾听者听到完整的信息。这时候，倾听者可以内心暗自留意，接着倾听。

（4）积极参与。倾听是一个需要积极参与的过程。为了充分理解沟通的意义，倾听者需要提一些问题并给予反馈。积极倾听包括解述、澄清和反馈三部分内容，见表2-2。

表 2-2　积极倾听的内容

项目	内容
解述	解述是将对别人所说的话的理解转化为自己的语言。这对于更好地去倾听是非常必要的。它能让倾听者始终积极地去理解对方所传递的信息，表示出倾听者对说话者的兴趣。用自己的话表述，也给了说话者一个机会去展开他们原来要表达的意思
澄清	澄清经常与解述一起使用。这意味着倾听者要不断地提出问题以得到更准确的信息。倾听的目的是要完全理解对方所说的内容，因此，需要倾听者询问更多的信息和背景，了解更多的细节。澄清还可以强化倾听的重点，避免听到的只是一些模糊不清的信息，反而不清楚对方传达信息的态度。澄清多以提问的方式实现，提问有利于更准确地确定说话者的想法和情感
反馈	反馈能帮助对方了解其传递的信息的效果和影响，这是更正错误和消除误解的一个机会

（5）换位倾听。换位倾听就是倾听时站在对方的立场考虑问题，将心比心，这样倾听者才能真正聆听对方的声音，才能更好地理解说话者，避免发生误解与冲突。换位思考就是要不带偏见地接纳。说话时总喜欢评判和挑错会让倾听者没法真正地去听。当倾听者戴着有色眼镜沟通的时候，就不能客观地面对对方传递给倾听者的信息。

（6）客观评判。这需要两个步骤。

1）将他人所说的和倾听者所了解的背景、当事人、事情经过进行比对。先不要做出评判，只需简单地记录一下沟通是怎么符合已有的事实的就可以了。

2）将听和观察结合起来。观察讲话人的声调、语气、面部表情和姿态是否与所表达的内容相一致。如果有人告诉你他有一件很不愉快的事，但他却面带微笑、双手轻松地交叉在脑后。这就和他所说的内容很不相符，是明显的心口不一。如果说话方肢体动作、面部表情、声音和用词与倾听者所听到的不一致，倾听者要及时反馈给对方并要求对方澄清。如果倾听者忽略这种不一致，得到的就是不完整或偏离事实的信息。

拓展阅读

倾听的重要性

倾听在我们的生活中扮演着至关重要的角色。在语言发展的四个重要领域中，倾听是最基础的，是语言发展过程中的第一项技能。说、读、写的能力直接或间接地依赖于倾听技能。无法有效倾听已经成为许多人沟通失败的罪魁祸首。

（1）倾听是获取信息的重要方式之一。倾听可以获得有效信息。在教育发展的每个阶段，倾听都是最主要的课堂教育方法，是最重要的一种获取知识的方法。一个善于倾听的人，总是能够从别人的谈话中获得新的知识，了解新的信息，接受新的见解。"听君一席话，胜读十年书"，通过倾听，不仅可以了解对方要传达的信息，感受对方的感情，还能依此推断出对方的性格、谈话目的等信息。在信息时代，每个人都是一个"信息源"。只要善于倾听，我们就不会孤陋寡闻，有道是处处留心皆学问。

（2）倾听能够给人留下良好的印象。一般来说，人们都有表现欲，如果你愿意给他人一个机会，他人就会觉得你是和蔼可亲、值得信赖的。戴尔·卡内基曾举过一个例子，在一次宴会上，他坐在一位植物学家的旁边，专注地听着植物学家跟他谈论各种有关植物的趣事，几乎没有发表意见，但分手时那位植物学家却对别人说，卡内基先生是一个很有意思的谈话家。可见，学会倾听，实际上已踏上了成功之路。

（3）倾听可以帮助或安慰别人。心理学家已经证实：倾听能减轻人的心理压力。随着社会的发展、工作节奏的加快及生活压力的增大，很多人都有不同程度的心理压力。这种心理压力大多表现为忧郁、烦闷和浮躁，这些情绪威胁和损害着人的身心健康，是人们健康的大敌。而倾听就是这样一个可以帮别人排解负面情绪、缓减心理压力的渠道。

二、口头语言沟通

口头语言是日常生活中最常采用的沟通形式，主要包括口头汇报、讨论、会谈、演讲、电话联系等。

口头语言的优点是传递速度快，并且能得到即时反馈，可以将误解发生的可能性减小至最低限度。同时，采用口头语言沟通时可以清楚地看到沟通者的面部表情、听到语调的变化，从而提高沟通的效率。但是，口头语言沟通也并不是完美无缺的，它自身也存在着缺陷。比如，在信息"接力"中，

▲微课：语言的礼仪——服务用语和要求

每个人都可以根据自己的偏好增删信息，以自己的方式诠释信息，由此可见，在口头语言沟通中，信息失真的可能性相当大。另外，口头沟通通常无法留下书面记录，有时还浪费时间以至于带来不便。

1. 了解沟通对象

俗话说："知己知彼，百战不殆。"我们在进行人际沟通时，应注意了解自己的沟通对象。针对不同的沟通对象采用不同的语言，方能收到良好的沟通效果。

（1）了解沟通者的需求。人们的需求各种各样，往往是隐藏在内心深处的。如在谈话过程中，对方不断地看表或者打哈欠，表明他已经厌倦了这场谈话，想要尽快结束。如果谈话中，对方眼睛一直看着你，表明他对你的谈话内容很感兴趣。针对不同心理状态的沟通者，我们所采用的沟通方式也是不同的。如面对一个内心苦闷的人，你要善于倾听；而面对一个兴高采烈的人，你要适时助兴；面对一个情绪悲伤的人，要及时安慰他。

（2）了解沟通者的个性。人的性格千差万别，不同的性格影响人的行为习惯和沟通风格。我们和人沟通时应事先把握对方的个性，采用不同的沟通方式进行沟通才能收到良好的沟通效果。比如，对坦诚直率的人要多进忠言，对胆小怯懦的人要多作鼓励等。沟通中，对对方的个性、兴趣、背景等情况了解得越多，就越能调整自己选择恰当的话题和沟通方式以配合对方，以增强沟通效果。

2. 口头语言沟通要适情应景

沟通离不开具体的环境、时间、地点、场景等，不同的情景，需要选择不同的沟通方式。

（1）准确定位双方的角色。与人沟通时，要注意对方的身份、年龄、职业、性别等。与长辈交谈，要温文尔雅、尊卑有序；与上级交谈要有理有据、谦恭自信；与客户交谈，要热情大方、细心周到；与爱人交谈，要温柔体贴。

（2）说话要注意场合。沟通时语言要和具体的场合相协调。场合一般分为正式场合和非正式场合，沟通时要根据场合变换沟通的方式、语气、措辞等。正式场合不能过于随意，可以使用书面语；非正式场合可以适当地使用幽默、轻松的语言；喜庆的场合，如婚礼、生日宴上，不要讲不吉利的话；而葬礼上则不要说开心的事情。

3. 准确清楚地表达

话不在多而在于精，简洁准确的语言最能抓住对方的注意力。尤其是正式场合，如报告会、座谈会、演讲中，要求说话者对所说的内容要有深刻的理解，对整个说话过程做出周密的安排。

准确清楚的表达应做到：

（1）发音正确。清楚准确的发音可以依靠平时多加练习，朗读书报，多听广播等方式。除此之外，说话的时候避免使用一些生涩的词汇，应使用简洁的句式。比如，有人在介绍自己家乡话的时候说有"入声字"，那么大多数人对这个名词都是一头雾水，但是如果说比普通话多了一个声调，听的人就很容易理解了；有人说话喜欢重复使用同一句式，说一个"好"就行了，完全不必说"好好好"。

（2）信息要完整。一条清晰的信息应当是完整的，能准确反映出说话者的想法、感受、需要和观察，在表达时不要有遗漏，也不应模糊、抽象。要做到这点并不难，只要我们说话时表达清楚以下四个要素：我们观察到了什么？有什么想法？有什么感受？需要什么？完整地表达信息，做到没有遗漏和不混淆是一项技能，只要通过不断的练习就能逐步学会。

（3）说话条理清楚。有些人讲话思路不清，条理不明。要想克服这个缺点，就要求我们在话未出口时，先在脑子里构思一个轮廓，厘清自己的思路，抓住重点，先说什么后说什么，然后按顺序一一表达。那些与主题无关的语言，统统戒除。如口头禅，有人讲话时总喜欢用很多"呃""然后"等字词，这些都会影响听者对信息的接收，不利于听者了解和把握真实情况，影响沟通的效果。

4. 生动形象地表达

说话者在说清楚的基础上要做到生动形象地表达，使用修辞手法可以使我们的语言更生动形象。

在口语表达中，可以适当使用修辞手法来表情达意，增强语言表达的效果。常用的修辞手法有比喻、对比、引用、双关等。

▲ 微课：语言的礼仪——礼貌用语和补充内容

除恰当地使用修辞手法外，还要灵活运用停顿、重音、语速、语调等让自己的声音抑扬顿挫，为双方的沟通增色。

（1）停顿。是较重音更复杂的一种表达技巧，因为它常常与标点符号相联系，所以常常对句子的构成和意义起决定性作用，运用起来较复杂。如"有资格的和尚未取得资格的先生"这句话，如果停顿不当就会被读为"有资格的和尚/未取得资格的先生"，产生歧义，真正要表达的意思是"有资格的/和/尚未取得资格的先生"。巧妙地利用停顿，还可以在沟通中划开心理段落，这样，既可以整理前面的信息、体会情感，又可以为后来的沟通预做铺垫，做好心理准备，非常有利于信息消化和沟通过程的顺利进行。

（2）重音。确切地说，主要是逻辑重音的安排。这里所讲的"安排"，就是要通过沟通语言中的重音，将需要强调的东西凸显出来，以达到沟通的目的。如"我/请你来玩儿""我请你/来玩儿""我请你来玩儿"三个句子字面完全一样，但由于重音不同而意思各有侧重，如果参考个人感情和当时情境，就能从中得出很多信息，有居高临下的命令，有不太情愿的邀请，有渴望分享开心一刻的喜悦等。再比如"您真聪明""您真/聪明"这句话，前者是真心称赞，后者如再与拖长的声调相结合，就很可能变为挖苦与讽刺了。

（3）语速。语速是指说话速度，适中的语速有利于沟通双方的情感表达与信息传递。语速过快不利于自我控制，也不利于对方理解进行沟通，语速过慢又容易使人情绪烦躁不安或萎靡消沉。

（4）语调。即说话的腔调，就是一句话里节奏快慢轻重的配置和变化。语调分为平调、升调、降调和曲调。平调没有明显的升降变化，一般用于不带有特殊感情的陈述和说明，以及表示迟疑、深思、冷淡、悼念、追忆、庄严等感情；升调语句音调由低逐渐升高，常用于表示疑问、反诘、惊异、命令、呼唤、号召等感情；降调语句音调由高逐渐降低，末字低而短，一般用于陈述句、感叹句、祈使句，表示肯定、坚决、赞美、祝福、祈使、允许和感叹等感情，在普通话语句中降调出现频率较高；曲调指语句音调曲折变化，对句子中某些音节，特别地加重、加高或延长，形成一种升降曲折的调子，一般用来表示夸张、强调、反语等较为特殊的语气。

> **拓展阅读**
>
> 普通话的特色
>
> 　　普通话语音既清越又柔和，节奏明快洒脱，韵律婉转流宕。连读起来既可如行云流水，娓娓动听，又可大气磅礴，铿锵激昂。在演讲、朗读及日常口头交际中，如能表现出普通话语音的特色和魅力，就可使语言的表达锦上添花、声情并茂。
>
> 　　普通话使语言表达富有音乐性和表现力。普通话语音富有音乐性，抑扬交替、舒展明快，最响亮的元音音素在音节中起主导作用。元音多使得普通话语音显得清爽、明朗、悦耳、饱满，便于吟咏和入耳。
>
> 　　普通话使语音明晰。普通话音素32个，约400个基本音节，4种声调形式，而发音方法和发音部位都是普遍常见的；与一些方言、少数民族语和外来语相比，它清晰度高，容易辨析，说来易学，听来易懂。
>
> 　　（1）没有复辅音，在一个音节内，无论开头或是结尾，都没有两个或三个辅音连在一起的现象，因此，汉语音节的界限分明，音节的结构形式比较整齐。
>
> 　　（2）元音占优势。汉语音节中可以没有辅音，但不能没有元音，一个音节可以只由一个单元音或一个辅音元音构成，同时，由复元音构成的音节也比较多，因元音是乐音，所以，汉语语音乐音成分比例大。
>
> 　　（3）有声调。每个音节都有一个声调，声调可以使音节和音节之间界限分明，又富于高低升降的变化，于是，形成了汉语音乐性强的特殊风格。"阴阳上去"4种声调使普通话语音具有了高、扬、转、抑的区别，显出其舒展、晓畅、柔和、委婉的特点。而"双声""叠韵""叠字"等手法，配以4种声调就又使其具有了律动感和音乐美的特点。另外，口语中明显的"轻声""儿化"现象还可以协助区分词义和词性，这又使得普通话的表现力更加精微、细腻、丰富和生动。普通话语音音乐性强的特点，具体可以从普通话的声母、韵母、声调、音变四个方面加以说明。

三、身体语言沟通

　　在沟通过程中，人们无不处于特定的情绪状态中。这种情绪状态，除可以用语言的直接方式或副语言告知对方外，还可以委婉地用身体语言进行表达，如通过目光、表情、姿态、距离、衣着打扮等形式传递或表达沟通信息。

　　身体语言是指非词语性的身体符号，也称"人体示意语言""肢体语言""态势语""动作语言"等，是人际交往中一种传情达意的方式。身体语言表达是指人际交往时，通过如目光、面部表情、触摸、姿势、外貌、空间距离等与人进行交流沟通，即使不开口说话，还可以凭借身体语言达到沟通的目的。

1. 身体语言表达的类型

身体语言丰富而表现微妙，是人们内心深处情感的外化和显露。身体语言是地域、民族文化形成的印记。一方水土养育一方人，不同地域的人拥有不同的身体语言。身体语言从另一个层面反映着人的思想境界和精神面貌。身体语言的表达可分为情态语言、身势语言和空间语言。

▲ 微课：当面沟通对肢体语言的要求

（1）情态语言。情态语言是指人的脸部各器官的表情语言，如眼神语言、微笑语言等。在人际交往中，人的面部表情是人内心世界的"荧光屏"和几何图，面部的眉毛、眼睛、嘴巴、鼻子、舌头和面部肌肉的综合运用，可以向对方传递自己丰富而复杂的心理活动，很容易表现出温柔、冷酷、胆怯、欢喜、憎恨等诸多感情。例如，微笑是一种令人愉悦的表情，它可以和有声语言及行动互相配合，起到互补的作用。有魅力的微笑能够拨动人的心弦，架起友谊的桥梁。

（2）身势语言。身势语言也称为动作语言，指人们身体的部位做出表现某种具体含义的动作符号，包括手、肩、臂、腰、腹、背、腿、足等部位的动作。最常用的是手势语和姿态语。手势语是通过手部活动来传递信息的，能直观地表现人们的心理状态，如握手、招手、摇手、挥手和手指动作等。手势语可以表达友好、祝贺、欢迎、惜别、为难、不同意等多种语义。姿态语是指通过坐、立、走、蹲等姿势的变化表达语言信息的"体语"。例如，前倾的坐姿代表响应和等同。姿态语可表达自信、乐观、豁达、庄重、矜持、积极、向上、感兴趣、尊敬等或与其相反的语义。人的动作与姿态是人的内心活动、思想感情和文化教养的外在体现。

（3）空间语言。空间语言是利用空间来表达某种心理与思想信息的一种社会语言，属于无声语言范畴。人际交往中，人们常用空间语言来表明对他人的态度和与他人的亲疏关系。空间距离是无声的，但它对人际交往具有潜在的影响和作用，有时甚至决定着人际交往的质量。人与人之间需要保持一定的空间距离，多数人都能接受的四个空间，即亲密空间保持在 0～15 cm，个人空间保持在 46～76 cm，礼貌交流空间保持在 1.2～2.1 m，公共空间保持在 3.7～7.6 m。

2. 身体语言表达的特点

（1）心灵真实性。语言表达受到理性意识的控制，容易伪装和掩盖，用身体语言表达时则大不相同。身体语言大都发自内心深处，情不自禁地就会显现出来，难以压抑和控制。例如，当某人说自己不害怕时，他的手却在发抖，那么别人便有理由相信他是害怕的。

（2）释义直观性。人际沟通各方通过形体动作把抽象的语言形象化、直观化，对方变化的体态、调整的动作构成了一个比其他语言类型描述解释都要易懂的视觉形象。

（3）客观存在性。身体语言具有客观存在性，它经历了长久社会交往实践的检验，哪怕是一个细微的动作，都是社会约定俗成的，被人们广泛认可和接受的，它能直接独立地传递和交流复杂的信息。

（4）与时俱进性。身体语言富有时代感，它是反映现实语言环境的真实写照。沟通交流过程中可从这些非语言形式中了解时代背景、地域差异、季节区别，从而获取有别于有声语言的各种信息。

（5）行为差异性。不同地域、不同民族、不同国家之间的人际交往存在着很大的交往行为文化差异性。例如，同样是拍桌子，可能是"拍案而起"，表达怒不可遏；也可能是"拍案叫绝"，表达赞赏至极；印度人用摇头表示赞同，用点头表示不同意，中国人恰恰相反；西方人与日本人谈生意，在西方人看来，OK手势表示"我很高兴我们谈成这笔交易"，但日本人却理解为"他在向我们提出要钱的暗示"，因为在日本，OK手势就像硬币形状一样，表示"钱"的意思。

3. 身体语言表达的功能

（1）强化功能。使用身体语言表达符号可强化语言所表达的意思，并且能够加深他人的印象，例如，人们使用自己有声语言表达"1—2—3……"时，同时伴随有弯曲手指的身体语言符号。

（2）替代功能。很多时候，使用语言表达对话时，一方即使没有说话，也可以从其身体语言符号，如面部表情上看出对方的意思，此时，身体语言起到替代语言所表达意思的作用。

（3）伴随功能。在人们在交际时，习惯用身体语言符号作为语言表达的辅助工具，又作为"伴随语言"，使语言表达得更准确、有力、生动、具体。例如，款待客人就餐时，主人就会做出边说边示意客人多吃菜的动作。

（4）调控功能。日常交际中进行沟通交流时，可以借助身体语言符号来调整控制语言，表示交流沟通中不同阶段的不同意向，即随着语境发生变化，传递出自己交流意向也发生变化的信息。例如，讨厌某人说话没完没了时，用嘴巴噘向一边做出"撤退"的姿势。

（5）超语功能。在许多场合身体语言表达要比语言表达更具有雄辩力。高兴的时候开怀大笑，悲伤的时候失声痛哭，当认同对方观点时频频点头，否认对方观点时微皱眉头，要比语言表达更能说明自己的立场和观点。

四、书面沟通

书面沟通是公共关系的工作途径之一，用书面媒介的形式与公众交流信息，沟通情况，主要用于内部公众之间的沟通，其形式有内部报刊、信件、公告板、标语和各种辅助出版物。内部报刊的形式有普通报纸式、杂志式和文件式，发行方式有赠阅和销售两种。信件也是书面沟通的一种方式，信件有组织信件和私人信件两种。此外，还有辅助出版物，如时事通讯、各种手册说明和有关的书籍等。

▲ 微课：书面沟通的特点和规律要求

书面沟通本质上讲是间接的，这使得其具备诸多优点。书面沟通可以正式或非正式，可长可短，可以使写作人能够从容地表达自己的意思，词语可以经过仔细推敲，而且还可以不断修改，直到满意地表达出个人意思。书面材料是准确而可信的证据，所谓"白纸黑字"。书面文本可以复制，同时发送给许多人，传达相同的信息，在群体内部经常受限于约定俗成的规则，且书面材料传达信息的准确性颇高。

当然，书面沟通也有自己的缺陷。它耗时长，成本高，不能及时收到反馈或有时没有反馈。首先是准备起来比较麻烦，这需要良好的写作技能，而这些技能又不是天生的，需要沟通者通过学习来掌握。书面沟通也需要精心准备，并对信息的接收者、沟通可能出现的预期结果保持高度的敏感性，这又增加了准备的复杂性。相对于口头信息沟通而言，书面沟通的另一个缺点是不能及时提供信息反馈，也无法确保发出的信息被接收者接收到，即使是接收到，也无法确保接收者对信息的解释正好是发送者的本意。发送者往往要花很长时间来了解信息是否已被接收并被准确地理解。

单元三　选择沟通方式

一、面谈沟通

面谈是指任何有计划的和受控制的、在两个人（或多人）之间进行的、参与者中至少有一人是有目的的，并且在沟通进行过程中互有听和说的谈话。

1. 提前预约面谈时间

▲ 微课：当面沟通的特点

面谈时间一般由面谈的发起者与面谈其他参与者协商确定，面谈沟通前预约好时间，做好面谈提纲等。如果一声招呼都不打，直接就上门拜访面谈，可能会"收获"以下几种情况的结果：对方很忙或外出，结果白跑一趟；对方在，但是没有做好本次面谈的准备，导致面谈仓促结束，不能有效地达成沟通效果……另外，提前做好预约及准备面谈提纲，是对服务对象的尊重，也方便自身工作的开展，达致本次探访的目标，利己及人。所以，提前预约，可以让对方有充分的时间准备面谈的内容和细节，也可以让自己审视面谈的准备情况，然后开展有准备的对话，你会发现这会是一个很有趣的过程。

2. 选择合适的面谈场所

预约好面谈时间后，应做一个守时者，按照约定时间提前到达约定的地点，利用剩余的时间，了解约定地点的周围环境。这样做是为了更好地了解面谈者的生活圈子，对面谈者进行侧面的分析，提高面谈沟通的效率。

▲ 微课：谈话技巧（一）

3. 面谈沟通注意事项

（1）见面问好，自我介绍，阐明来意。首先是礼貌问好，自我介绍，让对方了解自己是谁，然后阐明本次的面谈内容，让对方明白这次面谈的主题。

（2）顺势而上，挑重点，找到契合的内容。

（3）倾听为主，适当总结。当我们对于沟通内容不熟悉、不了解的情况下，以及对于对方负责人不了解的情况下，应该多倾听，在适当的时候发表自己的观点，但不要过多。而当会谈的主题有所偏离或者倾听者得不到与本次面谈主题相关的信息时，可以适当做总结和澄清，避免进入对方的轨道，走入就某一话题不断循环的沉闷局面。

（4）不随便答应对方任何超出能力范围的要求。在面谈的过程中，特别是进行到双方要怎么做的时候，不能当即判断与决策，应委婉地告知对方需要考虑或与家人、领导商量后再作答复，是比较妥善的处理方式。

（5）懂得适可而止。双方都交换了彼此的意见和想法，自己要反思自己本次面谈的目的是否已经达到，也顺便观察一下对方是否有结束会谈的意向：心不在焉，看手表、手机，远离话题等。如若目的已经达到，可表达告辞。最后，有始有终，感谢对方抽出的宝贵时间，礼貌道别。

二、会议沟通

会议沟通是一种成本较高的沟通方式，沟通的时间一般比较长，常用于解决较重大、较复杂的问题。

会议沟通的目的一般是解决信息共享、动员激励、信息传播、制定决策等问题。会议是一个集思广益的过程，是一种信息的传递方式。通过会议可以将许多人聚集在一起，就某些问题与员工相互交流思想，并提出相应的对策。会议也是向上沟通意见的途径之一，管理者可以借开会之机听取下属或员工的意见和建议。

1. 会前准备

（1）确定会议目标。会议目标包括达成协议、通过策划方案等。

（2）拟定会议议程。通常，会议议程应包括会议日期、时间、地点、议题及参加对象等。

（3）准备会议文件，分发预阅资料。

（4）确定会议主持人。会议的成败在很大程度上取决于会议的主持人。作为优秀的会议主持人，不仅要主持会议，而且要以政治家、鼓动者、调解人或仲裁人的角色参与会议。作为主持人，他应具有敏捷的思维能力，沉着自信，表达能力强、富有幽默感，并且具有较强的领导能力。

（5）确定与会人员。

1）首要原则是少而精。

2）信息型会议，应该通知所有需要了解该信息的人都到会参加。

3）决策型会议，需要邀请能对问题的解决有所贡献，对决策有影响的权威，以及能对执行决策做出承诺的人到会参加。

4）需要对某些未在会议邀请之列的关键人士说明原因。

（6）预定会议场所。

1）会议室一般比较方便且费用低廉，是首选地点。但如果涉及公司的对外公共关系形象或者与会人数众多，则可以考虑租用酒店或展览中心的专用会议室。

2）应注意会议室的空调温度、桌椅舒适度、灯光和通风设备应与会议的规模和安排的活动相适应。

3）根据沟通需要来选用适当的桌椅排列方式。信息型会议的与会者应面向房间的前方，而决策型会议的与会者应面向彼此。

4）确定视听器材，如幻灯机、多媒体播放机、麦克风等都是否准备就绪。

5）会场布置应根据会议的目的、会议性质及与会人数而定。

2. 控制会议进程

会议能否顺利进行，在很大程度上取决于会议主持人对会议的节奏和方向的把握。具体可以按以下步骤来控制会议进程：

（1）宣布会议的主题和目的。

（2）根据会议议程顺序提出议题，然后征求与会者的意见。

（3）给予每个人阐述观点的机会。

（4）控制会议讨论进程。

（5）如果发生与议题无关或深入不必要的细节时，主持人应该及时将话题引导到议题本身。

3. 会后工作

为了贯彻会议精神，执行会议决议，应下发会议记录或会议简报。会后还应对执行工作进行监督和检查。

三、电话沟通

电话沟通既是个体沟通的一种方式，也是一种比较经济的沟通方式。

1. 电话沟通的准备

电话沟通前的准备就像大楼的地基，如果地基打得不扎实，大楼则岌岌可危。通过打电话与客户沟通的结果和电话沟通前的准备工作有很大的关系。即使你有很强的沟通能力，如果准备工作做得不到位也不可能达到预期的最佳沟通效果。电话沟通前的准备工作包括以下几方面：

▲ 微课：电话沟通的技巧

（1）明确电话沟通的目的。只有明确电话沟通的目的，才有利于实现有效的电话沟通。

（2）准备电话沟通所必须提问的问题。为了沟通目标，在电话沟通之前必须要明确需要得到哪些信息、提出哪些问题，必要时应把需要提问的问题写在纸上。

（3）设想沟通过程中对方会提到的问题并做好准备。电话沟通时，对方会向我们提出一些问题。如果没有提前做好准备，很可能会耽误自己和对方的时间，甚至使沟通对象产生不满而挂断电话，这也不利于信任关系的建立。

（4）设想沟通过程中的突发状况并做好准备。100个电话中通常可能只有80个电话是能接通的，80个电话中又往往可能只有50个电话能找到相关的人的，每次打电话都可能有不同的状况出现，因此，电话沟通前一定要清楚随时可能出现的意外状况，并针对不同的状况准备相应的应对措施。

（5）所需资料的准备。如果电话沟通过程中的某些回应需要查阅相关资料，一定会占用对方的时间，因此，应注意不能让沟通对象在电话那边等的时间太长，所以，资料一定要放在手边，以便需要查阅时立刻就能取出。而且手边所准备的各种资料尽可能地越全面越好。

（6）态度上要做好准备。电话沟通的态度一定要积极，不能因为遭受拒绝，或精神上的疲倦，而情不自禁地有所懈怠，要努力使自己在电话沟通过程中保持良好的态度，并恰到好处地流露友善的微笑。

2. 电话沟通的开场白

电话沟通的开场白有如下五个关键因素：

（1）自我介绍。电话沟通中自我介绍非常重要，一定要在开场白中很热情地表示友善的问候和自我介绍。

（2）相关的人或物的说明。如果有相关的人或物，要对相关的人或物做一个简明扼要的说明，这等于建立一座与对方沟通的桥梁。如果开门见山地直接进入话题，则显得唐突，也不利于建立起融洽的关系。

▲ 微课：谈话技巧（二）

（3）介绍打电话的目的。介绍打电话的目的时有一点很重要，就是突出带给对方的利益。在开场白中要让对方真正感受到你带给他的价值究竟在哪里。

（4）确认对方时间的可行性。电话沟通时间的长短应充分考虑沟通对象的意愿，电话接通时要很有礼貌地询问对方现在打电话是否方便。当然，这句话未必对每个人都适用，也不必对每个人都讲一遍。如果觉得这个电话可能要占用对方较多的时间，同时觉得对方可能是一个时间观念非常强的人，在这种情况下应很有礼貌而又热情地征询对方的意见。

（5）找到对方感兴趣的话题。电话沟通是为了建立关系和挖掘沟通对象的需求，一定要用提问题来作为打电话的结束，找到对方感兴趣的话题，使对方乐于发表自己的想法，开场白就会非常容易而顺利地进行下去。同时还应注意，打电话给沟通对象时一定要对沟通对象的各个方面有一个较为完整的了解。

职场小贴士

开场白注意事项

在与客户电话沟通时，话言上一定要精练，表述要清楚，要客户理解你所传递的信息，也要觉察客户心理状态和方便打电话的时间段。

3. 探寻需求

探询需求的关键是提出高质量的问题。探寻对方需求的一般步骤如下：

（1）用提问的方式获取沟通对象的基本信息。

（2）通过纵深提问找出对方深层次需求和需求背后的原因。

（3）激发需求的提问。

4. 深入交流

在电话沟通过程中，与沟通对象进行深入交流可以参考以下步骤：

（1）表示了解对方的需求。

（2）陈述沟通内容，与客户需求达到切合。

（3）确认是否得到客户认同。

5. 达成协议

如果对方接受了我们的提议，就可以达成协议了。在电话沟通结束时，要对沟通对象表示感谢，并为下一次联系打下良好基础。如"十分感谢您对……的认同，我会与您保持联系，我叫某某某。如果您有什么问题，请随时与我取得联系，谢谢！"

四、邮件沟通

电子邮件是一种用电子手段提供信息交换的通信方式，是互联网应用最广泛的服务。电子邮件沟通的方式属于异步通信，与即时软件有所区别。在即时软件盛行的当下，仍然有很多人喜欢使用电子邮件，究竟是什么原因呢？

▲ 微课：网络沟通的技巧

（1）电子邮件沟通具有仪式感。对于一些特殊的场景，仪式感非常重要，比如，重要的活动邀请或者信息通知，如果只通过简讯或电话的方式告知对方，是很失礼的行为，而如果在与对方确认过活动或通知的信息之后，再给对方发送一封格式规范、措辞恰当的电子邮件，就显得非常得体。

（2）电子邮件沟通要求邮件内容逻辑清晰。写电子邮件时，通常需要在编辑器经过反复修改，对邮件表述内容逻辑进行调整，以方便收件人可以更容易理解。同时，由于电子邮件异步通信的特点，很多时候在收到电子邮件的时候并不需要立即做出答复，使沟通的双方都有思考的时间。

（3）电子邮件沟通记录可查询。工作中，在沟通双方意见未达成一致时，偶尔会发生相互推脱的情况，使用电子邮件进行沟通，方便双方留存记录，即使出现分歧也可以梳理清楚。

（4）电子邮件沟通便于双/多方协作。发送电子邮件可以选择抄送、密送、群发单显等，在团队协作中，便于权责分明，使工作内容的条理更加清晰，可有效提高团队效率。

单元四　克服沟通障碍

一、克服心理障碍

心理障碍在病态心理学上是指一个人由于生理、心理或社会的原因而导致的各种异常的心理过程和异常人格特征的异常行为方式。在这里，我们认为凡是影响人际交往的心理因素都可以列在心理障碍之列，如自卑、嫉妒、猜疑、孤僻等，这些心理会严重妨碍人际沟通，甚至给沟通者的整个人生带来严重后果。

▲ 微课：人际沟通的障碍

1. 羞怯

羞怯是一种常见的心理现象。羞怯心理，人皆有之，只是程度不同而已。有羞怯心理的人常表现出不敢与陌生人接近，不敢在众人面前发表自己的意见，常因内心紧张而临场失控。生理症状主要有心跳加快、呼吸急促、词不达意、不敢正视对方、脸红、浑身冒汗、声音极低等。羞怯的人由于拘谨而不能充分地表达自己的见解与情感，使自己在人际交往中陷于被动，导致沟通与交际的失败。

克服羞怯的方法包括：

（1）自我鼓励。多给自己壮胆，多给自己鼓劲，随时注意调整好自己的情绪，羞怯就会逐渐被克服。

（2）保持松弛。松弛是克服羞怯心理的关键，羞怯的人往往过于在乎他人对自己的看法，而常常处于紧张状态。此时，应尽量用玩笑或幽默来自我解脱。或者紧张时，自己也可以做深呼吸克服由此产生的心跳加速、胃肠不适、害羞脸红等表现。

（3）学会微笑。人际交往的身体语言中，最具魅力的是微笑。微笑是友善的表示、自信的象征。微笑可以使人摆脱窘境，可以缩短与他人之间的感情距离，可以化解朋友之间的误会，同时微笑也可以减少羞怯的心理障碍。

（4）努力用知识充实自己。知识储备丰富自然会增强人际吸引力，使人交往自如，所以，我们要勤奋学习，努力充实自己。

（5）多锻炼自己的交往能力。要充分利用一切机会积极锻炼自己，学会和各种各样的人打交道，关键时刻要表现自己。聚会、联谊会时要多和周围的人进行交谈。

2. 恐惧

恐惧是指惧怕人际交往，就是通常所说的社交恐惧症。这类人往往极其敏感，除了亲近的人之外，他们很难与外界进行沟通，往往还没有行动体验就先预想到了糟糕的结果。例如，担心别人注意他们，担心被指责，担心自己受到伤害，担心被排斥，担心自己融不进人群，无法正常与人交际。久而久之，拉大了与周围人的距离，妨碍了与他人的正常交流沟通。

克服恐惧的方法包括：

（1）不否定自己，不断地告诫自己"我是最棒的""天生我材必有用"。

（2）不苛求自己，能做到什么地步就做到什么地步，只要尽力了，不成功也没关系。

（3）不回忆不愉快的过去，过去的就让它过去，没有什么比现在更重要的了。

（4）友善地对待他人。助人为快乐之本，在帮助他人时忘却自己的烦恼，同时，也可以证明自己存在的价值。

（5）找个倾诉对象，有烦恼是一定要说出来的，可能他人无法帮你解决问题，至少可以让你发泄一下情绪。

（6）到人多的地方去，让人流在眼前经过，试图给人们以微笑。

3. 自卑

自卑是人际交往中常见的心理障碍之一，是对自己的知识、能力、才华等做出过低评价的一种心理现象。自卑心理源于心理学上的一种消极的自我暗示，自卑的人总是感觉自己不如别人，低人一等，轻视、怀疑自己的力量和能力；也表现在交往过程中，过多地约束自己的言行，以至于无法充分地表达自己的思想和感情，想象成功的体验少，想象失败的体验多。在与权威、长者、名人交往时，自卑的表现尤为突出。在交往沟通时经常处于被动，不引人重视，由此失去很多机会，阻碍人际关系的发展。

克服自卑的方法包括：

（1）要敢于正视自己的不足。对于一些不可改变的事实（如相貌、身高等）完全可以用自己其他的优势来弥补，大可不必自惭形秽。

（2）要正确地与人相比。每个人都有自己的长处，也有自己的短处。自己这方面不行，也许另一方面比别人强。因此，不能笼统地与别人相比，更不能拿自己的短处和别人的长处相比较，明智的做法是学会扬长避短。古希腊哲学家苏格拉底相貌丑陋，家有悍妻，生活不幸福，但他矢志哲学，哲学上的成就使他名垂青史。

（3）突出自己，挑前面的位子坐。坐在前面能建立信心，因为敢为人先，敢上人前，敢于将自己置于众目睽睽之下，就必须有足够的勇气和胆量。久而久之，这种行为就成了习惯，自卑也就在潜移默化中转变为自信。

（4）正视别人。眼睛是心灵的窗户，一个人的眼神可以透露出情感，传递出微妙的信息。正视对方的眼睛，看着他的眼睛说话。

（5）昂首阔步，快步行走。心理学家认为，人的行走姿势、步伐与其心理状态有一定关系。懒散的姿势、缓慢的步伐是情绪低落和缺乏自信的表现。改变行走姿势与速度有助于调整心境，昂首挺胸，步伐轻快，会使自卑逃遁，自信滋生。

（6）练习当众发言。在大庭广众下讲话，需要巨大的勇气和胆量，这是培养自信的重要途径。许多原本木讷或口吃的人，都是通过练习当众讲话变得自信起来，如萧伯纳、田中角荣等。

4. 自傲

自傲与自卑相比，也源于错误的自我评价，自傲者喜欢过高地估计自己，在与人沟通中表现为妄自尊大、自吹自擂、盛气凌人，而且不愿和自认为不如自己的人交往，这样的人当然不会受到他人的欢迎。自傲者要学会尊重他人，善于发现他人的优点，这样才有利于客观评价自己，同时要学会严于律己、宽以待人。

5. 猜疑

猜疑是人性的弱点之一。人一旦掉进猜疑旋涡，就会处处神经紧张，事事捕风捉影，节外生枝，挑起事端，损害正常的人际关系，害人害己。

职场小贴士

造成猜疑的原因

（1）对环境、对他人、对自己缺乏信任。有些人在某些方面自认为不如他人，总以为他人在议论、算计或看不起自己。

（2）对过去挫折的自我防卫。有些人曾经由于轻信别人，在人际交往中受过蒙骗，蒙受了巨大的挫折与失败，因此，不愿再信任别人，凡事都要猜疑再三。

克服猜疑的方法包括：

（1）理性思考，不无端猜疑。当发现自己生疑时，不要朝着猜疑的方向思考，而应问自己为什么我要这样想？理由是什么？如果怀疑是错误的，还有哪几种可能发生的情况？在做出决定之前，多问几个为什么，这样有利于克服猜疑心理。

（2）加强交流，解除疑惑。猜疑往往是心灵闭锁者人为设置的心理屏障，只有敞开心扉，将心灵深处的猜测和疑虑公之于众，或者面对面地与被猜疑者推心置腹地交谈，让深藏在心底的疑虑大曝光，增加心灵的透明度，才能有利于彼此之间消除隔阂，增强相互信任，从而获得最大限度的消解。

（3）要综合分析被猜疑对象的长期表现，识破各种离间计。当自己开始猜疑某个人时，最好能先综合分析一下他平时的为人和经历，以及与自己共事多年的表现，这样有助于将错误的猜疑消灭在萌芽状态。

二、克服语言障碍

语言是沟通交流的主要载体，人们借助语言可更加便捷地表情达意、交流思想、协调关系。因为不同的语言或者对同一语言的不同理解，往往使双方产生误解或争执，使人们偏离有效的沟通，产生嫌隙。

▲ 微课：怎样克服沟通障碍

1. 不同语言造成沟通障碍

世界上有中文、英文、法文、德文、日文、西班牙文等多种语言，每一种语言又有多种方言。以中文为例，其分为七大方言。因为每种语言的语音词汇都是独有的，不懂的人很难听懂它所表达的语义，这给人际沟通带来了极大的困难，也必然会造成沟通与交流的障碍。不懂外语，就无法明白外国人所表达的意思，就更不要说沟通了。

2. 语义不明产生歧义

语义不明不能正确地表达思想，还可能会产生歧义。例如，病人去化验科，护士指着前方一个牌子说："非本科人员不得入内"，那人大怒："我就化验个尿，还要本科文凭。"这里，护士指的"本科"是指本科室，病人说的"本科"是指本科学历。

3. 专业术语引起理解障碍

由于职业的不同，双方在经验水平和知识结构上的差距过大都会产生"隔行如隔山"的沟通障碍。因为人们长期受职业的影响，说话时不知不觉就会带出一些专业术语，让不懂这行的人听得云山雾罩，对方又不好意思说听不懂，结果就影响了沟通的效果。如果证券公司的人员跟你说这个股票可以买，最近正好"除权"，没有几个人能明白"除权股"是什么意思。其实除权股的意思是，股息已经分过了，这样的股票通常比较便宜，逢低把它买进，将来会有涨价的空间。可是对这种除权股的专业术语，一般人是不懂的。

三、克服不同习俗与文化带来的障碍

习俗就是习惯、风俗，是在一定文化历史背景下形成的具有固定特点的调整人际关系的社会因素。习俗世代相传，是经过长期重复出现约定俗成的习惯做法，虽然不具有法律一般的强制力，但通过家族、邻里、亲朋的舆论监督会形成强大的约束力，往往促使人们入乡随俗、和睦相处。忽视习俗因素容易导致沟通障碍。

例如，在我国喝酒干杯有时是一种人情，是给对方面子，喝酒不干杯显得不够热闹。但在一些西方国家的人，他们也是经常喝酒的，但都是你想喝多少就倒多少，至于要不要干杯，就看你自己了。

所以，在与人沟通时，要多研究一下他们的习俗和文化，尊重对方的习俗文化，这样，与他们相处时可以让我们不犯忌，从而取得更好地沟通效果。

四、避免沟通误区

1. 指出对方的缺点或错误

在讲究沟通技巧的当今，良药未必苦口，指出对方的缺点或错误也要讲究方式方法。在多数情况下，我们无论基于礼节还是顾及对方感觉上，都不应直接指责别人的错误，因为这不仅可能会让谈话气氛尴尬，甚至使对方产生敌对心理。但是，这并不意味着要无视甚至隐瞒他人的错误。当发现对方有错误时，应该利用合适的时机指出来，而不是对此无视与沉默。

沟通的目的是相互提升和维护人际关系的圆满。但是"人非圣贤，孰能无过？"如果能够发现对方的错误，并且用委婉适当的方式告诉他，一般情况下对方是会欣然接受的，因为实际上他可以因为接受指正而变得更好，他可能会感谢你，也可能更加佩服你，对双方关系来说都是有益的。

2. 太快做出简单的评价

在遇到事情时，人们通常会凭直觉或经验做出一个判断和评价。当对方叙述某件事情时，总是急于说出自己的意见。我们总喜欢给别人一个"好"或"不好"的评语，就好像我们的意见是价值判断的原点。或许我们内心会忍不住希望通过评论别人来满足自己的优越感和自尊心，因为当我们评论别人时，首先就已经自认为取得了评价别人的资格。然而，任何人都会对一个姿态高高在上的人感到反感。谈话双方的地位是平等的，对方可能只是想谈某个关于自己的问题，他同你交谈，并不是因为他需要一个评价（他自己可能已经有这个评价），或如何解决问题，也可能他只是需要一个情绪发泄的对象而已。

另外，当我们不得不发表自己的意见，对别人进行评价时，当然不应该隐瞒自己真正的想法。但如果只是"你是一个好人"或"你说得好"这类不痛不痒的评价，不仅不会使对方感到满意，也可能让对方变得不重视你的想法。因为这也表示你并不那么重视对方。因此，你必须针对需要具体评价的事，真正地"就事论事"，不敷衍，也不针对任何一个人。

在评价一件事情之前，不能带有任何成见，更重要的是，我们无法仅从一件事上就能对某人进行简单的评价。

3．盲目对别人说教

我们总喜欢告诉别人应该怎么做，我们总是自认为知道的比对方多，看得比对方清楚，因此，完全有资格去告诉对方应该怎么做。如此一来，常常让一般的谈话变成了课堂对话，双方的角色也变成了老师和学生。

每个人都有自己的思想，有时候，我们并不了解对方做一件事情的原委和具体情况。当别人犯错时，我们总喜欢用过于简单的道理说明对方做得并不正确。指出别人的错误是一件"诱人"的事，即使会牺牲双方谈话的和谐气氛也在所不惜。但其实倾听者应该顾及对方的感受，试着从对方的角度考虑问题，这样也许就会打消自己说教他人的念头，而更加倾向于使用理解、尊重和欣赏的方式与对方沟通。就算真的想要帮助他人，也尽量不要采取说教的方式。

4．自以为是的"心理学家"

人都有自我的纯主观意识，有自我实现的需要，重视人自身的价值，提倡发挥人的潜能。在潜意识里，我们都希望成为一个心理学家。我们经常对他人说"你知道得不够"或者"你想太多了"。即使我们并没有受过专门的心理训练，也依然觉得自己有一种天生的心理学家的本领，并且认为这样是正确的。也就是说，每个人都不希望被否定，都希望得到认可。

人们之所以不喜欢"自以为是"的人，是因为他们的自我意识过于强烈，往往把别人当成"假想敌"，将对方置于自己的对立面。要知道，即使是心理学家也并不是仅仅通过表面上的判断就能推测出每个人的心理状态，而是必须结合相关的事实，才能谨慎得出结论。所以，不要在没有太多事实依据时无端地推测对方的心理，否则可能会因此让对方感到不悦。你能够看到的多是现象而已，只有透过这些现象，才有可能读懂一个人的心理。

5．有话就说的"直肠子"

我们经常说："我是个直肠子，说错话请大家别见怪。"好像以为说完这句话就能毫无顾忌地乱讲话一样。尽管对方可能会鼓励："有话就直说。"事实上，我们常因这样的说话方式和别人产生芥蒂，甚至发生激烈冲突。当谈话进行时，气氛看似融洽，但之后你可能很惊讶地从他人口中听到对方其实并不满意这次谈话。这说明"直肠子"并不真的对对方沟通有帮助，实际上甚至破坏了双方的关系，只是当时对方碍于情面没表现出来而已。

直接指出对方错误会在不自觉间伤害对方的情感。同时，也可能在不适当的场合说了不适当的话，而对别人造成伤害。所以，谈话中要尽可能委婉地表达自己的想法。无论在什么场合，都要注意说话的分寸，我们中国人擅长"中庸"之道，即话不要说得太满。俗话说："说者无心，听者有意。"所以，说话一定要慎重。

6. 将意愿强加于人

生活中，难免会遇到一些处事苛刻，为人自我的人，这样的人经常会用命令或不容对方质疑的态度与人沟通。命令就是当想要别人做某件事时，用非常肯定的语气告知对方，让人感到毫无商量余地。另外，想要别人同意自己的意见时，可能会采取不容置疑的态度去取得他人同意。在整个过程中，你看起来像是在与对方商量，但对方并没有表达意见的机会。这两种形式给人一种威慑的力量，使对方无法反对你的意见。前者，对方会做你交派的事，但不会全力以赴，并且只希望这件事情尽快结束。后者，对方其实没有机会提出不同意见，你们只是表面上达成了一致。要让人为你做事，需要赢得他们真正的同意，但只有他们能说服他们自己。因此，你必须把你的愿望变成他们的愿望。

事实上，每个人都有自己的思想和生活，不要把自己的意愿强加于人，要懂得尊重别人，懂得迎合别人，懂得理解别人，懂得感恩别人，这样才能取得更好的沟通效果。

7. 唱"独角戏"或让别人唱

有些人喜欢将自己或对方当成一面墙壁，让谈话的一方长篇大论，而另一方保持沉默。整场谈话中，沉默的一方不发表任何意见，但并不表示他们真的没有意见，而是当时的情况让他们只能沉默。这种沟通方式并不可取。

所谓的沟通，已预设了一个前提，即谈话是双方的事。一场完美的谈话，必须双方积极参与，共同营造和谐的气氛。在真正的谈话中，"独角戏"是唱不起来的。

8. 让"细节"毁灭你

日常交谈中很容易不小心犯一些小错误。例如，穿着打扮其实很重要，却常常不被重视。我们常认为才华、知识比较重要，而不是谈吐。即把一件事中属于"内容"部分的作用无限放大，而看轻了"技术"层面。不注重细节的结果是容易让人不喜欢与你交谈，甚至产生反感。

9. 没有搞懂就表达

如果无法准确地表达想法，就会让对方感到疑惑，或是认为你专注力不够。因此，必须尽量明确、完整地表达自己的想法。表达的内容之所以含糊不清，很可能是讲话者并没有真正厘清自己的想法。想要表达得清楚而完整，一定要先厘清自己的想法，接着按一定的顺序有技巧地表达出来。

10. 转移话题

与他人交流时，难免会遇到较敏感的话题。此时，你可能会想换个话题。但是，这种方式不适合于特定的场合。一般情况下，最好不要轻易转换话题，因为轻易转换话题除会让谈话者感到错愕外,还可能使沟通气氛变得尴尬。与人谈话时,如果不是太无礼的问题,尽量不要岔开话题。

拓展阅读

测测你的沟通能力

你可能很会说话,但这并不代表你很会沟通。每个人都有自己独特的与人沟通和交流的方式,如果你总是沟通不畅,这可能是因为你对自己根本就不了解。

为了能够有针对性地提高沟通能力,你必须清楚自己现有的水平。通常情况下,一个有效的自我评定能够使你认识到自己的优势和劣势,然后,你就可以根据这个结果来制订提高计划了。

这个测验选择了生活中经常会遇到的难以应付的情境,测试你能否正确地处理这些问题,从而反映你是否了解正确沟通的知识、概念和技能。当然,你要如实回答,否则这一评估结果会毫无参考价值。

1.在说明自己的重要观点时别人却不想听你说,你会( )。

　　A.马上气愤地走开。

　　B.你就不说了,但你可能会很生气。

　　C.等等看还有没有说的机会。

　　D.仔细分析对方不听自己观点的原因并找机会换一个方式去说。

2.去参加老同学的婚礼回来你很高兴,而你的朋友对婚礼的情况很感兴趣,这时你会( )。

　　A.详细述说从你进门到离开时所看到和感觉到的相关细节。

　　B.说些自己认为重要的。

　　C.朋友问什么就答什么。

　　D.感觉很累了,没什么好说的。

3.你正在主持一个重要的会议,而你的一个下属却在玩手机,并有声音干扰到会议现场,这时你会( )。

　　A.幽默地劝告下属不要玩手机。

　　B.严厉地叫下属不要玩手机。

　　C.装着没看见,任其发展。

　　D.给那位下属难堪,让其下不了台。

4.你正在跟老板汇报工作,你的助理急匆匆地跑过来说有你的一个重要客户的长途电话,这时你会( )。

　　A.说你在开会,稍候再回电话过去。

　　B.向老板请示后去接电话。

　　C.说你不在,叫助理问对方有什么事。

D. 不向老板请示，直接跑去接电话。

5. 去与一个重要的客人见面，你会（　　）。
   A. 像平时一样随便穿着。
   B. 只要穿得不要太糟就可以了。
   C. 换一件自己认为很合适的衣服。
   D. 精心打扮一下。

6. 你的一位下属已经连续两天下午请了事假，第三天上午快下班的时候他又拿着请假条过来说下午要请事假，这时你会（　　）。
   A. 详细询问对方因何要请假，视原因而定。
   B. 告诉他今天下午有一个重要的会议，不能请假。
   C. 你很生气，什么都没说就批准了他的请假。
   D. 你很生气，不理会他也不批假。

7. 你刚应聘到一家公司就担任部门经理的职务，上班不久后你了解到本来公司中就有几个同事想就任你的职位，老板不同意才招了你。对这几位同事，你会（　　）。
   A. 主动认识他们，了解他们的长处，争取成为朋友。
   B. 不理会这个问题，努力做好自己的工作。
   C. 暗中打听他们，了解他们是否具有与你竞争的实力。
   D. 暗中打听他们，并找机会为难他们。

8. 与不同身份的人讲话，你会（　　）。
   A. 对身份低的人，你总是漫不经心地说。
   B. 对身份高的人，你总是有点紧张。
   C. 在不同的场合你会用不同的态度与他人对话。
   D. 不管是什么场合，你都是一样的态度与他人对话。

9. 在听别人讲话时，你总是会（　　）。
   A. 对别人的讲话表示兴趣并记住所讲的要点。
   B. 请对方说出问题的重点。
   C. 对方老是讲些"车轱辘"话时，你会立即打断他。
   D. 对方不知所云时你很烦躁，就去想或做别的事。

10. 在与人沟通前你认为比较重要的是应该了解对方的（　　）。
    A. 经济状况、社会地位。　　　　B. 个人修养、能力水平。
    C. 个人习惯、家庭背景。　　　　D. 价值观念、心理特征。

评分方法：

题号为1、5、8、10者选A得1分、B得2分、C得3分、D得4分，其余题号选A得4分、B得3分、C得2分、D得1分，将10道测验题的得分加起来就是你最后的总分。

结果分析：

模块二 沟通知识必备

总分为 11～20 分：因为你经常不能很好地表达自己的观点，所以，你也经常不被别人所了解，许多事情本来是可以得到很好解决的，但是你采取了不适合的沟通方式。所以，有时把事情弄得越来越糟，你需要严格地训练自己以提升沟通技能。只要你学会控制好自己的情绪、改掉一些不良的习惯，你随时可能获得他人的理解和支持。

总分为 21～30 分：你懂得一定的社交礼仪，尊重他人，你能通过控制自己的情绪来表达自己的观点，并能实现一定的沟通效果，但是有较多地方需要提高，你缺乏高超的沟通技巧和积极的主动性，许多事情只要你继续努力一点就可以大功告成。

总分为 31～40 分：你很稳重，是控制自己情绪的高手，所以，他人一般不会轻易地知道你的底细。你能不动声色地表达自己，有很高的沟通技巧和人际交往能力，只要你能明确意识到自己性格的不足并努力优化便能取得更好的成果。但要记住，沟通艺术无止境。

如果你的分数偏低，不妨仔细检查一下你所选择的沟通方式会给对方带来的感受，或会使自己处于什么样的境地……

模块小结

沟通是指人与人之间为达到一定目的，传达思想观点、表达态度、交流情感、交换情报信息的过程。良好的沟通离不开信息源、信息、通道、目标靶、反馈、障碍及背景七大要素。沟通的形态包括倾听、口头语言沟通、身体语言沟通和书面沟通。其中，倾听是指凭借听觉器官接收言语信息，进而通过思维活动达到认知、理解的全过程；口头语言沟通主要包括口头汇报、讨论、会谈、演讲、电话联系等；身体语言是指非词语性的身体符号，身体语言表达是指人际交往时，通过目光、面部表情、触摸、姿势、外貌、空间距离等与人进行交流沟通；书面沟通是用书面媒介的形式与公众交流信息，其形式有内部报刊、信件、公告板、标语和各种辅助出版物。沟通的方式包括面谈沟通、会议沟通、电话沟通、邮件沟通四种。其中，面谈是指任何有计划的和受控制的、在两个人（或多人）之间进行的、参与者中至少有一人是有目的的，并且在进行过程中互有听和说的谈话；会议沟通是一种成本较高的沟通方式，沟通的时间一般比较长，常用于解决较重大、较复杂的问题；电话沟通是个体沟通的一种方式，也是一种比较经济的沟通方式；电子邮件是一种用电子手段提供信息交换的通信方式，是互联网应用最广泛的服务。沟通过程中会因心理、语言、文化等因素造成或大或小的障碍，沟通时应运用不同的沟通方式与形态克服沟通中的障碍，以避免不必要的误会。

岗位典型工作任务实训

1. 岗位实训项目

倾听训练。

2. 岗位实训内容

将学生分成两组：一组模拟旅客，向服务人员说出自己的心里话；另一组模拟民航服务人员倾听旅客的诉说。

3. 岗位实训要求

（1）彼此吐露心声。

（2）倾听者要认真、细心的倾听，并给予对方及时的反馈。

（3）做好记录，总结倾听技巧。

4. 岗位实训心得

_____
_____
_____
_____
_____
_____

▲ 微课：空乘面试前的准备

▲ 微课：空乘面试流程

▲ 在线答题

▲ 视频：沟通能力提升之
德育先行（上）（双语版）

▲ 视频：沟通能力提升之
德育先行（下）（双语版）

▲ 视频：沟通能力提升之
培养创造性思维（双语版）

▲ 视频：沟通能力提升之
文化积淀（双语版）

▲ 视频：沟通能力提升之
情商培养（上）（双语版）

▲ 视频：沟通能力提升之
情商培养（下）（双语版）

模块三
民航地勤服务沟通技巧

1. 了解民航地勤服务的内容；
2. 熟悉不同工作岗位所需采取的沟通方式；
3. 掌握民航各岗位的沟通技巧。

能够运用民航各地勤岗位服务人员与旅客沟通的技巧，按要求与旅客进行沟通，为旅客提供高质量的服务。

1. 依据沟通对象的知识水平、接受程度调整沟通行为，提高沟通效率；
2. 把握沟通对象感知、感受、情绪、情感，实现沟通目标。

案例导入

　　某位乘客在谈起第一次乘坐飞机的感受时，说："我第一次乘坐飞机，也是第一次坐国航飞机是在 2009 年 7 月。当时从武汉乘坐 CA8207 航班回成都。虽然是早班飞机，可武汉天河国际机场并没有像成都双流国际机场那样存在早高峰现象，旅客非常少。可能是因为第一次坐飞机，我并不知道航班有紧急出口，也不知道第一排的位置很宽敞。等到值机员上柜的时候，我走过去换登机牌和托运行李，利用值机员验证证件的间隙，我环顾了一下四周，国航的柜台人很少，就我一个人排在柜台前。接下来，那位值机员很认真地问我，需要靠窗还是靠走道的座位？我说靠窗吧，然后她很麻利地帮我托运了行李，起身给我核对信息并且指引登机口位置。我心里顿时觉得很温暖，服务人员的服务也很热情，并没有因旅客少就敷衍了事，也没忽略服务的态度。"

　　一次非常简单的沟通却给乘客留下了美好的印象，显然，这是一次成功的民航服务沟通。

模块三 民航地勤服务沟通技巧

单元一 电话咨询服务沟通

目前,一般的航空公司和机场都设立了专门的服务热线,为旅客提供电话咨询服务。2011年10月25日,国航正式推出国航全新服务热线95583。它统一了原有的服务热线、销售热线、知音会员热线、白金卡热线及客户关系维护中心投诉热线,集合了各热线服务内容,向旅客提供一站式全方位服务。全新国航热线可提供三大类服务:第一类为常规服务,包括机票购票及退改签服务、国航知音会员服务和商旅卡客户服务;第二类为专项服务,包括白金卡专线、大客户专线等服务;第三类为增值服务,包括酒店预订、中转服务、贵宾旅客接送等服务。95583服务热线提供了更为便捷的方式,能让旅客获得到更好的服务体验及更佳的服务质量。目前,很多航空公司和机场都推出了自己的服务热线,以此来更好地打通与旅客沟通的沟通渠道,不断提升服务质量。

一、明确一般要求

电话咨询是旅客和航空公司的第一次不见面的沟通交流,是整个民航服务工作的起点,这一服务环节工作的好坏,将会直接决定旅客对航空公司的整体印象。因为人与人在第一次交流中会留下深刻的第一印象,在对方的头脑中形成并占据主导地位,这种效应也称为首因效应。电话咨询时,服务人员应保持最佳状态,带给旅客心理上的安全感。具体来说,民航电话咨询服务的要求包括:

1. 态度积极,接听及时

提供电话咨询服务时,热情、积极地接听非常重要,这不仅能体现出较强的亲和力,拉近服务人员与旅客的距离,还能很好地展示航空企业的服务意识和服务水平。积极地接听主要体现在以下三个方面:

(1) 心态积极。在接电话之前,服务人员要调整好自己的心态。不管旅客提出什么问题,都能积极面对,妥善处理。

(2) 语言积极。积极体现在规范用语上。比如,作为电话咨询的首问语"您好,很高兴为您服务!"就比"您好,请问有什么可以帮助您?"要恰当得多,因为"服务"一词体现了服务人员和旅客准确的角色定位,而"帮助"一词表明旅客是处在弱势甚至有些许请求的含义,不同词语的运用表明了不同的工作态度和工作方法。

(3) 肢体语言积极。提供电话咨询服务时,虽然肢体语言无法被对方直观地看到,但却直接关联着声音语言信息,影响声音语言信息的传递,从而决定了接听者接收信息的效果。

另外,服务人员接听电话要及时,一般要求在电话铃响三声内接听,如果旅客等待时间过长,则需向旅客表示歉意,"对不起,让您久等了"。

2. 认真倾听，把握需求

倾听，就是细心地听取，不仅用耳朵听，还要调动全身的感觉器官，用耳朵、眼睛、心灵一起去"倾听"。首先，倾听是赢得对方信任和尊重最有效的方法。因为专注地倾听别人讲话，表示倾听者对讲话人的看法很重视，能使对方对倾听者产生信赖和好感，使讲话者形成愉悦、宽容的心理。在倾听的过程中，服务人员一定要专注、认真，中途不要打断对方的说话或插话，以免打断思路；赞同和附和讲话的内容时，要恰当地轻声说"是""嗯"。通过倾听，可以迅速拉近与对方的心理距离，获得对方的信任。其次，倾听是获取旅客需求信息的关键。由于电话咨询过程中只能通过声音来获取信息，因此，认真倾听就显得尤其重要。如果没有认真倾听，就可能会遗漏信息，造成工作失误。

3. 语言表达，清晰准确

语言是服务的工具，是沟通的最基本的手段。电话咨询这一沟通方式，主要是借助文字信息和语音语调来传递信息，信息量非常有限。如果语言啰唆，表述含糊，则会给信息接收者造成很大的困扰，可能产生分歧、误解和破坏信任等不利影响。反之，如果表达清晰、准确，就能帮助接收者准确理解信息，从而使沟通顺利进行。

服务人员提供电话咨询时，首先，要求普通话标准、吐字清晰、声音甜美，使对方心情愉快，感到亲切、温暖。其次，语速适中，语调柔和。由于电话沟通主要借助语音语调进行信息传递，如果语速过快，声音较小，则会增加对方理解信息的难度，不利于问题的处理。再次，语言准确，语意明确，表达清晰，如回答旅客关于航班的相关问题，不允许出现错误或让旅客产生误解，要做到准确无误、耐心细致。最后，还要注意使用文明用语，禁止使用"不知道""不清楚""这不是我们部门负责的"等忌语。

4. 情绪管理，从容面对

情绪是人对客观事物的一种体验，是人的需要和客观事物之间的关系反映。在电话咨询工作中，难免会听到各种不友好的声音，甚至是骚扰电话，但是服务人员代表的是民航企业的形象，所以，说话办事要把握好分寸，控制好自己的情绪，牢记自己的职责就是帮助旅客，为旅客解决问题，力求得到旅客的理解和支持。

面对旅客的抱怨、投诉，服务人员首先要让自己冷静下来，不要急于辩解；要控制好自己的情绪，包容一切，做到喜怒不形于色，既不冲动也不消极；要虚心、耐心、诚心地对待旅客，不计较旅客的语气和表情。当自己感觉实在委屈时，服务人员可以在内心默默告诫自己"息怒"以达到平静情绪的目的；设法转移注意力以有效推迟情绪升温；设想后果的严重性以提醒自己调整心态。要控制情绪，不单要求服务人员理解自己所在岗位责任的重要性，还要求其具有一定的心理承受能力，要忘掉一切烦恼，自觉调整自己的情绪，保持稳定和平静的心态。只有这样才能更好地与旅客进行服务沟通，展示民航企业的服务质量和服务水平。

5. 及时处理，迅速落实

旅客进行电话咨询的最终目的是解决实际问题。因此，在与旅客电话沟通的过程中，要根据旅客的具体情况及时进行处理，以避免发生误会。对于问询类的问题，一般可以直接答复，或通过查询后答复；对于业务类的问题，按照操作步骤要求及时办理；对于投诉类的问题，需要做详细记录，给出明确的答复时间或建议的处理办法。做到接待一个，处理一个，避免拖沓而造成问题处理滞后，从而引发旅客的投诉。

拓展阅读

电话咨询服务的特点

电话咨询是人际沟通的一种方式。它是借助电话媒介来传递文字语言信息和声音语言信息的一种沟通方式，在信息传递的过程中具有一定的特殊性。那么，电话咨询服务与现场服务沟通有哪些区别呢？电话咨询服务有哪些特点？让我们来了解一下吧！

（1）信息的不全面性。电话咨询时，信息传递只含有文字信息、语音语调信息，没有肢体语言信息，相比口头沟通而言，信息的传递不够全面。通话双方不能面对面，往往需要根据文字信息、语音语调信息进行判断，增加了沟通难度，限制了沟通效果。

（2）即时性。电话双方的信息传递遵循发送—接收—发送的过程，是立即开展的，同时进行的，具有很强的即时性，这就增加了信息接收的难度。

（3）间接性。沟通双方需要借助其他信息渠道，双方通过自己的听觉器官及心灵，借助电话接收感知对方发出的信息。另外，线路畅通与否，背景环境的好坏，也都会影响沟通效果。

了解了电话咨询的上述特性，有针对性地强化自己的沟通技能，提高沟通效率，营造适宜的沟通环境，就能更好地开展电话咨询业务。

二、电话问询沟通

电话问询涉及的内容较为广泛，主要围绕"出行"来进行，既有关于航班信息的咨询，包括时间、舱位、票价、机型、航班号等的询问，又有关于出行要求、出行方式选择的询问等。

电话问询服务沟通应做到：

1. 熟悉业务，准备充分

熟悉机场、航空公司的各项规定和业务流程，准备好信息查询的电脑或纸笔，为

▲微课：询问的意义与方法

旅客提供咨询打下良好的基础。

2. 主动问候，认真倾听

在倾听的过程中要注意：

（1）不要一声不吭，让旅客以为你根本没有用心听。

（2）可以提问，进一步明确旅客咨询的具体内容。

（3）注意形成呼应，如发出"嗯""对""好的"之类的话语，表明自己在用心地听。为避免漏掉重要信息，应适当做一些笔记。

3. 处理答复，耐心细致

根据旅客的提问，及时给予答复。选择积极的用词与方式，让旅客容易并乐意接受服务人员的建议或反馈。作出答复时要注意：

（1）要以实际情况为依据，据实回答，以免发生差错，造成误导。

（2）咨询建议，明确具体。

（3）富有耐心，百问不烦。有的时候，旅客可能没有听清楚，会反复问几遍，这时服务人员要有耐心，不要因为旅客同样的问题问了几遍，就流露出不耐烦的态度。

4. 咨询结束，礼貌道别

回答旅客提问后，应主动询问："请问，您还有其他问题吗？"如果没有，跟旅客礼貌道别，等旅客挂断电话后，才能结束通话。

5. 咨询服务忌讳用语

（1）否定语。如"我不能""我不会""嗯，这个问题我不大清楚""这不是我应该做的""不可能，绝不可能有这种事发生""我绝对没有说过那样的话"等。

（2）蔑视语。如"乡巴佬，这种问题连三岁小孩都知道"等。

（3）烦躁语。如"不是告诉您了吗？怎么还不明白！""有完没完，真是麻烦。"等。

（4）斗气语。如"你到底想怎么样呢？""我就这种服务态度，你能怎么样呢？"等。

职场小贴士

问询服务的工作范围

问询服务根据服务内容的不同可以分为航空公司询问、机场询问、联合询问；根据方式不同可以分为现场询问和电话询问（人工电话和自动语音答应问询）；根据服务柜台的设置位置不同可以分为隔离区外的问询服务和隔离区内的问询服务。

问询服务的工作范围包括：

（1）为进出航站楼的旅客提供问询服务，包括旅客流程、航班信息、航站楼旅客服务设施等信息。

（2）为进出航站楼的旅客提供引导服务，包括机票购买、值机手续、登机口引导及相关表格的填写指导。

（3）设专人负责机场问询电话、投诉电话的受理工作。在进行电话投诉受理工作时，需做好相关记录，按照《旅客投诉受理程序》进行流程转出及对投诉处理结果的追踪工作。

（4）参与特殊旅客服务及特殊事件处理的工作，为进出航站楼的老幼病残旅客及要客提供引导服务，为天气、突发事件、重大疫情或机场自身原因造成机场服务保障能力不足的情况提供应急服务，为航站楼内医务部门的急救工作提供协助服务。

（5）为旅客指示前往衔接航班、行李提取及出入境办理柜台的正确路径，回答有关机场附近交通设施及交通线路的相关问题，正确信息来源由甲方提供，为转机旅客提供满意服务。

（6）参与航站楼内旅客服务设备设施及旅客服务功能区域的日常管理工作。

（7）负责航站楼内旅客服务手册的发放工作。

（8）正确指导旅客填写海关、卫检、边检出入境现场各种单据。

（9）负责旅客意见、建议的收集工作。

（10）为航站楼内医务部门的急救工作提供协助服务。

（11）应完成航站楼领导交办的临时性及其他应急工作。

（12）所有服务内容均为站立式服务。

（13）航班延误或航站楼内发生突发事件时，安抚旅客情绪，与旅客建立良好的沟通关系，并配合航站楼运行值班的统一调度，向旅客免费发放饮用水等其他物品。

（14）负责在固定问询柜台上提供旅客免费自行取食的糖果。

三、处理电话投诉

旅客的投诉和抱怨也是电话咨询过程中经常遇到的一类问题。处理投诉是电话咨询的一项重要内容。各民航企业都非常重视旅客投诉问题，纷纷开通服务热线解决旅客的投诉问题，以不断发现和改进工作中的问题，不断提高服务质量和服务水平。处理旅客投诉问题应遵循一定的程序，认真、及时、正确、灵活地处理。处理投诉的一般要求如下：

1. 倾听旅客诉说，把握旅客需求

接到旅客的投诉电话，要认真、诚恳地请旅客说明情况。听取旅客投诉时，要认真、耐心、专注地倾听，不打断或反驳旅客。必要时做记录，并适时表达自己的态度。比如，可以说"哦，是的，我理解您的心情……""您别急，慢慢说……"之类的话语。

如果接待的旅客情绪激动，服务人员一定要保持冷静，说话时语调要柔和，表现出和蔼、亲切、诚恳的态度，要让旅客慢慢冷静下来。

2. 致谢或致歉，安慰旅客

当旅客诉说完毕，首先要向旅客致歉，然后感谢他的意见、批评和指教，随后宽慰，并代表公司表达认真对待此事的态度。如可以说："非常抱歉听到此事，我们理解您现在的心情。""我一定会认真处理这件事情，我们会在 2 小时后给您一个处理意见，您看好吗？""谢谢您给我们提出的批评、指导、意见。"

有时候，尽管旅客的投诉不一定切实，但当旅客在讲述时，也不能用"绝不可能""没有的事""你不了解我们的规定"等语言反驳。

3. 及时了解事情真相

首先，判断旅客投诉的情况与谁相关，原因是什么，尽快与有关部门取得联系，全面了解事情的经过并加以核实，然后根据公司的有关规定拟订处理办法和意见。注意：结束电话之前，一定将旅客的联系方式等信息进行详细记录，以便后续工作的开展。

4. 协商处理

将拟订的处理办法和意见告知旅客。如旅客接受则按要求及时处理，如旅客不同意处理意见，还需要和旅客协商以便达成一致意见。对无权做主的事，要立即报告上级主管，听取上级的意见，尽量与旅客达成协议。当旅客同意所采取改进措施时，要立即行动，耽误时间只能引起旅客进一步的不满，进而扩大投诉事件负面影响。

俗话说"百人吃百味"，每个旅客的性格不同，其在接受服务过程中的心理状态及需求也不一样，这就要求服务人员在工作实践中不断总结和创新。在处理旅客投诉、建议的过程中因人、因时、因境制宜，采取不同的策略与技巧，从而不断提高服务质量，提升旅客满意度，全面提升航空公司服务水平。

四、业务办理沟通

业务办理是电话咨询的主要服务内容，主要涉及日常的订票、退票、改签、VIP卡服务等业务，这类业务通过电话办理更加方便、快捷，因此，深受旅客的欢迎。对这类问题的处理，工作人员要有足够的耐心，要按照一定的程序作出处理。

1. 熟悉各项业务办理的流程与操作

工作效率的高低与沟通效果的好坏直接相关。在电话咨询的过程中，服务人员往往是"一心二用"，要一边与旅客进行沟通，一边进行业务流程的操作。如果对业务流程不熟悉，速度较慢，则旅客可能会因等待时间较长而产生不满情绪。因此，服务人员对业务流程的熟悉程度直接影响沟通的效率，影响电话咨询的进展。

2. 认真倾听旅客的办理要求

由于电话咨询受理的业务范围比较广，所以在与旅客进行沟通时，先要明确旅客要办理何种业务，能否办理，如何办理，再根据具体要求来进行操作。如旅客要订票，就必须把内容听清楚，认真做记录，如旅客的姓名、联系方式、航班号、时间等，避免因听错而出差错，导致旅客投诉的发生。

模块三　民航地勤服务沟通技巧

3. 复述核实，避免出错

在办理完业务后，要针对业务中涉及的关键信息与旅客进行核实。比如，服务人员在出票前应进行"唱票"，核实旅客的姓名、联系方式、航班信息等，得到旅客确认后再出票。一旦关键信息出错，就会影响旅客的出行。

单元二　售票服务沟通

民航售票处是旅客和航空公司第一次面对面的沟通之处，也是航空服务质量的窗口。旅客往往会通过与服务人员的接触，来评价其服务态度和服务水平，因此，服务人员的服务沟通能力在一定程度上影响其服务水平。民航售票处主要围绕旅客购票活动提供相关的服务，包括填开客票、收取票款、办理退票、办理客票遗失，以及客票换开、客票变更、客票转签等。

一、了解沟通方式

民航售票处的服务沟通方式主要有语言沟通和非语言沟通两种。

1. 语言沟通

语言沟通中一般口语运用较多，旅客与服务人员的服务沟通主要通过口语来进行。书面语言虽运用不多，但起到了辅助提醒的作用。比如，票务办理中的各种票据，售票处张贴的温馨提示等。例如，旅客拿到的行程单就是一种形式的书面语言，上面不仅告知旅客关于航班的详细信息，如航班号、航空公司名称、舱位等级、票价、时间等，还有一些提示类信息，如"航班将于飞机起飞前40分钟停止办理值机手续""特价机票不能退票、改签"之类的语言。但很多旅客由于缺乏经验，都会忽视这些相对来说比较重要的信息，为避免出错，这就需要服务人员通过口语来进行提示。

2. 非语言沟通

在售票处的服务沟通中，还有一种容易被服务人员忽视，但又非常重要的沟通方式——非语言沟通。服务人员在业务办理过程中除通过语言与旅客进行交流外，还应通过非语言沟通与旅客进行交流。具体来说就是招呼客人时应点头示意，业务办理时应面带微笑，应有目光交流，指引方向时应使用手掌语而不是手指语，递送物品时应双手奉上等。通过恰当的非语言沟通，可以传达我们的服务热情，让旅客感受到被尊重。然而在实际的工作中，由于工作内容复杂、烦琐，很多服务人员更关注处理事件本身，而忽视了非语言沟通，缺乏与旅客的互动，完全例行公事，只有冷冰冰的语言，缺乏人情味和服务热情。

职场小贴士

机票的类型

机票一般可分为普通机票和特别机票两类,以有效期的长短又可分为一年、半年、三个月、一个月、四天有效票等。除此之外,因航空公司有不同的促销措施,所以,会有不同天数的限制,也就是说,航空公司会根据市场需求而产生不同的机票种类,以适应不同需求和消费能力的旅客。

普通一年期机票主要分为头等票、商务票及经济票三种,有效期为一年,可换乘其他航空公司的航班,票价较高,但灵活方便,没有太多时间限制,适合途中可能改变线路、时间的旅客。购买此种机票,旅客须持有相关有效证件(身份证或军官证、护照、出国证明及目的地的签证等)。

特别机票又可分为旅游机票、团体机票、包机机票、优惠机票、学生机票等,价格较优惠,但限制较多。

(1)旅游机票,票价一般比普通一年期机票低廉,但限制相对来说较多,只能购双程票,不能购买单程票,可分为中途停站及不停站两种。中途容许停站的票价较贵,持票人一定要在目的地停留一段时间后,在机票规定的有效期内回程,否则机票就会失效。因此,购买此种机票时,应该详细了解其有效期,以免机票因过期失效,而导致损失。

(2)团体机票,由航空公司委托的旅行社作为指定代理,事先向航空公司订下若干数目的机位,作为举办团体旅行之用。按规定这种团体机票不能出售给个别旅游人士,旅客在购买时应该注意是否有效及能否退回程票等情况,因为某些团体票在机票上注明不能退款,如由签证或其他原因延误,导致不能出发或回程,则损失很大,必须小心留意。

(3)包机机票,包机公司或旅行社向航空公司包下整架或部分飞机座位,以供旅客乘搭。这类机票的票价及营运限制,均由包机公司或旅行社自行订购。

(4)优惠机票,是指航空公司淡季不定期推出促销活动的促销票,限制标准因航空公司而异,差别较大。

(5)教师机票,是指航空公司为响应国家"尊师重教"的方针政策而推出的在特定时期内,旨在为从事教育工作的人士提供的优惠机票。

(6)学生机票,需持有国际学生证ISIC卡或GO25青年证才可购买,票价较低廉,限制相对来说较为宽松,可享有较高的行李托运公斤数,停留有效期可长达半年甚至一年。

(7)残疾军人机票,票面价值是成人适用的正常票价的50%,须出具《中华人民共和国残疾军人证》。

机票还可根据购买对象分为成人票、儿童票、婴儿票,以及从事特定行业,或革命残障军人票等种类。

> （1）成人机票，是指年满 12 周岁的人士应购买机票的种类。
> （2）儿童票，是指年龄满两周岁但不满 12 周岁的儿童所购买的机票，票面价值是成人适用的正常票价的 50% 左右（国际上的部分地区是 67%），提供座位，购买此类机票时，应出示有效的儿童出生证明。
> （3）婴儿票，是指不满两周岁的婴儿应购买的机票，票面价值是成人适用的正常票价的 10% 左右，不提供座位（如需要单独占用座位时，应购买儿童票），一个成人旅客若携带婴儿超过一名时，超出的人数应购买儿童票。购买此类机票时，应出示有效的婴儿出生证明。

二、明确沟通要求

民航售票服务具有准确性、复杂性和程序性的特点，见表 3-1。

表 3-1 民航售票服务的特点

项目	内容
准确性	民航售票服务准确性是因为售票服务主要围绕票务来开展工作，主要接触的都是数字。数字必须一是一、二是二、多一点、少一点都不行，必须准确，不能有半点马虎。比如，涉及的航班日期、订票数量、票价金额等都不能出错。出了差错，给公司造成损失，要自己承担，给旅客造成损失，会引发投诉。所以在与旅客进行沟通时，要特别注意数字的准确性。要通过与旅客的沟通来进行核实，核实具体的日期、航班信息、票价信息等，并传达给旅客，确保信息一致
复杂性	民航售票服务复杂性是因为售票服务的主要工作就是进行客票销售、客票改签、办理退票。不同的工作内容，其要求和操作程序都不同。其复杂性主要表现在三个方面： （1）程序的复杂性，不同的工作内容，处理程序有差异； （2）票价的确定，不同的季节、不同的时间段，票价有区别； （3）办理时依据的条件不一样。如同样是退票，不同条件下收取的费用是不一样的，有的甚至不收费。再如办理改签，不同的航空公司依据的条件也不同，有些航空公司可以改签，有些就不能改签；有些航空公司在某些条件下能改签，而有些则不能。 工作内容的复杂性直接决定了其沟通过程的复杂性。服务人员要不厌其烦地通过询问与查证来确定旅客符合的条件，再根据具体情况来办理
程序性	民航售票服务程序性是因为售票处的工作程序性强，就决定了其服务沟通的程序性，决定了其在服务沟通中的每一句话、每一项内容都是大致相同的。比如，关于客票销售，就是涉及证件查验、航班查询，如客票改签就要先辨别改签的类型等

根据民航售票服务的特性，民航售票服务沟通应符合下列要求（图 3-1）：

▲ 图3-1　民航客票销售岗位

1. 耐心细致，确保无误

售票工作要从一点一滴的细节做起，细节不注意或者失误，往往就可能造成一定的经济损失，服务人员的耐心细致体现在业务办理的每个环节。

查验证件需要耐心，最容易出现在售票工作中的失误是旅客的姓名和证件号码出错。旅客前来售票厅，出票前应要求旅客出示有效身份证件，对旅客的姓名和证件号码进行反复核对。由于中国汉字的特殊性，音同字不同、谐音字、方言字等因素，往往稍一疏忽就会造成错误，一旦旅客姓名出错，便不能正常登机。有效乘机身份证件的种类包括中国籍旅客的居民身份证、临时身份证、军官证、武警警官证、士兵证、军队学员证、军队文职干部证、军队离退休干部证和军队职工证，港、澳地区居民和台湾同胞旅行证件；外籍旅客的护照、旅行证、外交官证等；民航局规定的其他有效乘机身份证件。其中身份证有效期有5年、10年、20年和长期四种，对于不常用身份证的人来说，很少注意它的有效期，这样就导致有旅客可能在无意中使用过期证件造成无法乘机的问题。另外，发现证件问题也需要提醒，如旅客的证件即将到期或失效、证件不符合要求等，都要作出善意提醒，耐心解释，给出建议。

职场小贴士

民航局是中国民用航空局的简称，中国民用航空局和中国民用航空地区管理局（以下简称民航地区管理局）都是"民航行政机关"。

民航局负责对全国航班正常保障、延误处置、旅客投诉等实施统一监督管理。

民航地区管理局负责对所辖地区的航班正常保障、延误处置、旅客投诉等实施监督管理。

查询、输入、核实信息需要耐心细致。售票工作主要与数字打交道，必须细致耐心，不能有一丝马虎。特别是关于旅客的个人信息、航班信息千万不能出错，一旦出错，就会带来麻烦，甚至影响旅客登机。一定要输入准确，与旅客核实后再出票。

2. 遵循流程，温馨提示

目前，我国航空公司普遍使用的都是电子客票，它是普通纸质机票的替代产品，旅客通过售票处现场、互联网或是电话订购机票之后，仅凭有效身份证件直接到机场办理乘机手续即可成行。如果客票销售中没有遵循流程，出现问题就会影响旅客的乘机。因此，这就对售票工作提出了很高的要求。服务人员只有严格执行出票流程，才能避免工作中出现差错、遗漏与失误。

为了避免工作中的失误，需要针对售票工作中常出现的问题开展"温馨提示"服务。通过现场的温馨提示，借助售票人员和旅客面对面的双向沟通交流，把差错扼杀在出票之前。温馨提示的内容主要包括两部分：一是出票前关于旅客信息、航班信息和票价信息的提示。由于机票上日期、航班所属的航空公司、票价级别（打折或全票等），都是按国际航空运输协会（以下简称国际航协）的统一规定，只标示英文缩写，旅客因不懂英文标注而频频误机的现象屡见不鲜。因此，这就要求服务人员在出票前应进行"唱票"，即核对告知旅客姓名、航程、乘机日期、时间、票款金额等相关信息，得到旅客认可后再出票。二是出票后与乘机有关的规定提示。出票后，应提醒旅客提前90分钟到达机场办理登机手续，退票的规定及折扣票的限制使用条件，使旅客能知晓在享受打折票的同时，自己也应承担的相应风险，从而让旅客心中有数。可见，"温馨提示"是售票工作中不可忽视的一个重要环节。

3. 超售机票，明确告知

航班超售是指航空公司的每一航班实际订座大于飞机客舱内可利用座位。这一做法在国际上非常普遍，是航空公司降低座位虚耗、提高收益率的重要销售策略。根据目前国内各大航空公司的相关规定，任何一个已经购票的旅客都可以根据自己的行程安排来随意改签航班（特价机票除外）。航空公司如果按座位数去销售机票，一旦遇到有乘客改签或退票，就会导致飞机上的座位虚耗，从而造成浪费。据统计，国内航空公司每超售1万张客票，受影响的大概有4名旅客。一家国内航空公司在销售1万个座位时，不同时实行超售，按保守的数据预测，这家航空公司将虚耗200个座位，按每个座位500元算，将损失10万元。但超售后，包括改签和赔偿乘客的费用，只有区区数千元。在经济利益驱动下，超售已经成为国内外航空公司的普遍行为，但旅客对此的态度却大相径庭。国外航空公司对于超售制定了非常完善的补偿措施，除改签其他航班外，还会为乘客提供机票优惠、金钱补偿等措施。同时最重要的是，超售行为往往在售票开始时就会明确告知旅客，自主选择是否承担可能无法登机的风险。目前在国内，虽然航空公司有超售的做法，但是并没有完善的补偿措施，也不存在事先告知的做法，这就导致了不明真相而被拒绝登机的乘客极大的抵触心理，从而引发乘客与航空公司的激烈对峙，甚至是法律诉讼。因此，售票服务人员在销售超售机票时，一定要充分告知旅客超售情况及处理规则，否则其行为就侵犯了旅客的知情权，属于以欺诈方式超售机票。

三、掌握沟通用语

民航售票服务沟通用语见表 3-2。

表 3-2 民航售票服务沟通用语

项目		沟通用语及举例
日常服务	称谓	先生／女士；姓氏＋先生／女士；职务称谓
	打招呼	您好；先生／女士好
	道歉	对不起；不好意思；非常抱歉；请原谅；请多包涵
不正常航班通知	航班变更通知	"您好，请问是×先生／小姐吗？我们非常抱歉地通知您，出于××原因，您原来购买的从甲地到乙地，航班号为××的航班，时间已经提前（推迟）××小时，现在的时间是××，您看可以吗？请您按照变更后的时间提早到达机场办理乘机手续"
	航班取消通知	"您好，请问是×先生／小姐吗？我们非常抱歉地通知您，由于××原因，您原来购买的从甲地到乙地、日期为××、航班号为××的航班已经取消。现改乘的日期为××、航班号是××、起飞时间为××，请您接到我们通知后，按规定时间前往××机场办理登机手续"； "如需办理退票，您可以到我司任一直属售票处或原出票地点办理免费退票手续，谢谢！" "如需选择改乘其他航班，请告诉我们您选择的航班及时刻，我们会根据您的要求安排好您的行程"
答复旅客电话确认	要求旅客报记录编号	"好的！请告诉我您的记录编号"；当旅客报不清楚或不了解记录编号时："对不起，请再告诉我乘机人的姓名、航班号和乘机日期"
	确认后	"现在机票已经确认，请您按时去××机场办理乘机手续。"
特殊旅客	重要旅客	（1）对方提出申报 VIP，则："请问×先生／女士的工作职务或级别"，在核对姓名时必须重复 VIP 的职务或级别。 （2）公司总裁级（含）以上领导订票，若是本人，听到报名后，立即问候："×总，您好。"待其报完选乘航段，核对航段和姓名，注意不要逐字核对姓名
	无成人陪伴儿童	（1）"请问，这位儿童是自己搭乘航班吗？"得到肯定，则："专为 5～12 周岁独自乘机的儿童推出无成人陪伴服务。请您报一下××的出生年月，好吗？" （2）"××符合办理无成人陪伴的条件，送票时您将填写一份《无成人陪伴儿童乘机申请书》，请事先准备好接、送人员资料"
解决旅客提出棘手问题用语		在实际工作中，遇到非常棘手、一时难以回答的问询，不要急于回答；严格执行"首问责任制"，按《旅客问题处理程序》的相关规定解决旅客问题；服务用语："非常抱歉，这事我还不能立即答复，请您留下联系电话好吗？我们一定及时了解情况，给您一个明确的答复""我记下了，您的电话是××"
要求旅客出示有效证件用语		"请出示您的有效证件，请核对您的姓名是否和客票一致。"无误后，再与旅客核对乘机日期、行程和起飞时间。若旅客咨询所购乘机机场和乘坐民航班车的时间、地点，要准确回答或提供给旅客准确的机场大巴电话

续表

项目	沟通用语及举例
晚到旅客服务用语	（1）若旅客购票时间接近该航班截止办理乘机手续时间，售票员应主动热情地提醒旅客尽快办理乘机手续。如："该航班截止办理乘机手续时间为×时×分，请您尽快到值机柜台办理乘机手续。""现在距离截止办理乘机手续时间还有××分钟，请您抓紧时间。" （2）若旅客购票时间已经超过了航班截止办理乘机手续时间，在航班有剩余座位的情况下售票员可先请示是否可为其办理客票。如可办理，柜台人员应立即引导旅客办理乘机手续，以保证航班正点。如："该航班已过截止时间，请您稍等，我先帮您请示是否可为您办理。" （3）若旅客购票时间已经超过了航班截止办理乘机手续时间，航班在无剩余座位的情况下，售票员应热情主动地为旅客推荐后续航班。如："该航班已超过截止时间，我帮您查看后续临近航班是否有剩余座位，可以吗？"

拓展阅读

机票订购方式与流程

（1）机票订购方式。由于互联网信息化发展迅猛，机票订购方式也呈多样化，也更方便旅客做多种选择。

1）航空公司的官方网站购买；
2）携程、艺龙旅游网站，淘宝网等网上预订购买；
3）航空公司所属票务中心（售票处、网点）购买；
4）各机票代理公司的网点购买；
5）机场设有机票联合销售柜台及各航空公司驻机场售票窗口。

（2）网上订票流程。

1）进入机票预订页面。打开浏览器，输入网址，进入机票预订网站首页；根据您是购买国内机票还是国际机票进行选择；用鼠标单击"国内机票"，进入国内机票预订页面。

2）机票查询。填写"城市""方式""出发""返回""舱位"各项信息，其中出发城市、到达城市、出发日期是必填项。另外，出发城市和到达城市需用简拼或汉字输入，日期可手动输入，也可使用小日历选择；填写完后，用鼠标单击"查询并预订"即可进入"机票列表"页面。

注：您还可以根据需要，以舱位等级及航程类型为条件，缩写您的查询范围。

3）预订机票。选择您要乘坐的航班，用鼠标单击"预订"；填写"机票预订单"，保证各项信息的准确性；信息填写完毕后，单击"提交订单"按钮。

4）核对订单信息。在提交订单前，再次仔细查看您的预订信息是否有误，如无误，则可以用鼠标单击"提交订单"，进行网上支付，完成机票预订。订票完成后，网站会给你的手机发短信，通知订票情况。你需要记住所订机票的航空公司和航班号,起飞前直接到机场出发大厅,找到相应的航空公司办理登机牌即可(只需要出示身份证)。

(3)电话预订机票流程

1)预订方式:客户可拨打任意预订飞机票的电话号码。订购的机票数量不受限制,按客户的需要订购(注:需视该航班舱位售票情况而定)。

2)机票的两种获取方式(由客户选择,但订购国际机票暂时只能送票上门,不能到机场取票):提供免费送票上门服务(上门时间须在订票时确定),旅客亲自到机场取票。

单元三 候机服务沟通

候机服务主要包括旅客在离开和抵达期间所接受的服务,包括商业服务和行业服务两大类。其中,商业服务包括餐饮、商店、旅游、邮政、银行、通信等方面的服务;行业服务包括候导乘服务、机室广播、现场问询、行李寄存等方面的服务。

一、了解沟通方式

在候机服务中涉及的沟通类型多种多样。根据信息载体的不同,可以分为语言沟通和非语言沟通。

1. 语言沟通

语言沟通是指沟通者以语言符号的形式将信息发送给接收者的沟通行为。语言沟通分为口头语言沟通和书面语言沟通。

(1)口头语言沟通,即以讲话的方式进行沟通,如旅客向候机员咨询航班、寻找失物等,工作人员以广播形式发布的航班信息。

(2)书面语言沟通,即用书面语言来进行传播,如航班信息显示屏,关于机场布局的标示图,候机柜台上关于航班信息的告示,廊桥上关于中转、过站的提示语等。

2. 非语言沟通

非语言沟通是指沟通者以非语言符号的形式将信息传递给接收者的沟通行为,它是以表情、动作等为沟通手段的信息交流方式(图3-2)。面部表情及眼神、身体动作及姿势、沟通者之间的距离、气质、外形、衣着与随身用品、触摸行为等都是非语言符号,都可以作为沟通工具来进行非语言沟通。在候机服务中主要涉及的非语言沟通包括仪态语、表情语和手势语。

▲ 图 3-2 民航服务人员良好的工作体态

（1）仪态语通常包括身体的姿势、身体各部位的移动等，如候机员的站姿、走姿、坐姿、蹲姿等，良好的、训练有素的仪态都能传递丰富的、积极的信息。比如，旅客在向候机员进行询问时，候机员应站立服务，站立时要双腿站直，或呈丁字形或V字形。

（2）表情语主要是指面部的表情变化、目光的接触等。具体是指运用面部器官如眉、眼、鼻、嘴来交流信息、表达情感的非语言符号。表情语主要包括微笑语与目光语。

（3）候机员在使用手势语时指示方向、引位、递送物品时都要求尽量五指并拢、掌心面向旅客、双手递送，以体现对旅客的尊重。在候机服务中，明确、规范的手势语可以迅速传递信息，有效组织旅客排队，避免出现差错，从而提高服务质量。

▲ 微课：地勤岗位职责
（贵宾服务）

二、明确沟通要求

由于候机工作内容的特殊性，决定了其服务沟通的特点，见表 3-3。

表 3-3 候机服务沟通的特点

项目	内容
信息反馈的及时性	在候机服务沟通中，由于旅客在候机室停留的时间是有限的、短暂的，所以，他们咨询的问题，服务人员需及时反应，第一时间进行回答。比如，关于登机口更改的信息，一旦获知，要及时通知旅客，以便他们及时赶到相应的登机口。特别是更改到远机位时，更要及时通知，否则可能延误旅客登机时间，造成误机。再如，关于咨询洗手间、吸烟室、母婴休息室、餐厅等不同类型设施场所，也需及时回答，并进行手势指引；遇到旅客寻找失物、同伴，需要及时回应，帮忙处理；拾到手袋、行李物品或登机牌等旅客物品，需及时进行广播，方便查找归还。总之，这些问题的处理都强调速度，尽量在短时间内办理

续表

项目	内容
信息内容的复杂性	候机室是一个相对封闭的空间，但也能满足旅客多方面的需求。由于很多旅客是初来乍到，对候机室环境不熟悉，所以，提出的问题五花八门。这些问题有的涉及候机室不同服务场所、服务设施位置；有的涉及飞机、飞行，有的涉及行李托运、航空运输政策，还有其他问题等。内容涉及的复杂性，一方面要求服务人员要具备良好的基本功，熟悉机场的设施设备，熟悉不同航空公司的代码、航班号、飞行时间，熟悉航空运输的一般规定等；另一方面还要有足够的耐心，特别是面对关联不大的问题时，也要认真对待，耐心解答
信息变化的不确定性	在候机服务过程中，旅客最关心的问题就是与飞行有关的问题，比如飞机是否到达，何时到达，在哪里登机，何时登机的问题，需要我们提供相关的信息。但实际情况告诉我们，由于很多不确定因素的存在，工作人员很难给出准确的答复，涉及这些方面的回答一定要慎重，否则信息一旦发生变化与之前的情形不符，就会导致旅客产生不满情绪，甚至引发投诉。例如，关于飞机何时到达的问题，会有一个预计抵达时间，可能由于天气或者流量控制原因造成抵达时间的推迟，可以说"预计的抵达时间是几点几分"；又如关于登机口问题的询问，如果距离登机时间还很长，可以说"暂时安排是从这个登机口登机，如果情况发生变化，会用广播通知，请您留意"；关于飞机抵达时间，特别是在天气状况不佳的时候，回答要慎重。飞机前一分钟还在上空盘旋，后一分钟可能就到别处备降了。也可能因为前方站流量控制原因，使得飞机不能按时起飞等。所以，当有旅客问到类似问题时，一般的回答是："飞机预计抵达时间是8：00左右。""系统给出的起飞时间是21：00，但有可能因为流量控制原因而推迟。"再如飞机到达后，由于机组要进行准备工作，所以，过站旅客需要停留一段时间，不能马上登机，这时广播给出的时间也是大概的时间，而不是精确的时间，否则一旦有旅客较真，可能就会让自己陷入被动，不利于问题的处理

根据候机服务沟通的特点，民航服务人员在为旅客服务时应做到：

1. **态度真诚**

真诚是指真实、诚恳、没有一点虚假，不欺骗，以诚待人，思想和言行保持一致，以从心底感动他人而最终获得他人的信任。真诚表现了人的善良、诚实的美好品行。真诚的态度体现在声音上，声音柔和，具有亲和力；真诚的态度体现在表情上，面带微笑，大方自然；真诚的态度体现在行为上，关注细节，及时落实。

真诚服务的具体表现为时刻为旅客的利益着想。为旅客着想就是要求从旅客购票的那一刻起，服务人员时时处处为旅客行方便，为旅客谋利益，使旅客得到真正的实惠和便利。候机室服务人员应思旅客之所思，想旅客之所想，站在他们的角度感知、体会、思考服务中的问题和不足，采取平等、商量的口气和旅客进行沟通、交流，切忌高高在上，学会体谅旅客、感激旅客，一切为旅客着想，洞察先机，将最优质的服务呈现在旅客面前。

态度真诚也意味着一贯的坚持，富有耐心。在候机服务过程中，经常遇到的情形就是同一个问题被问了上十遍甚至二十遍，不断有旅客来询问，这就很考验服务人员的耐心，尽管已经解答多遍，仍需不厌其烦，继续解答。比如，关于何时起飞的问题，尽管已经通过广播通知，仍会有旅客过来询问，甚至不断来询问，这就需要服务人员保持一贯的耐心，真诚作答，解答旅客的询问。

2. 语言规范

语言是服务的工具，是沟通最基本的手段。沟通具有意义表达迅速、准确、能即刻得到信息接收者反馈的优点，能有效地帮助旅客形成对民航企业的信任。但是不当的语言沟通可能产生分歧、误解和破坏信任等不利影响。这里的语言规范包含的内容是多方面的，主要体现在以下三个方面。

（1）语音规范，能讲一口流利的普通话或英语。在候机服务过程中，接待的是来自全国各地乃至世界各地的旅客。因此，发音准确成为沟通中至关重要的问题。我们在讲话时语音要准确，音量要适度，以对方听清楚为准。注意克服发音吐字方面的不良习惯，如鼻音（从鼻中发出的堵塞的声音，听起来像感冒声，音色暗淡、枯涩）、喉音（声音闷在喉咙里，生硬、沉重、弹性差）、捏挤音（挤压声带、口腔开度小而发出的声音，音色单薄、发扁）、虚声（气多声少的声音，有时在换气时带有一种明显的呼气声）等。只有避免了这些不良的发音习惯，才能做到发音圆润动听，吐字清晰悦耳。

（2）用词规范，能使用文明服务用语。正确恰当的语言使用，使听者心情愉快，感到亲切、温暖，而且能融洽彼此之间的关系。语调要柔和，切忌使用伤害性语言，注意维护旅客自尊心，更不能讽刺挖苦旅客，话语要处处体现出对旅客的尊重；语意要明确，表达的意思要准确，使用文明用语，禁止使用"不知道""不清楚""这不是我们部门负责的"等忌语；与旅客交谈时，一定要在语言上表现出热情、亲切、和蔼和耐心，要尽力克服急躁、生硬等不良态度。

（3）手势引导规范，能运用恰当的非语言。非语言是通过表情、举止、神态等象征性体态来表达意义的一种沟通手段。在服务过程中，民航员工要注意微笑、目光交流、手势姿势等细节。因为温和的表情、适当的目光交流、得体的举止和姿态会增加对方的信任感和亲切感，而微笑和认真倾听的神态则会让对方感受到被重视和关怀。

3. 观察细致

在候机服务过程中，细致地观察也为我们的服务沟通带来了意想不到的效果。通过观察，能更好地发现旅客的需求，及时提供必要的帮助。要善于发现和留心旅客人群中，哪些旅客正在寻求帮助，哪些属于特殊旅客，他们有什么特殊的服务需要。这些问题通常是在考察服务人员的观察和注意能力。要想为旅客提供优质服务，就必须深知旅客的真正需求。通过细致的观察、经验的积累和感性思维方面的培养，候机员可以更好地发现服务的契机，最大限度地满足旅客的服务需求。比如，看到拿着水杯的旅客就会提示他打开水的地方；看到怀孕或带孩子的妇女，就会提示她走快速通道；看到超大超重的行李，就会提示办理行李主人托运；甚至有时会根据离港系统给出的旅客信息，找出那些正在瞌睡或听音乐的旅客，避免他们误机事件的发生。用心观察，总能在熙熙攘攘的客流中迅速发现最需要帮助的旅客，通过观察旅客的举止、言行来判断旅客需要怎样的帮助。

三、候机销售

在候机楼设立的一些商业服务也是航空公司收入的重要组成部分，如零售、餐饮、娱乐等。这些服务的共同点在于顾客群体主要是机场的旅客，所出售的产品都是以旅客需要为基础，在机场候机楼均有固定位置，并且有专业的服务人员参与。

候机商业销售服务要加强沟通技巧，以提高销售业绩，包括以下三个方面：

（1）熟悉产品。候机楼销售人员最基础的工作就是要深入了解销售的产品，这就要求对最新上市的产品和特别促销商品都要有全面的了解。另外，在与各类顶尖品牌合作时，有机会引入各个领域的专家，从而加深销售团队对各类产品的认知。

（2）熟悉旅客。了解机场客流信息也相当重要。这不仅需要清楚主要客流的国籍、需求和行为，还应熟知他们的离港模式，在运营时间内，这些信息会瞬息万变。比如，早上离港的以中国旅客为主，下午的主要客流可能为韩国旅客和日本旅客，这些信息可以帮助店家根据不同旅客的习惯需求，调整自己的商品和员工的导购方式。

（3）良好的沟通技巧服务旅客。工作人员应具有必要的沟通技巧来引导客人进行消费，并让他们感到满意。民航服务人员仅仅懂多门外语是远远不够的，还应对顾客所在国的社会知识、文化常识、待人接物习惯等有所了解。

四、候机广播

候机楼广播系统是机场航站楼必备的重要公共宣传媒体设备，由基本广播、自动广播、消防广播三部分组成，是机场管理部门播放航班信息、特别公告、紧急通知等语言信息的重要手段，是旅客获取信息的主要途径之一，也是提高旅客服务质量的重要环节。

1. 候机广播用语的类型

候机广播用语包括航班信息类、例行类及临时类广播用语。

（1）航班信息类广播用语。航班信息类广播用语包括出港类广播用语和进港类广播用语，出港类广播用语主要指办理乘机手续（包括开始办理乘机手续通知、推迟办理乘机手续通知、催促办理乘机手续通知、过站旅客办理乘机手续通知及候补旅客办理乘机手续通知）、登机类（包括正常登机通知、催促登机通知、过站旅客登机通知）及航班延误取消类（包括航班延误通知、所有始发航班延误通知、航班取消通知、不正常航班服务通知）用语；进港类广播用语主要指正常航班预告、延误航班预告、航班取消通知、航班到达通知及被降航班到达通知等广播用语。

（2）例行类及临时类广播用语。

例行类广播用语包括须知和通告等；临时类广播用语包括一般事件通知和紧急事件通知。

1）各机场根据具体情况组织例行类广播，并保持与中国民航局等有关部门的规定一致。

2）各机场根据实际情况安排临时类广播。当采用临时广播来完成航班信息类播音中未包含的特殊航班信息通知时，其用语应与相近内容的格式一致。

2．广播用语的规定

（1）广播用语必须准确、规范，采用统一的专业术语，语句通顺易懂，避免混淆。

（2）广播用语的类型应根据机场有关业务要求来划分，以播音的目的和性质来区分。

（3）各类广播用语应准确表达主题，规范使用格式。

（4）广播用语以汉语和英语为主，同一内容应使用汉语普通话和英语对应播音。在需要其他外语语种播音的特殊情况下，主要内容可根据本标准用汉语进行编译。

职场小贴士

航班信息类广播用语的格式规范

航班信息类播音是候机楼广播中最重要的组成部分，用语要准确、逻辑严密、主题清晰，所有格式一般应按规范格式执行。

（1）规范格式如下：

1）每种格式由不变要素和可变要素构成。其中，不变要素是指格式中的固定用法及其相互搭配的部分，它在每种格式中由固定文字组成。可变要素指格式中由动态情况确定的部分，它在每种格式中由不同符号和符号内的文字组成。

格式中符号的注释：

①表示在___处填入航站名称；

②表示在___处填入航班号；

③表示在___处填入办理乘机手续柜台号、服务台号或问询台号；

④表示在___处填入登机口号；

⑤表示在___处填入24小时制小时时刻；

⑥表示在___处填入分钟时刻；

⑦表示在___处填入播音次数；

⑧表示在___处填入飞机机号；

⑨表示在___处填入电话号码；

⑩表示 [ ] 中的内容可以选用，或跳过不用；

表示需从（ ）中的多个要素里选择一个，不同的要素用序号间隔。

2）每种具体的广播用语的形成方法：根据对应格式，选择或确定其可变要素（如航班号、登机口号、飞机机号、电话号码、时间、延误原因、航班性质等）与不变要素共同组成具体的广播用语。

（2）规范格式内容如下：

1）出港类广播用语包括办理乘机手续类、登记类和航班延误取消类三类。

①办理乘机手续类广播用语包括五种：开始办理乘机手续通知、推迟办理乘机手续通知、催促办理乘机手续通知、过站旅客办理乘机手续通知、候补旅客办理乘机手续通知。

a. 开始办理乘机手续通知。

前往___①的旅客请注意：

您乘坐的［补班］⑩___②次航班现在开始办理乘机手续，请您到___③号柜台办理。

谢谢！

b. 推迟办理乘机手续通知。

乘坐［补班］⑩___②次航班前往___①的旅客请注意：

由于（1. 本站天气不够飞行标准；2. 航路天气不够飞行标准；3.___①天气不够飞行标准；4. 飞机调配原因；5. 飞机机械原因；6. 飞机在本站出现机械故障；7. 飞机在___①机场出现机械故障；8. 航行管制原因；9.___①机场关闭；10. 通信原因），本次航班不能按时办理乘机手续。［预计推迟到___⑤点___⑥分办理。］⑩请您在出发厅休息，等候通知。

谢谢！

c. 催促办理乘机手续通知。

前往___①的旅客请注意：

您乘坐的［补班］⑩___②次航班将在___⑤点___⑥分截止办理乘机手续。乘坐本次航班没有办理手续的旅客，请马上到___③号柜台办理。

谢谢！

d. 过站旅客办理乘机手续通知。

乘坐［补班］⑩___②次航班由___①经本站前往___①的旅客请注意：

请您持原登机牌到［___③号］⑩（1. 柜台；2. 服务台；3. 问询台）换取过站登机牌。

谢谢！

e. 候补旅客办理乘机手续通知。

持［补班］⑩___②次航班候补票前往___①的旅客请注意：

请马上到___③号柜台办理乘机手续。

谢谢！

②登机类广播用语包括三种：正常登机通知、催促登机通知、过站旅客登机通知。

a. 正常登机通知。

［由___①备降本站］⑩前往___①的旅客请注意：

您乘坐的［补班］⑩___②次航班现在开始登机。请带好您的随身物品，出示登机牌，由___④号登机口上［___⑧号］⑩飞机。［祝您旅途愉快。］⑩

谢谢！

b. 催促登机通知。

[由___①备降本站]⑩前往___①的旅客请注意：

您乘坐的[补班]⑩___②次航班很快就要起飞了，还没有登机的旅客请马上由___④号登机口上[___⑧号]⑩飞机。这是[补班]⑩___②次航班（1.第___⑦次；2.最后一次）⑪登机广播。

谢谢！

c. 过站旅客登机通知。

前往___①的旅客请注意：

您乘坐的[补班]⑩___②次航班现在开始登机，请过站旅客出示过站登机牌，由___④号登机口先上[___⑧号]⑩飞机。

谢谢！

③航班延误取消类广播用语包括四种：航班延误通知、所有始发航班延误通知、航班取消通知（出港类）、不正常航班服务通知。

a. 航班延误通知。

[由___①备降本站]⑩前往___①的旅客请注意：

我们抱歉地通知，您乘坐的[补班]⑩___②次航班由于（1. 本站天气不够飞行标准；2. 航路天气不够飞行标准；3. ___①天气不够飞行标准；4. 飞机调配原因；5. 飞机机械原因；6. 飞机在本站出现机械故障；7. 飞机在___①机场出现机械故障；8. 航行管制原因；9. ___①机场关闭；10. 通信原因）（1. 不能按时起飞；2. 将继续延误；3. 现在不能从本站起飞）起飞时间（1. 待定；2. 推迟到___⑤点___⑥分）在此我们深表歉意，请您在候机厅休息，等候通知。[如果您有什么要求，请与[___③号]⑩（1. 不正常航班服务台；2. 服务台；3. 问询台）工作人员取得联系。]

谢谢！

b. 所有始发航班延误通知。

各位旅客请注意：

我们抱歉地通知，由于（1. 本站天气原因；2. 本站暂时关闭；3. 通信原因），由本站始发的所有航班都（1. 不能按时；2. 将延误到___⑤点___⑥分以后）起飞，在此我们深表歉意，请您在候机厅内休息，等候通知。

谢谢！

c. 航班取消通知（出港类）。

[由___①备降本站]⑩前往___①的旅客请注意：

我们抱歉地通知，您乘坐的[补班]⑩___②次航班由于（1. 本站天气不够飞行标准；2. 航路天气不够飞行标准；3. ___①天气不够飞行标准；4. 飞机调配原因；5. 飞机机械原因；6. 飞机在本站出现机械故障；7. 飞机在___①机场出现机械故障；8. 航行管制原因；9. ___①机场关闭；10. 通信原因）决定取消今日飞行，[1. 明日补班时间；2. 请您改乘（1. 今日 2. 明日）[补班]

⑩___②次航班，起飞时间]（1. 待定；2. 为___⑤点___⑥分）。在此我们深表歉意。请您与[___③号]⑩（1. 不正常航班服务台；2. 服务台；3. 问询台）工作人员取得联系，[或拨打联系电话___⑨]⑩，我们将为您作出妥善安排。

谢谢！

d. 不正常航班服务通知。

[由___①备降本站]⑩乘坐[补班]⑩___②次航班前往___①的旅客请注意：

请您到（1. 服务台；2. 餐厅）凭（1. 登机牌；2. 飞机票）⑩领取（1. 餐券；2. 餐盒；3. 饮料、点心）。

谢谢！

2）进港类广播用语包括正常航班预告、延误航班预告、航班取消通知、航班到达通知、备降航班到达通知五种。

①正常航班预告。

迎接旅客的各位请注意：

由___①[___①]飞来本站的[补班]⑩___②次航班将于___⑤点___⑥分到达。

谢谢！

②延误航班预告。

迎接旅客的各位请注意：

我们抱歉地通知，由___①[___①]⑩飞来本站的[补班]⑩___②次航班由于（1. 本站天气不够飞行标准；2. 航路天气不够飞行标准；3. ___①天气不够飞行标准；4. 飞机调配原因；5. 飞机机械原因；6. 飞机在___①机场出现机械故障；7. 航行管制原因；8. ___①机场关闭；9. 通信原因）（1. 不能按时到达；2. 将继续延误）（1. 预计到达本站的时间为___⑤点___⑥分；2. 到达本站的时间待定）

谢谢！

③航班取消通知（进港类）。

迎接旅客的各位请注意：

我们抱歉地通知，由___①[___①]⑩飞来本站的[补班]⑩___②次航班由于（1. 本场天气不够飞行标准；2. 航路天气不够飞行标准；3. ___①天气不够飞行标准；4. 飞机调配原因；5. 飞机机械原因；6. 飞机在___①机场出现机械故障；7. 航行管制原因；8. ___①机场关闭；9. 通信原因）已经取消。（1. 明天预计到达本站的时间为___⑤点___⑥分；2. 明天到达本站的时间待定）

谢谢！

④航班到达通知。

迎接旅客的各位请注意：

由___①[___①]⑩飞来本站的[补班]⑩___②次航班已经到达。

谢谢！

⑤备降航班到达通知。

由___①备降本站前往___①的旅客请注意：

欢迎您来到___①机场。您乘坐的［补班］⑩___②次航班由于（1.___①天气不够飞行标准；2.航路天气不够飞行标准；3.飞机机械原因；4.航行管制原因；5.___①机场关闭）不能按时飞往___①机场，为了您的安全，飞机备降本站。[请您在候机厅内休息，等候通知。如果您有什么要求，请与（___③号）(1.不正常航班服务台；2.服务台；3.问询台）工作人员取得联系。]

谢谢！

3. 创新广播服务

在完成规范的机场广播服务的基础上，各个航空公司根据旅客需求，创新广播服务，新增广播内容。例如，包头机场新增的一段温馨广播服务："乘坐国航1 142次航班前往北京的各位旅客请注意，飞机已经到达本站，现在正在进行卫生清扫，请旅客们耐心等待，稍后将开始登机，谢谢！"包头机场候机大厅由于空间较小，当有多个航班集中出港或航班延误时，旅客就不能及时了解航班动态信息，这时给旅客带来不便，引起旅客的不满，也给在候机楼工作的服务人员带来困难。在现有运行设备的基础上，为了让旅客少一些怨气，多一分满意，内蒙古包头民航机场有限责任公司地面服务部积极创新提高服务质量，组织专人梳理广播用词，让广播词更规范、有效，新增温馨广播服务，为旅客提供多种信息广播服务。这不仅丰富了包头机场的广播服务，取得了良好的效果，而且旅客对及时提供这种广播服务也感到非常满意。

五、过站分流服务沟通

在候机服务中，过站航班占据的比例也不小。过站航班涉及的一个重要问题就是旅客分流，在服务过程中，经常出现沟通不畅导致旅客过站走失的情况，这就会给后续工作带来一定的困难。因此，过站航班旅客分流服务沟通应做到以下几点。

1. 落实任务，准备充分

候机工作人员应提前了解过站航班的航班号、过站人数、飞机型号、抵达时间、停靠机位，准备相应的地名牌、一定数量的过站牌。这个环节需要注意几点：

（1）地名牌的名称要与航班信息一致。

（2）过站牌的数量与过站旅客人数一致。

（3）过站牌填写与所在登机口信息一致。

如果出现差错，就会给后续的过站人数清点工作带来麻烦，有可能导致旅客过站走失。

2. 提前到达，规范操作

准备充分后，提前10分钟到达登机口位置，需同时打开登机口的门和到达门，将

地名牌贴在醒目位置。这个环节需要注意几点：

（1）提前到达，一般提前10分钟左右。

（2）将到达门和登机口门同时打开，方便旅客通行。

（3）地名牌的贴放位置标准，方便旅客阅读理解，起到引导作用。

以往就出现过由于候机服务人员没能提前到达，使得飞机停靠后，匆忙打开两门而出现混乱的情形。

3．询问核实，人数一致

飞机到达后，上机询问乘务员过站人数，以及不下飞机的过站旅客情况，同时要求乘务员广播通知旅客带下原始登机牌和机票。这样做的目的是进一步明确过站旅客人数，减轻地勤服务人员工作的难度。

4．手势指引，语言提示

飞机下客后，在廊桥口进行分客，发放过站牌，通过语言、动作进行提示、引导，将过站旅客引导至相应候机厅等候再次登机，将到达旅客引导至国内到达处。参考语言："前往××的旅客请领取过站牌，到达的旅客请从您左（右）侧的通道出站。"在分流过程中，为了防止过站旅客走失，要注意几点：

（1）手势明显，将持有的过站牌举高示意，引起旅客注意。

（2）语言提示，不断提醒旅客选择对应的通道，语言应响亮、清晰、流畅。

（3）个别提醒，遇到打电话、听音乐的旅客，应加以提醒，遇到老年旅客也需多加提醒，以避免他们出错，帮助他们顺利分流。

5．认真复核，避免错误

当所有旅客都下机后，不要自作主张，而是应该与航班机组人员确认旅客是否下完，得到肯定答复后，再将到达门关闭，完成服务工作。以往也出现有的工作人员仅听航空公司代办或安检人员确认就提前关闭到达门或登机口门，造成旅客被困在廊桥而引发投诉的情形。

六、登机服务沟通

登机服务是候机服务中一项非常重要的服务环节，其服务质量的好坏直接影响候机室服务质量的好坏。在登机服务沟通中应做到如下几点。

1．登机前

登机前要做好充分的准备工作，这样有助于旅客顺利登机。登机前的准备工作包括：

（1）进行登机前的预广播，让旅客对于登机时间心中有数，做好准备，一般要求登机前10分钟做预登机广播。

（2）巡视查看登机口周围旅客的行李物品，如果有超大行李，建议旅客提前进行托运，以免影响登机。

（3）如果发现孕妇，应主动询问怀孕周期，是否有医院的孕检报告，如有异常，提前告知机组。

2. 登机过程中

登机过程中应进行有效组织,有序查验,有效放行。为了避免差错,在这个环节的服务沟通中要做到:

(1) 播放登机广播,提醒旅客按要求排队等候。

(2) 现场巡视,组织队伍,发现携带婴儿的旅客、孕妇还有其他需要帮助的特殊旅客,建议他们走 VIP 通道,提醒普通旅客选择普通通道,避免出现插队的现象。

(3) 查验登机牌应迅速有效,遵循"一查二扫三撕"的准则,遇到出现差错的旅客,应委婉提示:"先生/女士,这不是您的航班,请在旁边继续等候。"

(4) 催促广播,再次提醒。帮助晚到旅客顺利赶到候机室,顺利登上飞机。有的时候是旅客晚到没法赶上飞机,有的时候是旅客因为听音乐、与人聊天或睡着了而导致误机。这种情况,旅客就有可能将责任推到服务人员身上,理由是没有听到广播,所以要注意保留证据,进行录音。

3. 登机结束后

登机结束后,服务人员应做好扫尾工作,对于晚到没有赶上飞机的旅客,应耐心解释,明确告知。

单元四 值机服务沟通

值机是为旅客办理乘机手续,接收旅客托运行李等服务工作的总称。值机是民航旅客运输地面服务的一个重要组成部分,也是民航运输生产的一个关键性环节。

一、了解沟通方式

值机处服务沟通主要是指旅客与值机处工作人员之间进行的信息和感情的交流。其类型主要有语言沟通和非语言沟通。

1. 语言沟通

语言沟通是指运用语言、文字来传达信息的活动,值机处的语言沟通又分为有声语言沟通和无声语言沟通。

▲ 微课:地勤岗位职责(值机)

(1) 有声语言沟通是指口语,就是用说话的形式来进行的,主要是指在办理值机服务中围绕客票查验、座位安排、行李托运等业务值机人员与旅客面对面的口语交流。这种交流方便、快捷、直观,是最常见的沟通类型。

(2) 无声语言沟通,是用文字,即书面语言来传播,如值机处的电子显示屏上的字幕、值机柜台上的关于行李托运、紧急出口、座位安排、危险物品禁运等的说明、各种行李标签等。书面语言的沟通形式能帮助旅客充分理解相关规定,顺利办好值机手续。

2. 非语言沟通

非语言沟通是指以非语言符号的形式将信息传递给接收者的沟通行为。它是以表情、动作等作为沟通方式的信息交流。面部表情肌、眼神、身体动作及姿势、沟通者之间的距离、气质、外形、衣着等都是非语言符号。具体来说主要包括形象(仪表、仪容、仪态)语言、表情语言、手势指引语言三种。

(1)形象语言主要包括仪表、仪容、仪态方面的具体要求。良好的形象可以给旅客留下良好的第一印象,从而取得旅客的好感与信任,为进一步的沟通打下基础。对于航空公司和机场来说,服务人员的职业形象是非常重要的。对此,各个航空公司和机场都有自己的明确规定和具体要求,力求通过大方、得体的仪态展示服务人员良好的精神面貌。如仪容方面,要求女士化淡妆,不涂有色指甲油,盘头;男士不留小胡子、大鬓角;仪表方面,要求穿着统一工作服,着黑色皮鞋,工作牌佩戴在左胸前,不得佩戴明显夸张的佩饰等;仪态方面要求站姿、坐姿、蹲姿、走姿大方得体。总之,良好的仪容、仪表和仪态能很好地展示服务人员个人形象,有助于拉近与旅客之间的距离,促进沟通的顺利进行。

(2)在值机服务中,适当的表情语言的运用也是非常有必要的(图3-3和图3-4)。在对旅客服务沟通过程中不仅要有信息的传递,还要有感情的交流。感情的交流在很大程度上决定沟通效果的好坏。因此,恰当的表情语言能让旅客感受热情和真诚。问候旅客时,应面带微笑;倾听旅客需求时,应点头呼应;递送登机牌时,应注视对方,双手奉送。那种只顾低头做事,面部神情呆滞,缺乏目光交流的接待服务,很容易让旅客产生被忽视、被怠慢的感觉,甚至由此引发不满和投诉。

▲ 图3-3 人工值机柜台

▲ 图3-4 自主值机服务

(3)在值机服务中,手势指引语言也是用得比较多的。比如,为上一位旅客办理值机手续结束时,会招手示意"您好,下一位"。比如,排队人数较多时,会通过手势提示旅客在黄线外等候;比如,打好的登机牌会双手奉送给旅客,并指引提示旅客注意登机时间和登机口的位置等。清晰规范的手势指引语言,能帮助旅客更好地理解值机服务的相关信息,主动配合,减少失误。需要注意的是,用单个手指、笔或其他物品指引、指示都是不可取的，一定要避免这些行为。正确规范的指引方式是五指并拢，掌心斜上，大约与地面成45°角，手臂自然前伸。规范适时的手势指引、能让旅客感受到服务的专业和高水平。

二、明确沟通要求

与其他民航业务相比，值机服务沟通具有效率性、准确性、严格性的要求，见表3-4。

表3-4 值机服务沟通的特点

项目	内容
效率性	速度快是航空运输的主要优势之一。航空运输的快速性要靠航班准点起飞、及时中转、按期到达来保证。在竞争激烈的现代民航运输企业中，航班的正点率日益成为影响旅客对航空公司认知度和航空公司竞争力的重要因素。这一切有赖于优质高效的值机工作，有赖于高效的沟通手段。如果值机环节沟通出现问题，工作效率就会大大降低，航班的正点率就会受到影响，航空运输的快速性就不能保证。比如，值机服务人员在办理乘机手续时，没有仔细检查旅客的客票，没有及时进行沟通，导致旅客错乘，就可能导致飞机延误或返航；值机服务人员在发放登机牌时没有与旅客及时核对，就可能错发或漏发登机牌，所以，高效率的沟通是必不可少的
准确性	沟通的准确性主要体现在以下三个方面： （1）旅客的基本信息核实准确，具体包括旅客的姓名、航班、舱位等级、身份证件等。 （2）引导建议的信息准确，如旅客退票、改签时告知相关程序、办理地点，行李逾重，告知收费标准和收费柜台。 （3）准确判断并处理晚到旅客的乘机手续，准确传达安检通道和登机口位置等相关信息。这些信息都非常重要，一旦出错，或一旦做出错误的判断就会影响旅客登机，甚至带来财产损失
严格性	沟通的严格性，就是要求值机服务人员在对旅客服务过程中，要以服务规程、服务手册为依据，严格履行有关规定和要求。如认真核实旅客的身份证件，防止假冒旅客特别是公安部门通缉的罪犯登机。在对客服务中还要观察旅客的言行举止，防止精神病患者、醉酒旅客登机。对于旅客托运的行李，需要仔细检查询问，查看是否符合要求，配合安检人员对行李内物品进行检查，防止旅客夹带危险品蒙混过关

根据值机服务沟通的特点，与旅客沟通时应符合下列要求：

1. 多一句询问，提升有效沟通

在长期与旅客面对面接触的过程中，值机人员要站在旅客的角度考虑问题，理解旅客的心情，并且把握旅客的情绪，及时化解和避免一些沟通中容易出现的障碍和隔阂，从而更好地为旅客提供服务。一般情况下，值机人员是按照机型座位布局和平衡的要求逐级进行的座位发放的，因此，在常规情况下，座位会随机自动按空缺合理分配。手续办理过程中由于同排座位数量不够，同行的多名旅客有可能被分配到不同区域的位置，有些旅客也可能无法领到指定的座位，这种情况实属正常，但如果旅客有特定请求，却又办理不了，就需要耐心解释原因并说明情况。

> **职场小贴士**
>
> ### 座位安排的一般原则
>
> （1）旅客座位的安排，应符合该航班型号飞机载重平衡的要求。
>
> （2）购买头等舱机票的旅客应安排在头等舱内就座，座位由前往后集中安排。对于头等舱旅客的陪同和翻译人员，如头等舱有空余座位，可以优先安排在头等舱内就座。普通舱旅客安排在普通舱就座，安排顺序应从后往前集中安排。
>
> （3）团体旅客、同一家庭成员、需互相照顾的旅客，如病人及其伴送人员等，座位应尽量安排在一起。
>
> （4）不同政治态度或不同宗教信仰的旅客，不要安排在一起。
>
> （5）符合乘机条件的病残旅客、孕妇、无成人陪伴儿童、盲人等需要特殊照顾的旅客应安排在靠近服务员、方便出入的座位，但不应安排在紧急出口旁边的座位上。
>
> （6）在航班不满的情况下，应将携带不占座婴儿的旅客安排在相邻座位无人占座的位置上；如果旅客在订座时已预订了机上摇篮，应把旅客安排在可安装机上摇篮的座位上。
>
> （7）需拆机上座位的担架旅客必须本着避免影响其他旅客的原则，一般应安排在客舱尾部，避免其他旅客在进出客舱时引起注意；所拆座椅的位置不能位于紧急出口旁边。
>
> （8）犯人旅客应安排在离一般旅客较远、不靠近紧急出口和不靠窗的座位，其押送人员必须安排在犯人旅客旁边的座位上。
>
> （9）紧急出口旁边的座位要尽量安排身体健全、懂中英文字、遇到紧急情况愿意帮助他人的旅客。
>
> （10）因超售而非自愿提供高舱位等级的旅客的座位，应与该等级的付费旅客分开；非自愿降低舱位等级的旅客应安排在降低等级后较舒适的座位上。
>
> （11）携带外交信袋的外交信使及押运外币员应安排在便于上、下飞机的座位上。

2. 细心观察，为旅客排忧解难

值机服务人员在工作过程中要细心观察旅客的需求，及时为特殊旅客排忧解难。一般来说，与聋哑旅客的接触是比较特殊的。例如，有一次在去昆明的航班上就有4位聋哑人，他们事先并未在出票地点提出特殊服务申请，到机场后也没有和服务台联系，直到值机员在柜台办理乘机手续时才发现该情况。当时，值机员一再询问他们一行4人是否需要办理托运行李，他们都没有反应，这才引起了值机员的注意。这时，旅客用手示意了一个写字的动作，值机员马上明白了，递上了一张纸。旅客写下"我们是聋哑人，坐飞机去昆明，请帮助我们，谢谢"。值机员也通过书写"请放心，我们会安排好的。请问你们有托运行李吗"？对方回复"没有"，虽然值机员不会手语，但通过笔谈和旅客进行了及时的沟通，了解了旅客的特殊情况。随后，值机员马上联系专人负责带领这4位特殊旅客，并将他们的座位调整到前区。同时，向下一站发送做好接待特殊旅客工作的电报。

3．付出真情，超值服务赢得旅客称赞

值机服务人员应始终将旅客的需要放在首位，"想旅客所想，急旅客所急"。在旅客遇到困难时，第一时间伸出援手，为旅客付出自己的一份饱含真心与真情的帮助。

4．话语温馨，拉近与旅客之间的距离

值机服务中，经常会遇到客人迟到或错过航班的情况，此时，值机服务人员应多用温馨、关怀的话语与旅客沟通，这样有利于使旅客的心情放松，缓解旅客因错过航班而产生的低落情绪。

5．耐心服务，做好解释工作，不与旅客争对错

值机人员在工作过程中，经常会面对一些对航空业务和航空专业知识不太熟悉的旅客，此时，值机服务人员应更加耐心，做好解释工作，不能与旅客争对错。

6．尽量用旅客的母语与旅客打招呼

值机服务人员在服务过程中经常会面对不同国家或民族的旅客，与旅客的第一句问候语有特别的意义，如果不管是对哪个国家的旅客都用"您好！"来打招呼，虽然看起来没什么大问题，但是显然亲切度不够，客人的满意度也不会太高。如果能够用旅客的母语问候旅客，会使旅客感到意外、惊喜和亲切。因此，值机服务人员多学习不同语言的问候语是必要的。

三、晚到旅客沟通

在值机过程中，经常会遇到晚到的旅客。一般情况下，航空公司要求旅客于航班计划起飞前40～45分钟到达值机柜台。如果旅客晚于计划起飞前40分钟到达值机柜台，但航班尚未登机，这种情况的旅客称为晚到旅客。面对这一类旅客要慎重，综合考虑多种因素，否则容易引起旅客投诉。

（1）值机人员与旅客确认到达时间。"您好，您的航班××点已经停办手续，您晚到了×分钟，我帮您申请一下看还能否办理登机手续，请稍等。"这里一方面明确告知旅客具体航班结载时间及旅客晚到时间，让旅客接受晚到的事实，做好最坏的打算；另一方面主动为旅客咨询登机申请，容易获得旅客好感。

（2）值机人员致电值机主任申请是否可以接收（航班号／人数），只要能加人就能加行李。"主任，××航班×名晚到旅客，可以接吗？"当面询问能第一时间得到

答复，有助于事情的及时处理。即使不能获得批准，也体现了值机人员帮助旅客的诚意，容易获得旅客的好感。

（3）若值机主任同意办理则正常接收旅客及托运行李，办理完毕后提醒旅客快速过检。"先生／女士，登机口在××号，请您抓紧时间过安检。"善意地提醒，可以帮助旅客顺利赶上飞机。

（4）若不能接收，耐心对客作出解释。"先生／女士，我已经尽量帮您申请了，但是您确实来得太晚了，建议您去售票柜台查看有没有后续航班，看您的机票能否改签。"向旅客委婉表达已经尽力，给出改签的建议，告知旅客处理办法。

（5）如旅客到达值机柜台，航班已登机，则直接指引旅客前往售票柜台办理改签手续。"先生／女士，您的航班已开始登机，停止办理值机手续，请您前往售票柜台办理改签手续。"

四、团队旅客沟通

在值机服务过程中，团队旅客也占据了一定的比例，团队旅客由于人数众多，事务繁杂，在服务沟通过程中也需注意技巧。具体要求如下：

（1）询问领队团队信息，并与领队核实证件个数。与领队核实的团队信息包括航班号或目的地、团队人数、是否有同名同姓旅客、是否有儿童及人数。核实信息的过程一定要细致，否则容易出错，如核实证件时，一定要亲自清点，与领队唱收，以免出错。

（2）正确接收团队旅客。要求团队信息逐一提取接收，以免出现差错。安排座位时尽量选择在中间，并考虑领队的需求，询问是否有特殊旅客，尽量发放相邻的座位，同时也要提醒领队上飞机后不要安排老人和儿童坐靠近紧急出口的座位。

（3）交付领队登机牌和证件，并告知详细事项。行李须按实名制托运；液态物品（容器容积>100 mL）必须托运；打火机、锂电池不予托运。

（4）提醒领队尽早安排团队旅客排队过安检并在登机口等候。值机人员应提醒领队注意具体的登机时间及安检通道的具体位置，建议领队提前组织旅客通过安检，以确保按时登机。

五、需托运小动物旅客沟通

在值机过程中，也会遇到有旅客要求将小动物进行托运的情况。由于对小动物托运比较特殊，程序烦琐，因此，服务沟通时也要特别注意，以免出错。

（1）耐心询问，了解情况。通过询问旅客相关信息，确定是否能接受小动物托运。询问的内容主要包括：

1）询问了解托运的小动物是否属于家庭饲养的动物，如猫、狗是否属于观赏型，不具有攻击性，外观是否会引起旅客恐慌。

2）询问旅客搭乘的航班信息，明确所在航空公司能否接收托运小动物。例如，吉祥航空、西部航空等航空公司就有规定不接受小动物托运。同时，还要了解执行航班飞行任务的飞机机型是否能搭乘小动物。例如，ERJ 属于无氧的货舱机型，就不能接受小动物托运。

3）查看航班起飞时间，如果距离航班计划起飞时间超过 2 小时，则须告知旅客要等待至计划起飞前 2 小时再办理托运，这样就可避免小动物在行李分拣过程中长时间无人看管。

询问后如不能办理须向旅客进行说明。如果可以托运，须告知旅客小动物需在货舱内运输。

（2）检查证明情况。检查活物检验检疫证明，并查验是否在有效期内；在业务办理过程中一定要询问旅客是否为小动物办理了"小动物检疫合格证明书"和"装运小动物笼子的消毒"证明，两证缺一不可，否则拒绝收运。检疫证明书上须写明小动物的承运人及几日内到达有效。

> **职场小贴士**
>
> "承运人"是指使用民用航空器从事旅客、行李或者货物运输的公共航空运输企业，包括国内承运人、港澳台地区承运人和外国承运人。

（3）核实检查。检查小动物的包装是否符合小动物运输规定（详见客规内容）要求。为确保航空运输安全，小动物运输一律要求旅客必须对容器进行"井"字形打包，容器门四周使用"拉扣"加固，容器内放有防止小动物排泄物漏出的垫子。由值班分队长负责对宠物收运是否符合要求进行最后把关，并通知航空公司代办告知该航班上有小动物托运。例如，某航班在接受小动物托运后，由于检查疏忽，容器打包不严，造成小动物在装卸时跑出货舱，到达机坪，后来为了机坪的安全起见，只得将小动物击毙。所以，当出现托运小动物的包装不符合要求时，要耐心做解释工作，并给出相关建议。

（4）填写单据，告知注意事项。确定能接受小动物托运后，需填写"旅客小动物运输申请告知书"。向旅客确认告知书，确保内容填写完整正确。具体要求：装运小动物的容器外侧应附有托运人姓名、地址、联系电话。容器至少有两个相对面粘贴"向上"操作标签。打印行李条，让旅客在行李条上签署免责声明并告知：除航空公司原因外，在运输中出现的小动物患病、受伤和死亡，一概不承担责任。告知旅客活物、容器及活物饲料的重量按照逾重行李费收取。参考语言："您的宠物×千克，每千克×元，一共需交费×元。"并指引旅客到相关柜台交费；旅客交费后持逾重单到柜台领取登机牌，值机人员需指引旅客将活物送至超限柜台人工搬运，并电话通知超限柜台。

拓展阅读

值机服务类型

值机的服务内容包括查验客票的身份、安排座位、收运行李、换发登机牌、回答问询、特殊旅客保障等。传统的值机服务是指值机柜台服务，但在互联网高度发达的今天，除柜台值机外，旅客还可以通过选择机场自助值机、网上值机、二维码值机、微信值机、短信值机、支付宝钱包值机、一证通关等多个平台和多种方式办理乘机手续。如果不需托运行李，那么通过网上值机提前预订座位并打印登机牌，就能直接通过安检登机，不用再到机场服务柜台排队办理登机牌，这大大节约了旅客的时间。

（1）传统的值机柜台。为了保证值机柜台的值机质量和值机速度，各机场和航空公司根据本地区本企业的旅客情况进行具体分类，通常人工值机服务柜台有普通旅客柜台、会员专柜、特殊旅客服务柜台、团体旅客柜台等。柜台值机人员应做好以下工作：

1）收集航班信息和运输信息，查阅当天航班预报，了解执行航班的机型、机号、座位布局、预定离站时间、航线、经停点和终点站。根据不同的机型、旅客人数准备相应的登机牌、行李牌、标识牌、F/c舱旅客休息卡等业务用品。

2）值机人员为旅客办理乘机手续，提前10分钟上岗，检查电脑、磅秤、转盘等设备是否正常运转，查验旅客证件、票证，合理为旅客安排座位，并为旅客办理托运行李手续。

3）航班截载后，柜台人员撤岗时需将柜台整理干净，将柜台前的隔离带摆放整齐，所有物品带回值机室。同时，主办值机人员复核该航班人数、行李件数、重量，填写记录，办理交接签字手续。

（2）微信值机。旅客使用微信添加并进入各大航空公司的公众账号后，在界面下方的服务栏目里点击"办登机牌"或"办理乘机"按钮，根据提示进行操作，即可足不出户轻松办理值机手续。

（3）手机客户端值机。手机电子登机牌是旅客通过南航网上值机、短信值机获取的一条彩信，内容包含二维条码和旅客的姓名、航班号、登机口和座位号等信息。2009年4月8日，南航在国内航空界首创手机登机牌直接过安检、登机口服务。实现订票、支付、值机、登机全程无纸化的尊贵服务。目前，各大航空公司都推出了手机客户端，相比微信，功能更强大。而"航旅纵横"这类综合式客户端则具备了较强集成性，提供国内几乎所有主流航空公司的手机值机功能。客户端值机一般界面简洁，步骤简单。以南航手机客户端为例，完成值机只需三步，输入证件号或票号登录，通过座位图形界面选择座位，完成后生成二维码保存至旅客手机内即可。

（4）网上值机。登录各航空公司官网后，点击办理值机按钮，经身份识别、座位选择和打印登机牌三步即可完成值机。

（5）支付宝钱包值机。如今，支付宝APP已经成为人们购物支付的首选，同时，国航、南航、海航等航空公司及部分机场也已经入驻支付宝钱包。在支付宝钱包"服务窗"选项中添加关注相应账号，就可以实现免打印登机牌网上值机，还能查看航班动态、周边交通和停车场情况。

（6）短信值机。旅客可发送"ZJ""值机"等关键词至各航空公司短信平台，触发订座或乘机登记手续功能，随后根据平台的短信提示回复航班日期、航班号和身份证号码等信息，即可订座或办理乘机登记手续。

（7）电话值机。在不方便上网的时候，旅客可以拨打各大航空公司的服务热线电话，按照语音提示选择"客票"业务办理乘机手续。

（8）自助值机。即购买国内航班电子客票的旅客，使用在候机楼内摆放的自助值机设备，自己挑选座位并打印登机牌，免去了排队等待值机人员办理乘机手续的烦恼。

（9）移动值机服务。移动值机服务是指旅客可通过地面服务人员手中的平板电脑，自主选择座位并获取登机牌。机场工作人员只需手持一部7英寸大小的平板电脑，并在腰间挎一台蓝牙便携式袖珍打印机，便可为旅客办理登机手续。这相当于一个移动的值机柜台，可以减轻高峰期值机柜台排队的压力，还可以满足旅客自主选座等个性化需求。移动值机目前仅适用于持有二代身份证的国内乘机旅客（不含春秋航空、厦门航空），暂不支持国际客票、儿童票、婴儿票、国内头等舱客票，也不为军残等特殊旅客和持有护照、港澳通行证等其他证件的旅客进行办理。

（10）刷身份证登机。旅客还可选择直接刷身份证登机。旅客持二代身份证可直接前往F、G专属安检通道，出示身份证后，安检口的微型打印机会根据系统随机分配座位，打印出一张登机凭条，安检人员在凭条上盖章即可实现"一证通关"。机场方面提醒，如果遇到手机接收不了二维码、来不及上网值机等问题时，"一证通关"可以提供最便捷的服务。相比柜台值机和安检的时间，旅客使用"一证通关"至少可以节省半小时。"一证通关"目前仅适用于持有二代身份证的国内乘机旅客（不含春秋航空），暂不支持国际客票、儿童票、婴儿票、国内头等舱客票，也不支持为军残等特殊旅客和持有护照、港澳通行证等其他证件的旅客进行办理，不支持为有托运行李的旅客办理。另外，"一证通关"的开办时间为航班起飞前3小时，为保证正常登机，建议使用"一证通关"的旅客在航班起飞前45分钟到达安检通道办理相关手续。

单元五　安检服务沟通

安全是机场赖以生存、发展的基础，是机场的首要任务。安全检查是口岸检查（包括边防检查、海关检查、卫生检疫、动植物检疫和安全检查等）的内容之一，是出入境人员必须履行的检查手续，是保障旅客人身安全的重要预防措施。服务民航企业参与市场竞争。所以，安全与服务在民航工作中不是矛盾对立的两面，而是相辅相成的关系。两者并行不悖，安全与服务并重以安全保服务、以服务促安全。

一、了解沟通方式

民航安检服务沟通方式同样包括语言沟通和非语言沟通两种。

1. 语言沟通

安检人员要做到文明执勤、优质服务，塑造安检人员文明美好的形象（图 3-5 和图 3-6）。语言是心灵的窗户，美好的语言体现了美好的心灵，也体现了文明服务的水平。安检人员长年累月在一线岗位工作，整天与不同身份和不同层次的旅客交往，大量的活动往往要通过语言与旅客沟通。为了优化文明服务用语，架起安检人员与旅客心灵上的理解信任的桥梁，通常应做到以下几点：

（1）旅客到来要有问候声。
（2）旅客离开要有送别声。
（3）服务不周要有道歉声。
（4）受到表扬要有致谢声。

▲ 微课：地勤岗位职责（安检）

▲ 图 3-5　旅客证件安检

▲ 图 3-6　旅客行李安检

2. 非语言沟通

（1）执勤姿态。不同的执勤姿态反映了不同的执勤形象。安检人员作为民航窗口形象的化身，每一个行为举止都会及时在社会上折射反映出来，并在人们的思想上打下民航形象的烙印。因此，安检人员必须自觉锻炼培养规范的执勤姿态，一是站立姿态要端正；二是坐时姿态要平稳；三是走路姿态要自然；四是检查动作要规范准确。这四种姿态要协调一致、统一规范。安检人员要通过自己的每个细微举止姿态，给旅客留下美好的印象。

（2）执勤行为。安检人员用自己热情的服务，努力帮助旅客排忧解难，为旅客送温暖献爱心，急旅客所急，想旅客所想，努力为旅客创造安全便利的旅行环境。在这方面，安检部门可以结合自身的特点、优势，开展形式多样和内容丰富的文明精品服务，让旅客踏进安检现场犹如春风扑面，感受到宾至如归的环境氛围。

> **拓展阅读**
>
> **机场安检的内容、方法与程序**
>
> （1）安检的内容。机场安检大致有以下四种：
>
> 1）证件检查：主要负责检查登机人员的身份，协助公安部门查处通缉人员。另外，还负责机场控制区的通行证件检查。
>
> 2）人身检查：是安检工作的重点。它采用公开仪器和手工相结合的方式对旅客进行检查，阻止隐匿的危险、违禁品进入航空器。检查次序大致为由上到下，由里到外，由前到后。手工检查方法为摸、按、压三种。
>
> 3）物品检查：是安检的重点，主要通过X光机对所携带的物品进行检查。检查旅客及其行李物品中是否携带枪支、弹药、易爆、腐蚀、有毒放射性等危险物品，以确保航空器及旅客的安全。安全检查必须在旅客登机前进行，拒绝检查者不准登机，损失自负。
>
> 4）监护工作：监护工作分为两种，一为候机隔离区的监护，对隔离区及登机通道进行管理、检查和清理，禁止未经检查的人与已检人员产生接触和随意进出，防止外界人员向内传递物品，防止藏匿不法分子和危险物品，保证绝对安全。二为航空器活动区的监护，主要为飞机监护，协助执行飞行任务。
>
> （2）安检的方法。
>
> 1）电视监测机，主要用于检查旅客的行李物品。通过检查后，工作人员在行李上贴有"××机场行李安检"的不干胶条后方可办理托运手续或随身携带登机。
>
> 2）探测检查门，用于对旅客的身体检查，主要检查旅客是否携带禁带物品。
>
> 3）磁性探测器，也叫手提式探测器，主要用于对旅客进行近身检查。
>
> 4）人工检查，即由安检工作人员对旅客行李手工翻查和男女检查员分别进行搜身检查等。
>
> （3）安检的程序。

> 1）行李物品检查：旅客进入机场大厅时首先将行李物品放在电视检测机的传送带上，工作人员通过电视荧光屏检查后贴上"××机场行李安全检查"的不干胶条。
>
> 2）旅客证件检查：旅客办理行李托运和登机手续后，将护照、机票、登机牌等交检查员核验并在登机牌上加盖安全检查印章。
>
> 3）手提行李物品检查：将随身携带的手提行李物品放在电视监测机的传送带上，由检查人员通过荧光屏检查，如发现有异物，须由检查人员开包检查。
>
> 4）旅客身体检查：旅客通过特设的探测门，进行身体检查。如发出报警声，还需用探测器再查，或重新返回，将可能发出报警声的钥匙、香烟、打火机等金属物品掏出，直到通过时不再发出报警声为止。

二、明确沟通技巧

安检部门是机场的窗口部门，每天需要接待大量的乘机旅客，除要严格执行有关安检法规外，还肩负着服务旅客的职能。在安检工作中常会遇到不理解、不配合检查的旅客，他们认为安检人员是在故意刁难自己，从而提出种种质疑进行反驳。如果安检员在工作过程中处理不当，就会引发不必要的矛盾和冲突，影响正常的安检秩序，并且给旅客留下工作方法简单粗暴且不近人情的印象。那么，如何合理地向旅客做好安检法规的解释沟通工作，在日常的安检工作中显得尤其重要。因此，掌握一定的沟通解释工作的方法和技巧是十分必要的。沟通技巧主要有以下几种：

1. 热情、耐心服务旅客

热情服务是安检工作的首要要求，安检人员在工作中要为旅客着想，把旅客当成朋友、亲人，态度要和蔼，不能抱有高高在上的心理，拒人于千里之外。要有容人的雅量，以诚相待，对旅客在安检过程中遇到的问题要耐心倾听，在不违反工作原则的基础上尽力为旅客解决问题。

针对经常有旅客询问安检人员有关乘机流程和要求等情况，须第一时间帮助旅客解决问题，安检站还应组织起草包括值机、安检、问询、公安、行李寄存、电瓶车使用、餐饮、交通等内容在内的"机场问询随手本"，遇有旅客问询时，不再只是将旅客引导至问询台，而是亲自帮助旅客解答问题。这不仅有效缩短了旅客的问询解答时间，同时，安检人员准确明晰的解答也给旅客留下了良好的印象，提高了旅客对安检工作乃至机场服务的满意度。

2. 合理、合法解答旅客质疑

俗话说"打铁还需自身硬"，这是进行解释工作最基本的前提之一。众所周知，安检部门具有行政执法权。安检人员作为执法人员，必须熟练地掌握民航法律法规、检查规则，这样才能在旅客提出质疑时给出合理的解答，使旅客信服。如果自身都没

模块三 民航地勤服务沟通技巧

有掌握应知的法律规章,那么,解释工作将根本无从谈起。

3. 有针对性、简明有力地与旅客进行沟通

经常有旅客因为不理解安检法规的内容,或因其他一些事情办得不顺利,到安检现场时情绪失控,不断向安检人员宣泄各种怨气。此时,安检人员不应被旅客的失控情绪干扰,应当冷静地听完旅客的陈述,及时找出引发矛盾的主要原因后对症下药予以妥善解决。简明有力的语言会使人产生信服感。在向旅客解释国家法规时,安检人员尤其要表现出严肃、不容违反的一面,树立起严格检查的安检形象。安检人员对每位旅客严格检查既是对自己工作负责,也是对所有旅客生命安全负责。但是,在安检时经常会听到很多旅客有这样的牢骚"说了没有,非要打开包再看看,烦不烦"。此时,安检人员要耐心地解释,态度要和蔼温和,积极向旅客说明严密安检的重要性。

4. 平和地化解安检危机

机场安检工作人员应当学会控制自己的情绪,无论在外遇到什么事情,在工作岗位上都不应把自己的不良情绪掺杂进来,应始终表现出平和、有条不紊的工作态度。在遇到旅客不配合检查,甚至刁难时,安检人员不应有不良情绪,以免激化矛盾,要有高度的职业责任感,以专业的态度来对待工作,积极处理出现的安检危机。例如,可以通过改变投诉处理地点、隔离当事人或给旅客送茶水饮料、安抚旅客情绪等方式寻求旅客的理解和支持。

5. 灵活处理特殊问题,为旅客提供便捷

机场安检服务人员要具备专业的知识和素养,在有些特殊情况下,灵活作出处理能给旅客节省时间、提供便利,自然会很容易与旅客建立融洽的关系。例如,一些旅客经常做这样的试验:过机场安检时,当被告知需将电脑拿出,旅客会请求"不拿可以吗?"。结果绝大多数机场的安检人员会说:"必须拿出来。"但是,也有例外。深圳宝安机场的安检人员听到旅客这样的要求后笑着说,"先试试看,如果看不清楚再取出电脑"。在昆明长水机场,也没人要求取出电脑,过安检时快捷地通过了。旅客通过安检还不敢相信这是真的,后问安检人员"你这儿为什么不用取电脑?"安检人员微笑着说:"先生,我看看你的登机牌,看得清就不用取出来。"也许是由于新机场设备先进,也许是由于安检人员专业素养极佳,无论如何,这种便捷省时的安检过程都让旅客们拍手称赞。

单元六 行李提取服务沟通

行李提取处是旅客到达目的地、提取行李的地方。行李运输管理是行李服务的重要保障,而旅客体验更是不可忽视的一项内容。接下来将从旅客体验的角度,对行李提取处的服务沟通做详细阐述。旅客旅行是否顺利,往往还取决于旅客所携带的行李

物品运输的完好性和准时性。这是因为行李本身不仅具有价值，而且更重要的是，它体现旅客旅行的目的，关系到旅客旅行目的的达成和生活的需要。

一、了解沟通方式

行李提取处的沟通主要涉及语言沟通和非语言沟通两种方式。

1. 语言沟通

语言沟通包括口语沟通和书面沟通。

（1）口语沟通涉及的内容比较多，例如，旅客询问行李提取处工作人员关于行李提取的时间、地点的沟通；针对行李晚到、行李少运、行李破损和行李赔偿的问题进行的沟通，还有利用广播提醒旅客正确提取行李的广播沟通。

（2）书面沟通的方式多种多样，主要包括在行李提取处转盘位置的电子显示屏（告知旅客关于行李的航班号、始发地等信息）、温馨提示语（提醒旅客不要错拿行李），如"类似行李，避免拿错""请仔细核对好您的行李物品，以免拿错行李"，避免旅客错拿行李的事件发生。

2. 非语言沟通

在行李提取处，非语言沟通主要使用仪态语、表情语和手势语。

（1）仪态语是指行李提取处工作人员的仪态，主要包括站姿、坐姿、走姿和蹲姿。需要注意的是站立服务时，一定要注意体态，按照规范站立，一方面能体现良好的精神面貌，另一方面也能展示航空企业的良好形象。比如，站立时不能东张西望，不能耸肩驼背等。

（2）表情语是指行李提取处工作人员的面部表情，主要包括微笑语、目光语等。注意：行李提取处针对行李异常情况与旅客进行沟通时，微笑表情要慎用，以免被旅客误解，从而不利于事情的及时处理。

（3）手势语主要是指面对旅客询问时，利用手势进行指引，告知旅客询问的具体位置，如指示行李转盘的位置，引导其前往行李查询办公室。

二、明确沟通要求

一段旅程从托运行李开始，到提取行李结束，一直以来行李问题都是旅客非常关注的一个问题，也是投诉较多的问题。行李提取处的工作性质特点决定了其沟通的特点，见表3-5。

表3-5 行李提取处沟通特点

项目	内容
沟通内容的集中性	在行李提取处，沟通内容都集中在行李，特别是异常行李上。围绕着行李迟运、行李少收、行李破损和行李赔偿的问题进行沟通

续表

项目	内容
沟通对象的情绪性	由于行李提取是旅客旅程的最后一个步骤，经过长时间的飞行，到达行李提取处时，旅客已经身心疲惫，耐心和容忍度都已降到最低。在这种情况下，稍有不慎，就很容易引发他们的负面情绪。面对稍长时间的等候，他们焦躁不安；面对行李少收，他们焦躁不安；面对行李晚到，他们焦躁不安；面对行李破损，他们焦躁不安。就像一座座火山，随时有可能喷发。面对这样一群情绪激动的旅客，要与之进行沟通，显然是非常不容易的，不仅需要有良好的心态、修养和耐心，还需要有高超的沟通技巧
沟通程序的复杂性	关于不正常行李问题，其沟通程序非常复杂，主要表现在两方面：一是原因的复杂性，导致行李不正常运输的原因是多方面的，有可能是始发站机场的原因，也有可能是到达站机场的原因，还有可能是航空公司的原因，或者是旅客自身的原因，需要一一核实，逐步落实；二是问题处理参照的规定具有复杂性，不同的机场、航空公司都有各自的规定，针对不同的情况，具体的赔偿标准和赔偿额度也不一样，这都给问题的处理增加了难度

　　行李提取处的对旅客服务沟通主要集中在行李异常问题的处理方面（图3-7）。面对行李托运异常，旅客的情绪往往十分激动，容易出现过激言行，这也使得沟通变得困难重重。因此，在沟通交流中要遵循以下要求。

▲ 图3-7　旅客行李提取与查询服务

1. 打造良好心态，调整良好情绪

　　在行李提取处，服务人员与旅客就行李问题进行沟通，经常面对旅客的指责、质问，承受极大的精神压力，容易被负面情绪所包围，形成消极心态。这种情形不利于问题的处理。对此，服务人员应调整好自己工作中的心态和情绪。

　　（1）进行积极的心理建设。打造良好心态的前提就是进行积极的心理建设。所谓积极的心理建设就是积极的自我沟通。通过积极的自我沟通，打造良好心态，相信自己通过努力，可以帮助旅客解决行李异常的问题。

　　1）要认可自身工作的价值。作为行李提取处的服务人员，我们的工作价值就在于给旅客提供帮助，帮助他们解决行李异常的问题。

　　2）要正确看待旅客的指责与质问。旅客只是针对这件事情的态度，而不是针对服务人员的态度。

　　3）进行换位思考。如果换作自己出门旅行遇到行李异常的情况，也难免会焦躁不安、情绪激动。服务人员要充分理解旅客的心情，并且站在旅客的角度对待行李的查询工作。无论什么原因，只要旅客的行李没有随航班同时到达，都会给旅客带来很大的不便，这种不便有时是服务人员很难想象得到的。

（2）进行情绪管理。行李查询处的服务人员应能够很好地进行情绪管理，主要体现在两个方面：

1）要正确认知旅客的情绪，一般来说，旅客下了飞机以后拿不到自己的行李，确实很容易出现情绪问题，而服务人员就成为其情绪发泄的对象。

2）要合理调整自己的情绪，面对没有拿到行李的旅客的过激情绪或行为，要给予理解，不能因为当前的结果不是自己造成的就因此感到委屈，更不能把这一心理或情绪延伸到自己的言行中，这样很容易在工作中与旅客发生冲突，给自己的工作带来不必要的麻烦。

2．规范语言，谨慎表达

在行李提取处，面对行李异常情况，旅客的情绪往往比较波动，也比较敏感，所以，服务人员在对客服务中，也要特别注意服务语言的选择。稍有不慎，就有可能招来旅客的非议。

（1）使用礼貌服务用语，禁用服务忌语。行李提取处服务人员的服务用语和服务忌语见表3-6。

表3-6　行李提取处服务人员的服务用语和服务忌语

服务用语	服务忌语
您好！请稍等，我帮您询问一下。 请不要着急，我会尽快为您处理。 我们正在处理，请您稍候。 对不起，做得不到位的我们一定改进。 如有您行李的消息，我们会在第一时间通知到您。 不好意思，您的要求可能超出我们的权限，我们愿意与航空公司再次沟通。 对不起，您的行李未能同机到达，我们感到非常抱歉。	不清楚！／不知道！ 不可能！／做不到！ 催也没有用！／急也没有用！ 别都挤在这里！ 没看见我正在忙着吗？ 这不是我们的原因。 这是前方站的原因，与我们无关！ 这是规定，我也没有办法！

（2）情绪同步，慎用表情。在与旅客沟通中要想获得旅客的认同，就要进入对方的内心世界，从对方的感受和角度来认知同一件事情，让对方感受到被关心、被理解。在沟通实践中采用情绪同步法，可以在劝导说服别人时取得良好的效果。情绪五步法是：同表情→倾听→同心境→同义愤→客观分析与引导。

1）同表情：笑脸对笑脸，激情对激情，苦脸对苦脸。

2）倾听：用心倾听，关注对方并以肢体语言作出反馈。

3）同心境：设身处地，换位思考，感同身受，用"我也……我很能够理解你现在的感受，那真是……"来与旅客说话。

4）同义愤：站在旅客的角度，与他一起感慨、一同悲痛、一同愤慨。

5）客观分析与引导：哭过、骂过，待心情平静些后，从正面引导旅客，通过分析现状、积极解释、正确引导，让他从负面情绪中跳出来，进入积极情绪。比如："我也……其实你……"（将思路引导到好的一面）。

所以，面对行李异常的旅客，他们的心情往往是烦躁不安的，我们要表现出充分的理解，在表情方面要与他们同步。比如，明明旅客由于行李晚到已经非常着急，甚至有些生气了，如果相关服务人员依然微笑面对，则很容易导致旅客产生误解，发生冲突。

3. 反应迅速，落实行动

围绕旅客的行李问题进行沟通，说得再多再好，没有落实到行动上也是徒劳的。因此，面对行李晚到、漏装、运错地方的旅客，只有用积极的态度与热情的服务来弥补，除此以外别无他法。对于旅客，最好、最满意的服务就是马上帮他们联系、寻找行李。因此，行李提取处的服务人员应该针对旅客这一心理，马上与始发站取得联系查找行李的下落，适当的时候可以把拍发的电报、传真给旅客看，以表示在积极地为旅客解决问题。一旦有消息马上与旅客进行沟通，这样可以使旅客的心理得到些许平衡或安慰。

4. 赔偿问题，妥善处理

适当的赔偿是行李查询服务的难点。从理论上说，适当的赔偿似乎很容易，但在实际工作中却很难掌握。这一问题的难点在于：一方面对于给付旅客的赔偿，民航企业有一定的明文规定，作为一般的服务人员没有权力突破规定；另一方面，民航企业给付旅客的赔偿数额往往无法满足旅客的心理价位，令旅客感到不满意，所以在服务过程中，行李赔偿问题常常成为矛盾的激化点。

如果是航空公司方面的原因对旅客的行李造成延误，应由航空公司对旅客提供一笔临时生活费用。同时，航空公司也应及时与有关部门取得联系，安排下个航班及时将旅客的行李运抵目的地。

拓展阅读

行李提取处的服务内容

一般来说，到了行李提取这个阶段，旅客对行程的需求已经基本得到满足，随之而来的是对自己行李安全的需求。随着客运量逐年上升，加强行李运输管理、预防行李运输差错事故的发生，已成为提高航空客运质量的重要环节。

在行李提取处，与旅客的沟通内容一般根据提取行李的流程涉及两个方面：

（1）行李提取前，关于行李提取的具体地点、时间的询问，如行李在哪个运送转盘提取，哪个时间段提取等。这时，工作人员可以查询告知旅客提取行李的具体地点和大致时间。

（2）行李到达后关于行李异常情况的沟通。比如，出现行李迟运、行李少收、行李破损、行李赔偿等问题的沟通。这类问题相对比较复杂，一般由负责行李查询的部门来负责，由具体的工作人员来对旅客的行李异常问题进行查询和帮助。

三、少收行李的处理与沟通

少收行李是指航班到达站无法将应随旅客同机运达的托运行李交付旅客的情况，另外，旅客在航程的目的地或中转站出示行李牌后取不到自己随机托运行李的情况，也属于少收行李。旅客面对行李少收的情形时，心情一定会受到影响，情绪也容易激动。此时，服务人员应充分理解旅客的急切心理，认真处理好行李少收的情况。具体处理技巧包括：

（1）及时安抚旅客情绪，向旅客真诚致歉。旅客面对不知去向或下落不明的行李，内心的焦虑是毋庸置疑的。作为服务人员，首先要安抚旅客的情绪。此时，旅客的心里是比较敏感的，若服务人员稍有怠慢，则很容易导致旅客产生不满情绪，从而引发矛盾和冲突。这个时候切忌"事不关己，高高挂起"的态度，要进行换位思考，让旅客感受到自己的诚意。参考语言："先生／女士，我非常理解您此时的心情，如果换作是我，遇到这样的事情，心情也会很糟糕。"其次，代表航空公司向旅客致以歉意，让旅客感受到解决问题的态度。

（2）详细询问，了解情况。面对少收行李的异常情况，服务人员需要仔细询问旅客相关信息，核实行李少收发生的事实，核实具体责任的承担。具体询问旅客情况，询问旅客是否有随行同伴，告知姓名、人数和当时地点，排除丢失行李被其同伴错领的可能；询问旅客的客票情况（核实是否具有行李牌），查验票证，进一步了解行李少收的原因（迟交运、行李错拿、错挂、中转、改签等），核实旅客行李申报是否属实。核实的依据包括：托运行李记录；是否支付逾重行李费用；行李牌号；行李牌或其他免责行李牌的目的地；AHL电报注明的行李牌号。一旦旅客申报属实，则进入查找阶段。

（3）依据线索，多方查找。在查找之前，应及时告知旅客查找行李的相关程序，查找所需的大致时间和查找后可能出现的几种结果。提前告知，一方面让旅客了解服务人员的工作进展，另一方面合理调整心理预期，缓解旅客焦虑的情绪。查找的大致线索是：对照本站多收行李记录、外站多收行李和运送行李电报查询丢失行李，进行本站查询、相关航站电报及电话查询。在本站对飞机、装卸设备、海关、货运部门及可能经过的地点进行检查，查找丢失行李。

（4）查找未果，解释说明。现场查询一段时间，仍未发现行李线索，服务人员及时进行解释说明，如实告知旅客，详细告知旅客接下来的查询步骤：首先填写"行李运输事故记录单"，附上旅客提供的行李牌的旅客联合登机牌；接着根据"行李运输事故记录单"向各承运航空公司的行李查询部门和本公司的行李查询中心拍发AHL电报；接着对这次少收行李事件的处理进行登记；然后根据情况请旅客填写遗失物件问卷，最后根据旅客的实际情况和航空公司的规定支付临时生活用品补偿费用。关于补偿费用的支付，一定要耐心与旅客作出解释，力求既能满足旅客的实际需要，又不违反航空公司的有关规定。

（5）定期联系，告知进展。接下来的查询工作并没有结束。服务人员需定期或在规定的时限内告知异常行李查询的进展情况。如果少收行李到达，及时联系旅客并将行李完好地交付旅客。

（6）确认丢失，进行理赔。通过长时间、多渠道查询，仍旧没有行李下落，超过规定期限后，可以确认行李丢失。一旦确认丢失，及时联系旅客，并就赔偿问题进行协商。协商的原则是既不损害航空公司的利益，又能充分考虑旅客的实际情况，这需要服务人员与旅客进行真诚有效的沟通。

> **职场小贴士**
>
> 错收行李的处理原则
>
> （1）旅客乘坐航空公司航班至终点站或中转站时，航空公司有责任负责处理整个少收行李的查询和处置业务，直到最终解决，无论该旅客是否继续旅行或者已经找到行李。
>
> （2）当乘坐航空公司航班的旅客在中转站发现行李丢失后，本公司行李查询部门应该在该旅客到达最终目的地前向中转站或终点站拍发 AHL 电报查询丢失行李。
>
> （3）除有义务为旅客提供查询服务外，在旅客乘坐航空公司航班时发生少收行李，属于以下任何一种情况，航空公司不承担运输责任（即不予支付临时生活费用、不予赔偿、不承担运送费用及报销车费等）：
>
> 1）不能出示全程机票或登机牌；
> 2）不能出示行李牌存根或证明其托运过行李的证据；
> 3）行李牌存根上的目的地非本航站（非航空公司原因造成）；
> 4）旅客未在航班到达地当场报失，或事后报失不能提供证据证明是由航空公司的原因造成的。

四、污损（破损）行李的处理与沟通

行李污损（破损）是指在运输过程中旅客所托运的行李的外部受到损伤或行李的外部形状改变，因此使行李的外包装或内置物品的价值遭受损失。

（1）受理事件，安抚情绪。当有旅客投诉出现行李破损时，首先应表示对此事件的歉意，尽量安抚旅客的情绪。

（2）查明原因，明确责任。根据行李破损的相关情况进行核实，以查明原因，明确责任。具体处理方法见表3-7。

表 3-7 不同原因造成行李破损的处理

行李破损的原因	处理方法	服务人员的做法
属于在运输过程中的正常现象	承运人不负责任	向旅客耐心解释：因为在正常的行李运输过程中，行李箱包也会受到一定损耗，如轻微的摩擦、凹陷或表面沾染少量的污垢等，告知旅客这些都属于轻微摩擦
行李本身的原因造成的	承运人不负责任	（1）检查行李上是否拴挂"免除责任行李牌"，如有拴挂，属于免责情形之内的不予承担责任； （2）查看旅客行李凭证，查看行李牌上是否注明"行李托运前已破损"或"包装不符合规定"等字样，如果有则不承担责任
行李本身的原因造成的	明确责任，如需赔偿，按规定进行赔偿	会同旅客检查行李外包装的损坏情况：是否有人为的开、撬现象，破损痕迹的新旧、行李本身的包装是否符合规定等，并尽可能明确责任
超过正常损耗的污损或破损	承运人应当负赔偿责任	

（3）承担责任，进行赔偿。一旦责任明确是航空公司的原因造成的，就应承担责任，积极赔偿。这时需请旅客填写"破损行李事故记录单"作为索赔的依据，记录单在填写时应达成一致。比如，针对填写事项对旅客进行说明，特别是涉及专业术语时，更要作出解释，以利于得到旅客的理解，保证后续赔偿问题的顺利解决。同时，还需填写"旅客行李索赔单"，索赔单的填写也要对旅客进行说明，告知航空公司关于赔偿的有关规定，确保旅客合理预期，有助于赔偿问题的妥善处理。

五、托运行李内物品被盗丢失的处理与沟通

在行李运输过程中，有时还会遇到旅客收到托运行李时，外包装完好无损，但行李内物品出现短缺的情况，造成这种情况的原因大多是在运输过程中行李被盗，遇到类似问题的服务沟通应明确以下几点内容。

（1）提出行李内物品被盗的时间。旅客在提取行李时，如果没有提出异议，即视为托运行李已完好交付。事后旅客又提出行李内物品被盗或丢失，除非旅客能提供证明是由于承运人的过失造成的，否则承运人可不承担任何责任，但应协助旅客查找。所以，应明确提出被盗的时间是提取时，还是提取结束后。

（2）关于被盗物品的责任问题。旅客在提取行李时，提出所托运的行李内物部分被盗或丢失，并要求承运人赔偿时，因一时难以明确责任，承运人应详细询问旅客，并请旅客书面提出被盗或丢失物品的价值。如属于承运人责任，应负责赔偿。

（3）关于被盗物品种类、金额的问题。旅客在托运行李内夹带现金、贵重物品等，一旦丢失或被盗，如属于承运人责任，承运人只按一般托运行李承担赔偿责任。

（4）明确责任，查找源头。发现托运行李内物短缺，应立即通知装卸部门和运输部门的值班领导到现场查看情况，检查该到达行李的交付过程，记录卸机、运送行李和交付行李的经办人员名单，尽可能找到疑点。短缺严重的要向保卫部门或公安部门报案。

（5）书面单据，填写记录。

1）会同旅客填制"行李运输事故记录单（P / LOST）"一式两份，一份交旅客作为赔偿凭证，一份留行李查询部门存查。如承运人责任已解决，仅填制一份作为存查之用。

2）填制"行李内物短缺报告"，作为对"行李运输事故记录（PIR）"的补充。

3）填制"行李内物短缺赔偿工作表"是为了较准确地判断托运行李内物被盗或丢失应赔偿的金额，填写此表与"行李运输事故记录（PIR）"和"行李内物短缺报告"共同构成调查和赔偿的依据。

（6）拍发电报，协助查找。向有关航站行李查询部门拍发托运行李内物被盗或丢失电报。有关航站收到电报后，应立即协助查找。若找到，可按"速运行李"运送到查询站。贵重物品、易碎物品或小件物品应交乘务长带到目的站。

职场小贴士

民航地勤服务禁忌

（1）工作时间禁止与旅客、同事交头接耳，闲聊或说笑；

（2）严禁讥笑旅客的生理缺陷；

（3）严禁对旅客抱持轻视、怠慢的态度；

（4）禁止大声喊话；

（5）严禁串岗、脱岗、离岗；

（6）禁止工作时间吃东西；

（7）禁止拨打或接听私人电话（接打手机到后库，固定电话不得打私人电话）；

（8）禁止对旅客不理不问；

（9）禁止在柜台前接待私人朋友或家人；

（10）禁止在旅客面前打哈欠；

（11）禁止不懂装懂、推诿、搪塞旅客；

（12）严禁泄露、盗用旅客的资料；

（13）会员中心所有数据及资料要保证完好，不得有丢失及资料外漏；

（14）每年定期做好会员月的准备工作。

拓展阅读

中国南方航空公司关于行李问题的处理与赔偿标准

（1）行李不正常运输的处理。中国南方航空公司对于行李不正常运输的处理见表3-8。

表3-8　中国南方航空公司对于行李不正常运输的处理

项目	处理方法
国内航班	（1）行李运输发生延误、丢失或损坏，南航或南航地面代理人应会同旅客填写"行李运输事故记录"，尽快查明情况和原因，并将调查结果答复旅客和有关单位。如发生行李赔偿，可在始发地点、经停地点或目的地点办理。 （2）因南航原因使旅客的托运行李未能与旅客同机到达，造成旅客旅途生活不便，南航按规定给予旅客临时生活用品补偿费人民币100元
国际航班	（1）如果旅客的行李发生延误、丢失或损坏，请到南航或南航地面代理人的行李服务柜台，工作人员会与旅客一起填写"行李运输事故记录"，尽快查明情况和原因，并将调查结果答复旅客。如发生行李赔偿，可在始发地点、经停地点或目的地点办理。 （2）因南航原因使旅客的托运行李未能与旅客同机到达，造成旅客旅途生活的不便，应给予旅客适当的临时生活用品补偿费

（2）行李赔偿。要进行行李赔偿，首先应明确责任，属南航承担的责任情况如下：

1）旅客的托运行李从托运时起到交付时止，如发生延误、丢失或者损坏，南航应当承担责任。

2）南航证明为了避免延误损失的发生已经采取了一切必要的措施或者不可能采取措施的，不承担责任。

3）托运行李的损失完全是由于行李本身的自然属性、质量或者缺陷造成的，南航不承担责任。

4）由于旅客行李内装物品造成该旅客伤害或其行李损害，南航不承担责任。由于旅客行李内装物品对他人造成伤害或对他人物品或南航财产造成损害，旅客应当赔偿南航的所有损失和由此支付的一切费用。

5）对于旅客在托运行李内夹带的不得作为托运行李运输的物品的丢失或损坏，南航只按一般托运行李承担赔偿责任。

6）在联程运输中，南航仅对发生在南航承运的航线上的行李损失承担赔偿责任。

中国南方航空公司关于行李赔偿的规定见表3-9。

表3-9 中国南方航空公司关于行李赔偿的规定

项目	相关规定
国内航班	（1）赔偿限额。 1）旅客的托运行李全部或部分损坏、丢失，赔偿金额每千克不超过人民币100元。如行李的价值每千克低于100元时，按实际价值赔偿。 2）旅客丢失行李的重量按实际托运行李的重量计算，如果无法确定丢失的行李重量，每一旅客的丢失行李最多只能按该旅客享受的免费行李额赔偿。 3）行李损坏时，按照行李降低的价值赔偿或负担修理费用。行李箱损坏，赔偿金额按行李箱自身重量每千克不超过人民币100元。 4）旅客的丢失行李如已办理行李声明价值，南航应按声明的价值赔偿。行李的声明价值高于实际价值时，按实际价值赔偿。 5）由于发生在上、下飞机期间或飞机上的事件造成旅客的自理行李和免费随身携带物品灭失，南航承担的最高赔偿金额为每位旅客不超过人民币3 000元。 6）行李赔偿时，对赔偿行李收取的逾重行李费应退还，已收取的声明价值附加费不退。 7）构成国际运输的国内航段，行李赔偿按适用的国际运输行李赔偿规定办理。 8）已赔偿的旅客丢失行李找到后，南航应尽快通知旅客。旅客可将自己的行李领回，退还全部赔款，但临时生活用品补偿费不退。发现旅客有明显的欺诈行为，南航有权追回全部赔偿。 （2）赔偿要求。旅客的托运行李丢失或损坏，应按索赔期限向南航或南航地面服务代理人提出赔偿要求，并随附客票或行程单（影印件）、行李牌识别联、"行李运输事故记录"、证明行李内容和价格的凭证及其他有关的证明。 （3）索赔期限。托运行李发生损失时，如有索赔要求，有权提出索赔的人应当在发现损失后向南航书面提出异议。托运行李发生遗失的，至迟应自收到托运行李之日起7～21天内提出；破损或污损行李必须在离开行李认领区域前向承运人（或其代理人）提出申明办理运输事故记录，并且在提出申明之日起7天以内提出索赔；托运行李发生延误的，至迟应自托运行李交付旅客处置之日起21天内提出
国际航班	（1）赔偿限额。 1）对于符合《蒙特利尔公约》条件的航班，每名旅客托运行李和非托运行李赔偿限额为1 131特别提款权。 2）对于符合《华沙公约》标准的航班，行李赔偿限额为每千克17特别提款权。如行李的实际损失低于此标准，将根据行李的实际损失进行赔偿。非托运行李的赔偿限额为332特别提款权。 特别提款权的价值约为1.37美元，其兑换率可上下浮动。 3）如果客票内未记录托运行李的重量，则用于计算赔偿额的行李重量不得高于该旅客相应舱位等级所享受的免费行李额。 （2）索赔和诉讼时限。 1）提出异议时限。 ①旅客在发现托运行李发生损失的情况下，须立即向南航提出异议，最迟应从收到行李之日起7个工作日；在行李延误的情况下，任何异议最迟应从行李交付旅客之日起21个工作日提出； ②任何异议必须以书面形式在上述规定的时限内提出。 2）索赔诉讼应在飞机到达目的地之日起，或从飞机应该到达之日起，或从运输终止之日起2年以内提出

模块小结

民航地勤工作包括电话咨询、售票、候机、值机、安检、行李提取等服务岗位，各岗位服务沟通均以语言沟通为主，辅以恰当的身体语言为旅客传达更加专业、舒适的沟通感受。民航服务人员应结合各岗位工作特点，运用恰当的沟通方式与沟通技巧，为旅客创造舒适良好的旅行体验。

岗位典型工作任务实训

1. 岗位实训项目

地勤服务沟通训练。

2. 岗位实训内容

将学生分成两组：一组模拟旅客；另一组模拟民航服务人员。

3. 岗位实训要求

模拟民航电话咨询、购票、候机、值机、安检、行李提取等服务，针对不同岗位的特性与旅客进行沟通，为旅客提供服务，总结与旅客顺畅沟通的技巧。

4. 岗位实训心得

_____
_____
_____
_____
_____
_____
_____

▲ 在线答题

模块四
客舱服务沟通技巧

1. 了解客舱服务内容；
2. 熟悉客舱服务沟通要求；
3. 掌握客舱旅客服务沟通技巧。

能够运用合适的服务语言和沟通技巧为旅客提供民航客舱的迎送、巡视、广播、送餐等服务。

1. 爱岗敬业，秉承"客户至上"的服务原则，用简洁、明了、准确的语言进行有效沟通；
2. 培养正确的沟通态度和沟通技巧，使沟通环境更加和谐，提高客舱服务质量。

案例导入

　　××航班上，头等舱满客，还有5名VIP旅客。2排D座是一位外籍旅客，入座后对乘务员还很友善，并不时地和乘务员扮鬼脸开玩笑。飞机起飞后，这名外籍客人一直在睡觉，乘务员忙着为VIP客人和其他客人提供餐饮服务。两个小时后，没想到这名外籍旅客忽然怒气冲冲地走到服务台前，大发雷霆，用英语对乘务员说道："两个小时的空中旅行时间里，你们竟然不为我提供任何服务，甚至一杯水都没有。"说完就返回座位了。

　　旅客突如其来的愤怒使乘务员们很吃惊，头等舱乘务员很委屈地说："乘务长，他一直在睡觉，我不便打扰他呀。"说完立即端了杯水送过去，被这位旅客拒绝了；接着她又送去一盘点心，旅客仍然不予理睬。乘务长眼看着飞机快要降落了，想到不能让旅客带着怒气下飞机。于是，灵机一动，她和头等舱乘务员用水果制作了一个委屈脸型的水果盘，端到客人面前，慢慢蹲下来轻声说道："先生，我非常难过。"那位旅客看到水果拼盘制成的脸谱很吃惊，"真的，为什么难过呀？"乘务长说："其实在航程中我们一直都在关注您，飞机起飞后，您就睡着了，我们为您盖上了毛毯，关闭了通风孔，后来我发现您把毛毯拿开了，继续在闭目休息。"旅客的情绪开始缓和，并微笑着说道："是的，你们如此真诚，我误解你们了，或许你们也很难意识到我是睡着了还是闭目休息，我为我的粗鲁向你们道歉，请原谅。"说完他把那个表示难过的水果盘旋转360°，使水果盘成了一个有开心笑容的果盘。

　　服务语言是旅客对服务质量评价的重要标准之一，案例中乘务长运用得体的语言、耐心的态度化解了旅客的不满情绪，赢得了旅客的好感。

模块四 客舱服务沟通技巧

单元一 客舱迎送服务沟通

乘客登机与乘务员初次见面的第一印象十分重要，它将决定后续工作的定位和乘客对这家航空公司的评价。应当牢牢把握乘客的心理，从第一印象开始做起，树立起良好的航空公司形象和个人的形象。客舱迎送服务包括迎客、送客两个环节。乘务员站在机舱门口及客舱内迎送旅客，是代表航空公司、乘组对乘坐本次航班的全体旅客表示礼仪上的欢迎或送别。周到的迎接，可以带给客人宾至如归的感觉；美好的送别，可以给客人留下美好的回忆。

一、明确客舱迎送服务沟通要求

舒心的问候，对于融洽乘务员与乘客之间的感情有很大的促进作用。在客舱迎送服务过程中，乘务员要用礼貌的语言向乘客表示亲切的问候和关怀。

迎送服务沟通的基本要求包括：

（1）感情真挚。真挚才会亲切感人。

（2）运用问候的礼貌用语，如称老人为"爷爷""奶奶""老人家"；称长辈"伯父""伯母""叔叔""阿姨"等；称同学"小×""老×"等；称儿童为"小朋友""小宝宝"等。

（3）积极主动，服务热情。空乘人员向乘客问候一定要积极主动，这是职业和礼貌的要求，也会让空乘在此后的沟通和服务中取得主动。如果问候不主动，有可能因为乘客的走动、接听手机、与他人交流而错过问候乘客的时机。此外，如果乘客先于自己问候，空乘人员一定要反过来问候乘客，不能态度冷漠。

（4）语言要清晰、声音洪亮、语气柔和。

1）空乘人员问候乘客时，应声音洪亮，确保乘客能听得见。特别是在早晨、午后、傍晚乘客神经尚未完全兴奋起来时，大声地问候会使乘客感到兴奋，也给乘客留下鲜明突出的印象，有利于服务气氛的开朗、活跃。

2）空乘人员问候乘客时，应语言清晰。无论是中文还是英文问候，力求发音准确，吐词清晰，确保乘客听得清楚，不要含混不清，也不要语速过快，更不要应付了事，否则就达不到问候的目的。

3）空乘人员问候乘客时，应语气柔和，确保乘客听得舒服。语气生硬，便失了友善，不仅容易引发旅客误会，甚至会起到相反效果。

（5）问候要注意人物、时间及乘机状况。乘客的情况千差万别，他们身份不同、目的不同，所以，绝不可千人一样的问候。例如，对于行李过多的乘客，可以说"欢迎登机，我来帮你吧"；对于匆匆赶来的乘客，可以说"你好，请不要着急，飞机还要等一会儿才起飞";对于生病的乘客,可以说"请不要担心,我们会尽力照顾你的"等,这些都是非常得体的问候。相反,如果对一个悲伤的乘客说"你好",对一个外籍乘客说"你吃了吗?"等,则是不合时宜的问候。

二、掌握客舱迎送服务用语

1. 迎客服务用语

旅客登机前,服务人员应做好准备工作,提前站立在机舱门口迎接旅客登机,主动微笑并向旅客问好(图4-1和图4-2),常用迎客语言包括:

▲ 微课:航前机组协同

▲ 图4-1 客舱登机迎宾服务

▲ 图4-2 客舱行礼服务

(1)您好!早上好!中午好!晚上好!欢迎您登机,见到您很高兴!

(2)很乐意为您服务!

(3)您好,欢迎您的到来!

(4)您好,欢迎您选择××航空公司的班机!

(5)需要我帮您安排座位吗?

(6)您的座位号码在行李架下方有亮灯指示/您的座位号码在行李架的边缘处,请您对号入座。

(7)您的行李物品请有秩序地摆放入行李架内,谢谢!/小件物品可以放入座椅下方靠前位置,谢谢!

(8)先生/小姐:您好!请您侧身让身后旅客先过去,以避免客舱拥堵。谢谢!(适用于机舱通道堵塞时)

(9)先生/小姐:请您出示一下登机牌/可以看一下您的登机牌吗?不好意思,您的座位在×排×座,是前面/后面的座位,您这边请!(适用于旅客坐错座位需要调整时)

(10)为确保飞行安全,保持飞机配载平衡,请您按登机牌上的号码对号入座(适用于旅客未对号入座时)。

(11)对于延误时登机迎客应采用:"欢迎您,让您久等了/您辛苦了。"

(12)当通道被堵塞时应采用:

1)先生/小姐,您好!请您侧身让身后旅客先通过,谢谢!

2）对不起！请您先入座。您的行李一会儿我来帮您安排好吗？请您让后面的旅客先通过！

2. 送客服务用语

（1）再见，期待您的再度乘坐！
（2）谢谢您的支持！
（3）旅途愉快，祝您旅程顺利！
（4）请您走好！请慢走！
（5）请小心台阶！

职场小贴士

迎送服务的微笑要求

微笑的基本要求包括：
（1）微笑要甜美，迎客时笑得美丽、自然大方、亲切友善。
（2）微笑要适度，要有分寸，迎接旅客时不可发出声音或毫无顾忌地张嘴大笑。
（3）微笑要适时，注意对象和场合，要懂得善解人意。
（4）微笑要诚恳，迎接旅客时，要发自内心地感谢对方搭乘班机。
（5）微笑要纯洁，没有丝毫混杂的念头，只是映衬着内心的心情，是最简单的动作。
（6）微笑要温暖，要从目光中流露，从内心流露，富有感染力。

单元二　安全检查沟通

客舱安全示范和检查服务是一项非常重要的工作，一般在旅客安放好行李、落入座位后进行，外场乘务员要进行客舱安全示范，进行安全检查。安全检查包括起飞前和下降前的检查。具体内容包括调直椅背、收起小桌板、拉开遮阳板、系好安全带、扣上行李架、检查紧急出口和通道是否顺畅、提醒旅客手机一定要关机等。由此可见，安全检查是一项十分重要的工作。

一、明确安全检查沟通要求

安全检查工作中与旅客进行沟通，首先要在服务过程中，养成设身处地地考虑服对象的感受、立场、利益、需求的良好服务习惯。空乘人员要善于察言观色,有良好的倾听能力,能迅速判断乘客的情况、心理和服务需求,尽量站在旅客的立场上,力求听懂旅客的话外之音或欲言又止之处。不看对象、场合,千篇一律地应答或服务是非常不合适的,乘务员面对的旅客来自不同国家和地区,文化层次不同,职业、年龄、地位不同,风俗习惯不同,因此,必须注意区别对待,以满足每位旅客的心理需求和服务需求。

安全检查过程中与旅客沟通应做到(图4-3):

1. 明确要求

乘务员应清楚安全检查的具体要求,明确告知旅客。还要针对容易出现问题的地方进行提示,例如,在起飞下降阶段,空座位上不能放除衣物以外的其他物品;旅客空余座位不能放眼镜、手机等小件物品;旅客不能将包带拽在手上,也不能将小件物品放在通道中间、脚后面或靠在壁板的位置上;紧急出口座位上,起飞、下降阶段不能有任何物品等。要明确告知旅客,飞机起飞、下降

▲ 图4-3 客舱安全检查

时属于飞行的关键阶段,旅客身上抱着的随身行李应放置在行李架上或前排座椅下方的挡杆内,不可以随意放置,否则一旦发生紧急情况,行李会成为障碍物,影响本人或其他旅客顺利撤离。

2. 把握心理

在进行安全检查时,并不是所有旅客都会认真配合,有的甚至还态度不好,牢骚满腹:"就你们公司要求多!""如果东西放在行李架上丢了怎么办?",等等,对此,乘务员应充分把握旅客的心理,进行换位思考。一般来说,旅客不愿意按要求放置行李,主要有以下几种情况:

(1)有些女士因为在飞行中要取用物品,包放在身上比较方便。

(2)包内有贵重物品或大量现金,害怕遗失或被盗。

(3)拎包比较名贵,放在行李架上怕被挤压,放在地上怕弄脏。

(4)惯性心理,乘坐其他航空公司时从来没有遇到过这样的要求等。

针对旅客的不同心理,要给出不同的解决办法。例如,针对前两种情况,给出的建议就是把包放在前排座位下方的挡杆内,既取用方便,又便于照看。针对第三种情况,可以拿一个毛毯袋垫在拎包的下方。

3. 委婉解释

面对不配合的旅客,委婉解释就非常有必要。要跟旅客耐心解释安全的重要性,告知原因,注意语气委婉,切忌机械地让旅客执行安全规定,不做解释,且态度生硬。

4. 注意事项

(1)正确的站姿与蹲姿。

1)与旅客进行站姿沟通时,应注意:上身挺直,头摆正,目光平视,将下颚微微收回,面带微笑。

2)与旅客进行蹲姿沟通时,应注意:应该在目光视线下有准备地下蹲,双腿最好保持一前一后,腰脊挺直优雅地蹲下,不要突然下蹲,不要与人过近,不要丧失方位和距离,不要毫无遮掩,不要蹲在椅子上,不要蹲着休息。

(2)语言沟通中的微笑礼仪。微笑具有传递信息、沟通感情的作用,一个简单的微笑常常能够消除人与人之间的陌生感,拉近彼此的距离。与旅客进行沟通时,应注意眼睛笑、眼神笑、嘴角上翘,给人亲切的感觉,以减轻旅客身体和心理上的压力。

(3)及时了解旅客需求并进行处理。通过正确的交流及时了解旅客需要哪些帮助,并及时为旅客提供帮助,创造良好的客舱氛围。

拓展阅读

客舱中的目光礼仪

人们常说眼睛是心灵的窗户,它能表达出人们最细微、最精妙的内心情思。从一个人的眼睛中,往往能看到他的整个内心世界。一个良好的交际形象,目光应该是坦然、亲切、和蔼、有神的。特别是在与人交谈时,目光应该是注视对方,不应该躲闪或游移不定。在整个谈话过程中,目光与对方接触累计应达到全部交谈时间的三分之二。

乘务员的职业是与人打交道的典型服务行业,职业特点是通过乘务员的语言、目光、微笑和仪态共同传递的,如果某一个环节没有做好、出了问题,就会适得其反,不仅给航空公司的形象带来负面影响,同时,个人形象也会受到损害,因此,要关注每一个细节,在与乘客打交道时,应做到尽善尽美,如图4-4所示。

(1)基本要求。

1)服务中,需要使用积极热情、专注诚实、坚定友善的目光,以此赢得乘客的信赖。

▲ 图4-4 目光礼仪

2)避免左顾右盼、上下打量、挤眉弄眼或者逃避对方的目光。

3)与乘客沟通时,一定要注视乘客,不要东张西望,不要心不在焉、玩弄手里的东西或者不停地看手表,这都是很不礼貌的行为。

4)与异性沟通时,应选择尊重、有礼貌的目光。

(2)客舱服务中常见的目光。

1)迎宾时的目光:迎宾时,3米之内,目光真诚地注视对方,以示期盼。

2)送客时的目光:送客时,目光向下,以示谦恭。

3）会谈时的目光：会谈时，目光平视，表示自信、平等、友好。
4）倾听时的目光：倾听时，目光专注，适时回应，及时反馈。
5）见面时的目光：见面时，凝视对方的时间一般为1～2秒，初次见面不超过10秒。

（3）客舱服务中的忌讳目光。

1）与旅客交谈时，应该尽量把目光局限于上至对方的额头，下至对方上衣的第二颗纽扣以上。对禁区、敏感区应该回避，否则会被认为是无礼。

2）服务中不可使用斜视、上下打量、轻蔑或挑衅的目光，否则容易引发旅客的不满。

3）不可长时间盯着旅客的眼睛，不可咄咄逼人、自以为是、唯我独尊。

4）不可使用躲躲闪闪的目光，否则会给人不自信、逃避为旅客解决问题的感觉。

二、掌握安全检查用语

安全检查用语包括：
（1）飞机准备起飞了，请确认您的安全带已经系好。
（2）先生/小姐，请您收起小桌板，谢谢！
（3）先生/小姐，请您调直座椅靠背/您的座椅靠背还有些靠后，我再为您调整一下好吗？谢谢！
（4）先生/小姐，请您关闭手机电源，谢谢。
（5）先生/小姐，请您关闭所有电子设备。
（6）先生/小姐：您好！请你协助我们打开遮光板（适用于靠窗旅客），谢谢。
（7）先生/小姐：您好！请问毛毯可以回收了吗？如果您还需要使用，请您在离机时放在座位上，谢谢。

▲ 微课：空乘的岗位职责（安全管理）

单元三　客舱巡视服务沟通

客舱巡视（空中实施阶段）是体现乘务员服务技能和服务技巧的重要环节，是乘务员在工作中的一种常态，直接关系到航空公司的服务质量和声誉（图4-5）。客舱巡视可以及时发现问题并解决问题，可以针对乘客的不同需求，一对一地提供服务。许多特殊的服务就是在巡视客舱时发现并得到解决的。当乘务员以优雅的气质、端庄的仪态、柔美的表情，面带微笑，步态轻盈地走进客舱时，会给旅客带来安全、祥和、舒适、美好的感受。

一、明确客舱巡视沟通要求

1. 拒绝

在空中服务过程中，乘务员会尽量满足旅客合理而可能的需求，但不可能满足旅客的所

▲ 图4-5 客舱巡视服务

有需求。所以在特定情况下，要学会说"不"。这时掌握拒绝的沟通技巧就非常有必要。比如，一次航班起飞前，一位男性旅客一直在使用手机，经乘务员反复劝说后，该旅客还是不听劝阻，甚至扬言要投诉她。再如，飞机下降时卫生间是不能使用的，但有的旅客正好需要，否则他就投诉……乘务员常常要忍住委屈做好解释工作。乘务员在旅客提出的无理要求时应做到措辞得当、态度诚恳且把握一定的分寸，既回绝了旅客的要求，又不要让旅客处于尴尬的境地。因此，在客舱巡视进行服务时，乘务员应做到以下几点：

（1）真诚致歉。遭人拒绝是一件令人尴尬的事，所以，拒绝旅客某些不合理要求时态度一定要真诚，即使要求不合理也要委婉地说："真的很抱歉，没能帮上您的忙，还请您原谅。"这样旅客会比较容易接受。如有个别旅客很喜欢飞机上的小毛毯或小餐具，但民航公司规定这些东西是必须清点回收的，此时运用语言技巧进行拒绝必不可少。注意，要耐心解释民航公司规定，不要因为旅客不知情而流露出对旅客的责备语气。

（2）婉言回绝。用委婉的方式从侧面拒绝或用模糊语言回避对方的锋芒。如在飞机上乘务员手中正拿着饮料，某旅客要求撤走空杯子，乘务员说："请您帮助递过来好吗？"该旅客十分不满，脱口而出："我递杯子，用你干吗？"乘务员装作未听清，面带微笑问道："先生，您需要我做什么？"该旅客的同伴连忙把杯子递过来，一场矛盾无形中被化解。

（3）化解不满。如旅客对飞机设施不满发牢骚，乘务员可先感谢对方对民航工作的支持和关注，并表示一定及时把该旅客的意见反馈给公司以便及时作出改进。

2. 说服

（1）对航班不文明行为的说服。说服他人不是件容易的事情，将会遇到种种有形、无形的抗拒。要有效说服更难，这不仅要求说服者的人品令人信服，而且要以对方关心的事为话题，符合对方的理解思路。一般来说，应从赞赏和鼓励开始，给对方留有余地，让对方能够理解自己的难处和航空公司的规定，沟通氛围保持融洽。如果处理不好，就有可能引起冲突，从而影响航空公司的形象。

（2）对违规旅客的说服。

1）旅客违反安全规定时要及时制止，但要注意方法，尽量避免矛盾激化，否则会造成更多的冲突。如按照航空公司的规定，不允许私自穿救生衣。可有的旅客在乘务

员演示时，非常好奇地把救生衣拿出来了，这时乘务员要立即进行制止和说服，并说明利害关系。可先从旅客的角度入手："这位先生（女士），您好！我很理解您对飞机上的救生设备非常好奇。但这种救生衣是一次性用品，您打开后它就报废了，万一飞机遇到危急情况时，您和他人的生命就得不到保障了。"

2）处理手段应视旅客行为带来的后果（是否危及飞行）及旅客行为的性质（无意或有意）而定。乘务员在迎客时应注意观察，及时制止旅客的不当行为。例如，旅客已经将机上设备拿下来放上了自己的行李，乘务员应巧妙地询问行李的主人是谁，然后帮其找到一个妥善的位置，最后再礼貌地解释此位置是用于存放应急设备的，希望旅客能够理解并配合。在处理事情上应顾全大局，把握好"度"。在自己能力范围内可以解决的，可事后向机长汇报，以免干扰机长的正常工作，避免因处置过度而造成航班的延误。

3. 处理飞机延误

当发生飞机延误时，旅客普遍情绪烦躁，乘务员要用加倍周到的服务来缓解旅客的烦躁和焦虑。同时，要在解释时阐明航空公司是以安全为根本的，以求得旅客的理解和支持。

例如，某航空公司接到投诉，原定晚上 20:40 起飞的飞机，延误到了零点起飞，旅客在登机时发现接待旅客的两位乘务员有说有笑。很显然，两位乘务员此时的表现就很容易引起旅客的不良情绪。在飞机延误情况发生时，乘务员需要进行换位思考，充分体谅旅客的心情，更加耐心地去安抚旅客的情绪，不能在此时摆出"事不关己，高高挂起"的态度，可以礼貌地解释："尊敬的旅客，很遗憾由于某种原因，航班延迟了，现在故障排除，我们可以马上开始愉快的旅程，我们将更周到地为您服务。"

二、掌握客舱巡视用语

客舱巡视用语包括：

（1）先生 / 小姐：您好！请问有什么需要吗？请问有什么可以帮您的吗？

（2）请问需要为您打开阅读灯吗？

（3）请问客舱的温度您感觉还合适吗？

（4）请问您的小桌板需要清理吗？

（5）请问您需要办理会员卡吗？

（6）请您让开过道，以便让其他旅客通过。

（7）如果您需要任何帮助，请按呼唤铃。

（8）如果您想阅读，请打开阅读灯。

（9）如果您需要休息，可以按住座椅扶手上的按钮，身体向后仰，放倒座椅靠背。

（10）这是通风孔，您可以把它向任意方向调节，或向右旋紧关掉。

单元四 客舱广播沟通

客舱广播室是用艺术语言传达情感的,这需要乘务员能说标准的普通话和流利的英语。乘务员在努力学好业务知识的同时,应加大训练普通话和英语口语的力度。由于广播器传出的效果是只闻其声,不见其人,因此就要求广播员在广播时应做到声情并茂,使旅客感觉犹如是在聆听美妙的音乐。在客舱播音中,对象感是广播员在面对话筒,乘务员在眼前没有乘客广播时要努力做到心中有人。在备稿时要对乘客进行设想,在广播时感受到乘客的存在和反应,意识到乘客的心理、要求、愿望和情绪等,并由此调动自己的思想情感,使之有感情地表达情感。如果只是没有情感地广播,则乘客听到的广播将是声调平淡呆板、没有起伏或速度不当的自言自语(图4-6)。

▲ 图 4-6 客舱广播服务

一、明确客舱广播沟通要求

1. 符合规范

乘务员进行广播时,应当按照公司广播手册内容落实各项广播。在特殊情况下,根据航班情况的不同可临时组织广播词。当长航线、夜航或大多数旅客休息时,应酌情减少广播或缩短广播内容。夜航或头等舱、公务舱旅客休息时,在条件允许的情况下,应根据机型分舱广播,避免打扰旅客休息。

2. 控制语速

语速是指乘务员在广播时给旅客听觉的一种接受速度,客舱广播应采用标准语速,若广播语速过快,会让旅客听不清楚,无法理解广播内容;若广播语速过慢,会带给旅客以拖沓、生疏之感。对于不同性质的广播内容,还要把握语气,做到声情并茂。让旅客切实接收到广播内容的价值,收到事半功倍的效果。

3. 表达流利

流利是指广播时吐字清晰，发音准确，内容表达连贯顺畅。广播时，乘务员与旅客之间并不是面对面地交流，不能借助手势、表情等辅助方式，只有发准每一个字、词的读音，才能使旅客准确地接收广播中传递的信息。如果广播时发音不准、吐字不清、语言表达不连贯，则旅客不能正确理解广播内容，从而影响广播的效果。

4. 及时准确

广播是快速传递信息的一种有效途径，是从点到面的单向传播。为了达到广播效果，必须确保广播的及时性和准确性。例如，在飞行中，如果遇到强气流，会使飞机产生较大的空中颠簸。此时，乘务员应立即进行广播，准确传递颠簸信息，才能在最短的时间内通知到所有旅客，提醒旅客注意安全，并根据要求做好安全防范措施。又如，飞机在起飞爬升阶段和落地滑行时如果有旅客离座，应及时进行提醒。

5. 赋予情感

广播质量不仅仅局限于语速、语调，充满情感、富有人情味的广播更易被旅客接受。广播时若缺乏感情、语调平淡，会使人感觉不亲切，让人失去兴趣，使旅客产生一定的排斥心理；相反，如果把握好广播时的情感，就能引起旅客注意，使广播达到预期效果。

6. 注意事项

（1）播音词大体上采用短小精练的写法，内容精练、文字简洁、准确，篇幅短小，层次清晰。

（2）播音要做到播出时层次结构清晰、条理清楚，必须从具体的服务和安全管理入手，进行深入细致的分析。

（3）客舱播音要使用普通话、英语两种以上语言，同一内容应使用汉语普通话和英语对应播音。广播内容应准确，播音应清晰、纯正、柔和、言简意赅。

（4）语调生动，表达灵活。根据需要，分出轻重缓急，分清抑扬顿挫，而且要能够根据不同内容传达出不同的思想感情。

（5）语速适当。要抓住内容特点，播音节奏流利和谐，缓急结合。

（6）声音圆润、自然，吐字清晰。注意克服发音吐字方面的不良习惯，如鼻音、虚音、喉音等，做到字正腔圆、悦耳动听，清晰而富有节奏感。

（7）航班信息类播音是候机楼广播中最重要的部分，用语要求表达准确、逻辑严谨、主题清晰。

二、掌握客舱广播用语

客舱广播用语（以中国南方航空公司为例）如下：

1. 登机广播

亲爱的旅客朋友们：

欢迎来到南航"空中之家"。当您进入客舱后，请留意行李架边缘的座位号码并对号入座。您的手提物品可以放在行李架内或座椅下方。请保持过道及紧急出口的通畅。如果有需要帮助的旅客，我们很乐意协助您。南方航空愿伴您度过一次温馨愉快的空中之旅。谢谢！

2．舱门关后

亲爱的旅客朋友们：

飞机客舱门已经关闭。为了您的安全，飞行全程请关闭手提电话及遥控电子设备。飞机平飞后，手提电脑可以使用，但下降前请关闭。在本次航班上，请您不要吸烟。现在请确认您的手提电话是否已关闭。谢谢您的合作！

3．致辞

（1）正常情况1（鞠躬）。

尊敬的女士们、先生们：

你们好！我是本次航班的（主任）乘务长××，首先我代表南方航空向您致以最诚挚的问候，同时感谢明珠俱乐部会员再次加入我们的航程，很高兴又与您相聚南航"空中之家"。

现在向您介绍我的组员：头等舱乘务长××，乘务员××（公务舱乘务长××，乘务员××），普通舱乘务长××，乘务员……我们的团队将精诚合作，为您带来一次轻松愉快的旅途体验！

（2）正常情况2。

尊敬的女士们、先生们：

你们好！我是本次航班的（主任）乘务长××，首先我代表南方航空向您致以最诚挚的问候，同时感谢明珠俱乐部会员再次加入我们的航程，很高兴又与您相聚南航"空中之家"。

我们的团队将精诚合作，为您带来轻松愉快的旅途体验！

（3）短时间延误。

尊敬的女士们、先生们：

你们好！我是本次航班的（主任）乘务长××，首先我代表南方航空向您致以最诚挚的问候。今天由于××（飞机晚到／机场天气不符合飞行标准／航路交通管制／机场跑道繁忙／飞机故障／等待旅客／装货等待／临时加餐）耽误了您的旅行时间，希望能得到您的谅解。

现在向您介绍我的组员：头等舱乘务长，乘务员××（公务舱乘务长××、乘务员××），普通舱乘务长××，乘务员……我们的团队将精诚合作，为您带来轻松愉快的旅途体验！

（4）长时间延误。

尊敬的女士们、先生们：

你们好！我是本次航班的（主任）乘务长××，今天由于××（飞机晚到／机场天气不符合飞行标准／航路交通管制／机场跑道繁忙／飞机故障／等待旅客／装货等待）造成了较长时间的延误，耽误了您的行程，给您带来了诸多不便,在此,我们深表歉意。我们机组全体成员愿通过加倍的努力、真诚的服务来答谢您对我们工作的支持与配合。谢谢!

(5)支线航班。

尊敬的女士们、先生们:

你们好!我是本次航班的乘务长××,今天很荣幸由我和我的组员××与您一起共度这段愉快的空中之旅,愿我们真诚的服务能为您的旅途增添一份美好体验。谢谢!

4. 安全演示

(1)安全演示录像。

女士们、先生们:

现在我们将为您播放安全演示录像,请注意观看。如有疑问,请随时与乘务员取得联系。谢谢!

(2)安全演示示范(图4-7和图4-8)。

▲ 图4-7 客舱安全演示

▲ 图4-8 紧急出口须知介绍

现在客舱乘务员将为您介绍机上应急设备的使用方法及紧急出口的位置。

救生衣在您座椅下面的口袋里(座椅上方),仅供水上迫降时使用。在正常情况下请不要取出。使用时取出,经头部穿好。将带子由后向前扣好系紧。当您离开飞机时,请拉动救生衣两侧的红色充气手柄,但在客舱内请不要充气。充气不足时,请将救生衣上部的两个充气管拉出,用嘴向里充气。夜间迫降时,救生衣上的指示灯遇水会自动发亮。

氧气面罩储藏在您座椅上方。发生紧急情况时,面罩会自动脱落。氧气面罩脱落后,请用力向下拉面罩。将面罩罩在口鼻处,把带子套在头上进行正常呼吸。在帮助他人之前,请自己先戴好。

在您座椅上有两条可以对扣的安全带。当"系好安全带"灯亮时,请系好安全带。解开时,将锁扣打开,拉出连接片。

本架飞机共有几个紧急出口,分别位于客舱的前部、中部和后部。

在紧急情况下,客舱内所有的红色出口指示灯和白色通道指示灯会自动亮起,指引您从最近的出口撤离。

模块四　客舱服务沟通技巧

在您座椅前方的口袋里备有"安全须知",请您尽早认真阅读。

谢谢您的留意!

5. 起飞前安全检查

（1）白天。

女士们、先生们:

我们的飞机很快就要起飞了,请您配合客舱乘务员的安全检查,系好安全带,收起小桌板,调直座椅靠背,靠窗边的旅客请您协助将遮光板拉开。

谢谢您的合作!祝您旅途愉快!

（2）夜间。

女士们、先生们:

我们的飞机很快就要起飞了,请您配合客舱乘务员的安全检查,系好安全带,收起小桌板,调直座椅靠背,靠窗边的旅客请您协助将遮光板拉开。同时,我们将调暗客舱灯光,如果您需要阅读,请打开阅读灯。

谢谢您的合作!祝您旅途愉快!

6. 驾驶舱发出起飞信号后

女士们、先生们:

飞机很快就要起飞了,请您再次确认是否系好安全带。谢谢!

乘务员各就各位。

7. 起飞后广播

（1）国内航班。

尊敬的女士们、先生们:

（欢迎您乘坐CZ××航班,本次航班为南方航空公司和××航空公司的代码共享航班）。

我们的飞机已经离开××前往××（中途降落）,由××至××的飞行距离是××千米,飞行时间××小时××分,预计到达××机场的时间是××点××分。

沿着这条航线,我们将飞经××（省/自治区）,经过的主要城市有××。我们还将飞越（海洋、山脉、河流、湖泊）。

在飞行全程中,可能会出现因气流变化引起的突然颠簸,我们特别提醒您,请注意系好安全带。

旅途中,我们为您准备了（正餐/点心/小吃）及各种饮料。（为了丰富您的旅途生活,我们还将为您播放机上的娱乐节目。）如果您需要帮助,我们很乐意随时为您服务。

"心飞白云深处,爱在天上人间。"能为您提供最优质的服务,伴您度过轻松愉快的旅程,是我们全体机组成员的荣幸。谢谢!

（2）国际/地区航班。

尊敬的女士们、先生们:

（欢迎您乘坐CZ××航班,本次航班为南方航空公司和××航空公司

的代码共享航班)。

我们的飞机已经离开××前往××(中途降落),由××至××的飞行距离是××,沿着这条航线,我们将飞经××(国家/省/区、城市),经过的主要城市有××,我们还将飞越(海洋、山脉、河流、湖泊)。

在飞行全程中,可能会出现因气流变化引起的突然颠簸,我们特别提醒您,请注意系好安全带。

旅途中,我们为您准备了(正餐/点心/小吃)及各种饮料。(为了丰富您的旅途生活,我们还将为您播放机上的娱乐节目。)在供餐之后,有免税商品(和卫星电话卡)出售,欢迎选购。如果您需要帮助,我们很乐意随时为您服务。

"心飞白云深处,爱在天上人间。"能为您提供最优质的服务,伴您度过轻松愉快的旅程,是我们全体机组成员的荣幸。谢谢!

(3) 短程航线。

尊敬的女士们、先生们:

(欢迎您乘坐CZ××航班,本次航班为南方航空公司和××航空公司的代码共享航班)。

我们的飞机已经离开××前往××,由××至××的飞行距离是××千米,飞行时间××小时××分,预计到达××机场的时间是××点××分。在此,我们特别提醒您,飞行全程中请系好安全带。

沿着这条航线,我们将飞经××(省/自治区),经过的主要城市有××,我们还将飞越(海洋、山脉、河流、湖泊)。旅途中,我们为您准备了(正餐/点心/小吃)及饮料。如果您需要帮助,我们很乐意随时为您服务。

"心飞白云深处,爱在天上人间。"能为您提供最优质的服务,伴您度过轻松愉快的旅程,是我们全体机组成员的荣幸。谢谢!

8. 电影节目

(1) 可选择频道的飞机。

女士们、先生们:

为了丰富您的旅途生活,我们将为您播放南航银翼天地机上娱乐节目。希望您能喜欢。请您使用耳机,并调节座椅扶手上的音频系统,选择您所喜爱的节目。如需协助,我们十分乐意随时帮助您。谢谢!

(2) 不可选择频道的飞机。

女士们、先生们:

为了丰富您的旅途生活,我们将为您播放南航银翼天地机上娱乐节目。希望您能喜欢。客舱乘务员将向您发放耳机,如需协助,我们十分乐意随时帮助您。谢谢!

9. 餐前广播

女士们、先生们:

我们将为您提供餐食（点心餐）及各种饮料，希望您能喜欢。在用餐期间，请您调直座椅靠背，以方便后排的旅客用餐。如需要帮助，我们很乐意随时为您服务。谢谢！

10. 旅客奖励计划广播

尊敬的旅客朋友们：

"真情回馈，多飞多得"，南方航空明珠俱乐部竭诚邀请您加入我们的常旅客里程奖励计划。如果您想获取申请表或了解更详细的情况，请与客舱乘务员取得联系。谢谢！

11. 填写入境卡

女士们、先生们：

现在我们为您提供申报单和入境卡。（除当地公民外，所有旅客都要填写入境卡。）为了缩短您在××机场的停留时间，请您在飞机着陆前填好，落地后交予海关和移民局的工作人员。

如需要帮助，请与乘务员取得联系，谢谢！

12. 机上免税品销售

女士们、先生们：

我们将进行机上免税品销售，为您提供优质的名牌货品，欢迎选购！各种货品均为美元价格。如果您想了解其他货币标价，请咨询乘务员。（为了方便您的购物，我们可以接受美元旅行支票和国际信用卡。）在您座椅前方的口袋里备有购物指南供您查阅。谢谢！

13. 夜间飞行

女士们、先生们：

为了您在旅途中得到良好的休息，我们将调暗客舱灯光。请保持客舱安静。如果您需要阅读，请打开阅读灯。

我们再次提醒您，在休息期间请系好安全带。如果需要我们的帮助，我们很乐意随时为您服务。谢谢！

14. 飞机颠簸

（1）一时颠簸。

女士们、先生们：

请注意！

受航路气流影响，我们的飞机正在颠簸，请您尽快就座，系好安全带。颠簸期间，为了您的安全，洗手间将暂停使用，同时，我们也将暂停客舱服务。（正在用餐的旅客，请当心餐饮烫伤或弄脏衣物。）谢谢！

（2）持续颠簸。

女士们、先生们：

请注意！

我们的飞机正经过一段气流不稳定区，将有持续的颠簸，请您坐好，系好安全带。颠簸期间，为了您的安全，洗手间将暂停使用，同时，我们也将暂停客舱服务。（正在用餐的旅客，请当心餐饮烫伤或弄脏衣物。）谢谢！

15．预报到达时间（回收毛毯、耳机）

（1）国内航班。

女士们、先生们：

我们的飞机预计在××点××分到达××机场，根据现在收到的气象预报，当地的地面温度为××（现在正在下雨/雪）。（由于温差较大，需要更换衣物的旅客，请提前作好准备）。

飞机即将进入下降阶段，（我们将停止节目播放，谢谢您的欣赏。）请您将耳机和使用过的毛毯准备好，乘务员将前来收取。谢谢！

（2）国际航班。

女士们、先生们：

我们的飞机预计在当地时间××月××日××点××分到达××机场，当地时间比北京时间早/晚××小时。根据现在收到的气象预报，当地的地面温度为××（现在正在下雨/雪）。（由于温差较大，需要更换衣物的旅客，请提前做好准备）。

飞机即将进入下降阶段，（我们将停止节目播放，谢谢您的欣赏。）请您将耳机和使用过的毛毯准备好，乘务员将前来收取。谢谢！

16．各国检疫规定

女士们、先生们：

根据××（国）检疫规定，在××入境的旅客不能随身携带新鲜水果、肉类、植物及鲜花等。如果您已带上飞机，请您在着陆前处理完或交给乘务员处理。谢谢！

17．喷洒药物

女士们、先生们：

根据××政府的要求，我们将对本架飞机喷洒药物。如果您对喷洒药物有过敏反应，我们建议您在喷药时用手绢捂住口鼻。谢谢！

18．下降时安全检查

女士们、先生们：

现在飞机已经开始下降。请您配合我们的安全检查，系好安全带，收起小桌板，调直座椅靠背，靠窗边的旅客请协助将遮光板打开。请您关闭手提电脑及电子设备，并确认手提物品已妥善安放好。同时，我们还要提醒您，在飞机着陆及滑行期间，请不要开启行李架提拿行李物品。（稍后，我们将调暗客舱灯光。）谢谢！

19．驾驶舱发出着陆信号后

女士们、先生们：

飞机很快就要着陆了，请您再次确认是否系好安全带。谢谢您的配合！

乘务员各就各位！

20. 中途落地

（1）国内航班。

女士们、先生们：

我们的飞机已经降落在本次航班的中途站××机场，外面的温度为××。

飞机还需要滑行一段时间，请保持安全带扣好，不要打开手提电话。等飞机安全停稳后，请您小心开启行李架，以免行李滑落，发生意外。

到达××的旅客，请带好您的全部手提物品（先）下飞机，您的交运行李请在到达厅领取。

（旅客下机）：继续前往××的旅客，当您下机时，请带好您的机票/登机牌，向地面工作人员领取过站登机牌，到候机厅休息等候。我们的飞机将在这里停留××分钟左右，您的手提物品可以放在飞机上，但贵重物品请您随身携带。

（旅客不下机）：继续前往××的旅客，请在飞机上休息等候。本架飞机大约在××分钟后起飞。

感谢您与我们共同度过这段美好的旅程！（我们再次感谢您在航班延误时对我们工作的理解与配合。）

（2）国际航班（国内经停）。

女士们、先生们：

我们的飞机已经降落在本次航班的中途站××机场，外面的温度为××。

飞机还需要滑行一段时间，请保持安全带扣好，不要打开手提电话。等飞机安全停稳后，请您小心开启行李架，以免行李滑落，发生意外。

（国内段）：到达××的旅客，请带好您的全部手提物品（先）下飞机，您的交运行李请在到达厅领取。

（国际段）：到达××的旅客，请您准备好护照及全部手提物品前往到达厅办理入境手续，您的交运行李请在到达厅领取。

继续前往××的旅客请注意：飞机在这里大约停留××小时。当您下机时，请向地面工作人员领取过站登机牌。请您在本站办理出（入）境及检疫手续。根据中华人民共和国海关的规定，请将您的全部手提物品带下飞机，接受海关检查。对遗留在飞机上的、未经海关检查的行李物品，将由海关人员处理（国际段：交运行李的海关手续将在××办理）。

（我们将在××更换机组。）感谢您与我们共同度过这段美好的旅程！（我们再次感谢您在航班延误时对我们工作的理解与配合。）

（3）国际航班（国际经停）。

女士们、先生们：

飞机已经降落在××机场。（当地时间××月××日××点××分）外面的温度为××。飞机还需要滑行一段时间，请保持安全带扣好，不要打开手提电话。等飞机完全停稳后，请您小心开启行李架，以免行李滑落发生意外。

到达××的旅客，请您准备好护照及全部手提物品到候机厅办理出（入）境手续，您的交运行李请在到达厅领取。

继续前往××的旅客请注意：

飞机在这里大约停留××小时。当您下机时，请向地面工作人员领取过站登机牌。请在本站办理出（入）境及检疫手续。根据××海关规定，请将您的全部手提行李带下飞机，接受海关检查。对遗留在飞机上的、未经海关检查的行李物品，将由海关人员处理。交运行李的海关手续将在××办理。

（我们将在××更换机组。）感谢您与我们共同度过这段美好的旅程！（我们再次感谢您在航班延误时对我们工作的理解与配合。）

21．终点站落地

（1）国内航班。

亲爱的旅客朋友们：

欢迎您来到××！现在机舱外面的温度为××。

飞机还需要滑行一段时间，请保持安全带扣好，不要打开手提电话。等飞机完全停稳后，请您小心开启行李架，以免行李滑落发生意外。

到达××的旅客，请您准备好护照及全部手提物品到候机厅办理出（入）境手续，您的交运行李请在到达厅领取。（需从本站转乘飞机去其他目的地的旅客，请到候机厅中转柜台办理。）

（我们再次感谢您在航班延误时对我们工作的理解与配合。）

南方航空，伴您一路春风！感谢您选择中国南方航空公司（与××航空公司的代码共享）航班。我们期待再次与您相会，愿南航成为您永远的朋友！

（2）国际/地区航班。

女士们、先生们：

欢迎您来到××！当地时间是××月××日××点××分，现在机舱外面的温度为××。

飞机还需要滑行一段时间，请保持安全带扣好，不要打开手提电话。等飞机完全停稳后，请您小心开启行李架，以免行李滑落发生意外。下飞机时请带好您的护照及全部手提行李物品前往到达厅办理入境手续。您的交运行李请在到达厅领取。（需从本站转乘飞机去其他目的地的旅客，请到候机厅中转柜台办理。）

（我们再次感谢您在航班延误时对我们工作的理解与配合。）

南方航空，伴您一路春风！感谢您选择中国南方航空公司（与××航空公司的代码共享）航班。我们期待再次与您相会，愿南航成为您永远的朋友！

模块四 客舱服务沟通技巧

拓展阅读

客舱广播注意事项

客舱广播礼仪规范如下:
(1) 负责广播的乘务员,必须经过专门培训,取得广播资格证后方可上岗。
(2) 保证部分航线有相应语种的广播。
(3) 广播用语准确、规范,使用专用的广播词,广播员语言亲切自然、音量适中。
(4) 广播语种顺序:中文、英文、相应语种。
(5) 在条件允许的情况下,根据机型分舱广播。
(6) 长航线的夜航飞行,中途开餐时可不进行餐前广播。
(7) 航班延误及时广播通知旅客。
(8) 紧急情况下,带班乘务长负责广播。

单元五 客舱餐饮服务沟通

客舱发放餐饮服务是客舱服务的一项重要内容,一般在飞机平稳后,由乘务员分工进行。一般来说,飞机飞行时间不同,发放的餐饮种类也不同,短距离飞行以饮料和点心为主;飞行时间 1.5 小时以上的航班以饮料、餐食为主。

一、明确客舱餐饮服务沟通要求

餐饮服务也是客舱服务的重要组成部分,不仅影响旅客对航空公司服务的满意度,也反映了航空公司的服务能力。

1. 规范操作

客舱的餐饮服务是一种标准化的服务,要求乘务员的操作技能精准、娴熟,要求体态语规范。这里的体态语主要是指"端、拿、倒、送"的动作操作。如果乘务员"端、拿、倒、送"动作操作不熟练,在递送热饮的过程中不慎洒在旅客身上,不但可能会烫伤旅客,还会给旅客带来不愉快的乘机体验。过硬的服务技能会使服务差错的发生概率大大降低;相反,则容易造成旅客不满,从而影响旅客对客舱服务的整体印象。例如,倒饮料时,如果是热饮,不可过急,以免将热饮溅到旅客身上;倒冷饮时,杯口不可碰到瓶口；倒带汽饮料时，杯子要倾斜一定的角度；拿水杯时，须手指并拢，小指可托于杯底，不可大把抓拿。

2. 主动介绍

在餐饮服务过程中，有一个突出的特点，就是非常尊重旅客的知情权、选择权，会对提供的餐食种类进行详细的介绍，帮助旅客了解与选择。特别是在两舱（即头等舱和商务舱）的餐饮服务中尤为突出。比如，在国际远程航线头等舱的正餐供餐中，就有着非常具体的介绍，具体包括介绍餐食种类及饮料酒水等、介绍面包品种、介绍汤的种类、介绍色拉、介绍水果和奶酪等。通过具体详细的介绍，旅客的知情权、选择权得到了切实的保证，同时也获得了极佳的旅行体验。在经济舱的服务中，主动介绍也是不可缺少的，主动介绍餐食和饮料，可以帮助旅客更好地做出选择。如果在餐饮服务中缺乏主动介绍，就会影响旅客做出选择，从而影响旅客的旅行体验。

3. 小心提醒

由于受气流的影响，客舱经常发生颠簸，这就对旅客的进食提出了更高的要求。为了避免旅客在进食过程中出现意外，乘务员必须做好提醒工作。例如，为年幼旅客提供热饮时，应事先征求监护人的意见，并放于监护人处；当配备热食时，为确保服务安全，与旅客交接必须加强语言提醒，不要将热食直接摆放在餐盒上送出，以免热食滑落。递送时，将热食放在托盘上，以免烫伤旅客。

4. 及时反馈

在客舱的餐饮服务中，经常会遇到一些突发状况或旅客对某问题提出异议等。对此，乘务员要非常重视，及时回应，做出解释，如果不能现场进行处理，也应认真做好记录，以便后续的跟踪处理。

二、掌握客舱餐饮服务用语

1. 头等舱餐饮服务

（1）饮料服务。

1）先生／小姐：您好！我们的飞机预计在××点××分到达，现在是××点××分，请问您愿意在什么时候用餐？请问需要喝点什么？（递上饮料单）

2）请问您需要加冰吗？（适用于提供冷饮）

3）热饮烫口，请您小心！请小心饮用热饮！（适用于提供热饮时）

（2）布置餐桌。先生／小姐：您好！现在可以为您布置餐桌吗？现在为您铺上餐桌巾布，让我为您打开小桌板好吗？麻烦您打开小桌板好吗？谢谢！

（3）正餐服务。

1）先生／小姐：您好！这是为您准备的正餐冷荤套盘，请您慢用，稍后还会为您提供主食。

2）先生／小姐：您好！今天为您准备的主食是××米饭、××面条，请问您喜欢哪一种呢？

（4）点心服务。先生／小姐：您好！这是为您准备的点心套餐冷荤套盘，请您慢用！

（5）小食品／水果服务

1）先生／小姐：您好！这是为您准备的水果拼盘，请您慢用！

2）先生／小姐：您好！这是为您准备的小食品，有××，请您随意选用！

（6）回收。

1）先生／小姐：请问可以帮您收走吗？

2）请问可以为您清理小桌板了吗？

（7）餐后热饮。

1）先生／小姐：请问您餐后需要什么热饮吗？我们有准备……

2）热饮烫口，请小心饮用热饮！

2. 普通舱餐饮服务（图 4-9）

▲ 图 4-9　客舱餐饮服务

（1）饮料服务。

1）先生／小姐：您好！请问您需要什么饮料？我们为您准备了……，请您选用。

2）请问您需要加冰吗？（适用于提供冷饮）

3）热饮烫口，请您小心！请小心饮用热饮！（适用于提供热饮）

4）先生／小姐：这是您需要的××（饮料），请您慢用。

（2）放置桌板。您的小桌板放置在座椅扶手里边，需要我帮您取出来吗？（适用于普通舱第一排及坐于出口座位旅客）

（3）正餐服务。

1）先生／小姐：您好！今天为您准备有××米饭、××面条，请问您喜欢哪种口味呢？

2）请问需要辣椒酱（开胃菜）吗？

3）请需要辣椒酱的旅客打开热食盒，我们为您送上，谢谢！

4）请问需要添加热食吗？（适用于热食有富余可以添加时）

5）先生／小姐：请您接好，请您慢用。

（4）点心服务／矿泉水／小食品服务。

1）先生／小姐：您好！请用点心餐。这是为您准备的点心餐，请您慢用。

2）先生／小姐：您好！这是为您准备的小食品／矿泉水，请您慢用。

（5）添加服务。

1）请问您需要添加什么饮料吗？请问您还需要添加饮料吗？

2）需要添加饮料的旅客请您将水杯递出，谢谢！

3）请问您需要添加茶水、咖啡吗？

（6）回收服务。

1）先生／小姐：您好！请问您用好餐了吗？

2）先生／小姐：您好！请问可以为您清理小桌板了吗？

3）请将您用完的餐盒、水杯递出，我们为您清理（小桌板），谢谢！请将您需要清理的物品递出，我们为您清理（小桌板），谢谢！

（7）餐车通道行进时。餐车经过，请您小心！餐车经过，通道两边的旅客请您当心！

 单元六　客舱投诉处理

　　旅客投诉管理，又称售后服务投诉管理，是一项集灵活性和技巧性于一身的敏感性话题，在当前各航空公司的发展进程中，处理投诉往往是比较棘手的环节，各航空公司也各有各自的特色。

一、了解处理旅客投诉的原则

　　客舱服务中，会面临旅客提出的各种各样的问题，严重时还会引起旅客投诉。因此，对旅客投诉的处理并没有一成不变的解决方法，但面对旅客投诉须把握好以下五个原则，往往能够达到很好的效果。

1. 旅客至上的原则

　　接到旅客投诉，首先要站在旅客的立场上考虑问题，积极检查客舱服务工作中的不足，作为乘务员要相信，旅客投诉总是有他的理由的，顾客是上帝。有了这种观念，乘务员才能用平和的心态处理旅客的抱怨，并且会对旅客的投诉行为给予肯定和感谢。旅客至上的原则，要求乘务员对投诉旅客施以最高的礼遇，而不能有丝毫的怠慢。

模块四　客舱服务沟通技巧

2. 尊重旅客的原则

乘务员对旅客服务，首先要做到尊重旅客，不管是头等舱、公务舱还是经济舱旅客，都要一视同仁，不能带有偏见，对每一位旅客都要礼貌服务，对旅客提出的要求要及时、尽量地给予满足，多观察、多沟通，让旅客在短暂的航空旅行中感受到服务的热情。

3. 隔离当事人的原则

隔离当事人原则是指一旦遇到旅客投诉，要尽快做到"两个隔离"，一是将投诉旅客与身边的其他旅客隔离，以免旅客之间相互影响；二是乘务长将乘务员与当事人双方隔离，避免事态进一步恶化。一方面体现对旅客的尊重，另一方面也能缓解旅客的情绪。乘务长要向双方了解真实情况，以便更好地处理问题。

4. 承担责任的原则

很多乘务员面对旅客的投诉的第一反应是："我是不是真的错了？""如果旅客向上投诉，我应该怎么解释。"一旦有了这种想法和解决问题的方式，乘务员在接到旅客投诉时会把自己置于旅客的对立面。往往第一句话就会说："如果真是我的错，我一定改正并帮助您解决。"看似很有礼貌，但却是一个十分糟糕的开头，因为这种说法将自己的角色定位在第三者，而不是代表当事人，同时也不利于缓解旅客激动的情绪。乘务员必须清楚地认识到：旅客既然来投诉就根本没有认为自己错了，而是想从你那里得到心理安慰，让你重视他的投诉。面对旅客的投诉和不满情绪，乘务员应首先向旅客道歉并表示愿意承担责任，表明了态度，旅客的不满情绪也就得到些许缓解。

5. 息事宁人的原则

息事宁人的原则，是要求在处理旅客投诉的时候放弃自己的观点，避免将事情闹大的原则。换句话说，息事宁人原则的实质是自我利益的牺牲和退让，是较高的道德修养和心理素质的一种表现。它有利于缓和紧张对立的状态，是避免激化矛盾的基本原则之一。但是，这种妥协并非无原则，而是在优先安抚旅客情绪的基础上再积极解决问题。

不同旅客在接受服务过程中的心理状态和需求是不同的，这就要求乘务员在工作实践中不断总结和创新。在处理旅客投诉、建议的过程中因人、因时、因境制宜，采取不同的策略与技巧，从而不断提高服务质量，提升旅客满意度。

拓展阅读

引起旅客投诉的原因

航空运输服务投诉是航空运输消费者对航空运输服务质量的反映，虽然在庞大的航空客货运输量面前投诉量显得微不足道，但是，它会对航空运输企业和民航业带来不可小觑的消极影响。引起旅客投诉最根本的原因是旅客没有得到预期的服务，即旅客的实际感知与原有期望之间产生了较大的心理落差。这种落差有可能是因为有形的产品，也有可能是因为无形的服务。假

129

若此落差未能得到有效的解决或控制，则旅客可能会将此心理现象转变成投诉行为。投诉一旦产生，将不同程度地影响到航空公司的形象，并由此带来一定的经济损失。

（1）航空运输服务的业务因素导致服务投诉。航空运输服务的业务因素，是指航空运输服务提供者在提供服务时，因对业务流程和标准不熟或不按业务规则进行操作，导致其服务质量与消费者的期望出现严重背离的情形。因航空运输服务提供者的业务因素而产生的投诉是构成服务投诉的重要原因之一。例如，在航空运输服务提供过程中，航空公司及机场服务差错、丢失旅客行李，机票销售时违规收取手续费和违规不退票等问题。由于航空运输服务的服务链较长、服务环节较多，某一环节处理不当都可能导致服务投诉的出现。

（2）服务补救不当导致服务投诉。与其他服务行业相比，航空运输业具有高风险的特点。因此，为了确保航班安全，航空服务往往受到很多因素的制约。例如，雨雪雷电天气、空域流量控制等往往会造成航空运输服务出现延迟或取消，会使航空运输服务质量大大降低，这时就需要航空公司和机场积极进行服务补救。但在实践中，当发生不正常航班时，航空公司或机场的服务补救往往不能满足消费者的需求，成为航空消费者进行服务投诉的重要原因。实际上，在大多数情况下，航空运输消费者能够对不可抗力而导致不正常航班表示理解，但是不能够理解的是服务补救懈怠和补救失当等行为。

（3）航空运输消费者的航空知识欠缺和错误认知导致服务投诉。航空运输业属于服务性行业，但是与其他一般的服务业相比它又具有显著的特点。例如，高风险属性所导致的人们对安全的重视。因此，为了做到安全、舒适、快速、便捷的飞行，行业规则和航空运输企业往往会对旅客做出种种限制。如果旅客对航空运输规则缺乏充分准确的认识和知识储备，很可能会对航空运输企业和机场的某些措施表示不解。在此情况下，就会导致服务投诉的发生。

（4）航空运输消费者权利意识的觉醒。随着中国法制建设进程的不断推进，人们的法律权利意识逐渐增强。当航空运输消费者在付出相应的代价接受航空运输服务，却得不到预期的服务质量时，就会采取投诉等手段来开展维权活动，以争取自己应有的权益。因此，旅客权利意识的觉醒，也是服务投诉的一个重要原因。

当然，航空运输消费者的个性特征、服务顾客不满的程度、旅客对投诉行为的认知、顾客的文化背景、个人消费水平、政府管制等因素也会对服务投诉产生一定的影响。

二、掌握处理旅客投诉的方式方法

客舱乘务员每天都要与不同类型的旅客打交道,要想做到所有旅客都满意非常困难,往往乘务员的一个表情、一个动作就可能遭到旅客投诉,尤其商务旅客对乘务员的服务要求更高。面对不同要求、语言尖刻甚至挑剔的旅客,乘务员要积极运用高效的沟通技巧,耐心认真、沉着冷静,积极主动、妥善地解决旅客的各种问题和矛盾(图4-10)。

▲ 图4-10 客舱投诉事件处理

不同的投诉处理方法会产生不同的效果。首先,客舱部针对以往投诉案例,诊断、把脉、查找原因,总结出了应对旅客不满"五要五不要"规避投诉原则,在全体乘务员中进行推广,落实到每一位乘务员。什么是"五要五不要"?即一要观察发现,不要忽略漠视——发现问题;二要倾听询问,不要冒失仓促——搞清症结;三要道歉弥补,不要讲规争辩——处理问题第一步:虚心接受、致歉,切忌同旅客宣讲公司的规定;四要关注演绎,不要忽视左右——处理问题第二步:有反馈、有动作、有努力过程;五要联系方式,不要侥幸企盼——以方便事后的跟踪和处理。

1. 快速受理

旅客选择乘坐飞机是为了方便快捷。在客舱服务时,一旦出现旅客的投诉事件,乘务员要及时受理,密切关注投诉旅客产生纠纷的原因,如遇到飞机晚点来到客舱中不住抱怨的旅客,乘务员要首先说明情况,口头致歉。"人受一句话,佛受一炷香",诚恳道歉首先会得到旅客的谅解。如遇到确实对旅客造成很大损失的情况,只有口头致歉显然是不够的,要积极将意见反馈给航空公司,并做好备案工作,以便妥善处理。面对旅客投诉,乘务员应积极受理,以示航空公司对旅客的重视,迟钝的反应只会加重旅客的不满,加大后续工作的处理难度。

2. 清空不满法

处理旅客投诉还可以采取"清空不满法(CLEAR)",步骤如下:

(1)控制你的情绪(Control)。当旅客提出投诉时,往往心情不好,其语言或行为可能是不耐烦的,甚至是带有攻击性的。受其影响,乘务员容易产生冲动,丧失"理性",这样会使得事态发展更加复杂。因此,要懂得控制自己的情绪。旅客提出投诉是因为他们有需求没有得到满足。所以,乘务员应充分理解他们可能表现出的失望、愤怒、沮丧或其他过激情绪等。

(2)倾听旅客诉说(Listen)。静下心来积极、细心地倾听旅客的诉求,在字里行间找到旅客投诉问题的实质和旅客的真实意图,了解旅客想表达的感觉与情绪。倾听也是给旅客的抱怨提供一个宣泄口,辅以语言上的缓冲,为发生的事情向旅客道歉,表示出与旅客合作的态度。这样既让旅客将抱怨一吐为快,也为自己后面提出解决方案做好准备。

（3）建立与旅客"共鸣"的局面（Establish）。共鸣就是站在旅客的立场，对他们的遭遇表示真诚的理解。当旅客投诉时，他们最希望自己的意见受到对方的尊重，自己能被别人理解。建立与旅客的共鸣就是要促使双方交换信息、思想和情感。

（4）对旅客所遭遇的情形表示歉意（Apologize）。投诉发生，即使是客观原因或他人原因造成的，也不要推脱责任，这样做只会使旅客对航空公司留下不好的印象，其实也就是对乘务员留下坏印象。发自内心地向旅客表示歉意，即使旅客是错的，也要为旅客情绪上受到的影响表示歉意，使旅客的情绪趋于平静。比如，可以用这样的语言："让您不方便了，对不起。""给您添麻烦了，非常抱歉。"这样的道歉既有助于平息旅客的愤怒，又没有承担可导致旅客误解的具体责任。

（5）提出解决方案（Resolve）。在耐心地倾听、与旅客产生共鸣和向旅客表示歉意之后，就要把重点转到旅客最关心的问题——如何解决上。应迅速就目前的具体问题，向旅客说明各种可能的解决办法，或者询问他们希望怎么办，充分听取旅客对问题解决的意见，然后确认方案，进行妥善解决。在服务用品不能满足旅客需求时，可以提前稍做说明，但直白地说"已经没有了，发完了"会让旅客认为他们的基本权利遭到侵犯，也会带来糟糕的结果。乘务员完全可以换种说法："对不起，女士／先生，实在不好意思，干净的、没用过的毛毯已经基本发完了，机上这么多老人和孩子，您可否能允许我把毛毯先发给他们，我先帮您把通风口关掉吧，需不需要给您倒杯热水？我马上会向乘务长汇报，请机组将温度调高，请您不用担心。"

三、熟悉常用的处理旅客投诉的小窍门

1. 简明扼要做好提醒工作

心理学中的"超限效应"——刺激过多过强和作用时间过久会使刺激效果为零，甚至为负。也就是没完没了地说服会让人产生反感及口是心非的逆反心理。言简意赅比喋喋不休更具说服力，也更易让人接受或引起反思。

例如：常乘坐飞机的人可能都有这种体验：乘务员再三重复请大家系好安全带；广播里一遍一遍传出飞机遇到气流而颠簸，请系上安全带的提示。这种单一信息的屡次重复能对你产生有效的刺激作用吗？还是你对此已充耳不闻，完全不予理睬？很明显，大部分旅客已变得麻木不仁。因此，这种信息无疑是无效信息，没有丝毫警示作用。不妨试着彬彬有礼地对经屡次提醒仍不系安全带的旅客说："是否对您自身的安全和您的家人负责，完全取决于您！"或者"安全带的作用与救生圈对于溺水者的作用是一样的！"

2. 维护旅客利益

站在旅客的角度，维护旅客的利益，让对方占据从孤立到有援的心理优势，是缓解双方冲突、消除对方怒气的最好办法，同时对方易将你视为"自己人"。一旦"自己人"心理形成后，你会更具说服力，并能得到对方的信任。

例如：一个新乘务员在机上出现了服务差错导致旅客勃然大怒，旅客怒气冲冲，

要找乘务长理论。当班乘务长应该怎么做才能尽快平息旅客怒气，避免在周围旅客中造成对公司的不良影响呢？通常的做法是乘务长站在旅客面前一个劲儿赔不是，为犯错的乘务员说好话，但却收效甚微。不妨作如下尝试：乘务长径直走到旅客身边，以严厉的语气指责犯错的乘务员，以感同身受的样子夸大旅客受到的损失，替旅客抱不平，并扬言一定要上报公司，严厉惩处犯错的乘务员。这种情况下，旅客反而会产生"害他人受罚"的负罪心理，觉得过意不去而偃旗息鼓。

3. 给予互惠减少旅客意见

互惠原理即受人恩惠就要回报，这在所有的社会组织中都是不可缺少的元素，它可以让人们答应一些在没有负债心理时一定会拒绝的请求。随着飞机等待流控时间的延长，客舱出现骚动，各种不满情绪一触即发，这是乘务员经常会遇到的情况。经验丰富的乘务员通过察言观色大概能预测到旅客不满情绪爆发的临界点。与其在旅客开始抱怨骚动时才进行事后安抚，不如防患于未然。比如，可以在有多余配备的情况下，先为旅客送上额外的饮料拼果盘或小食品；对于 VIP 旅客，先为其赠送允许范围内的免费里程等。当旅客接受恩惠时，就削弱了其自身的选择能力，产生了予以回报的负债心理，主动权自然转移到施予恩惠的乘务员手里。当乘务员再次广播因流控仍需旅客配合耐心等待一段时间时，大多数旅客必定会接受。

4. 无理要求坚决不让

欺软怕硬是个体普遍存在的心理现象。和睦友好的前提是对方也渴望和平、理智讲理。若对方粗俗无礼、欺软怕硬，而自己一再忍气退缩、低声下气，只能让对方傲气冲天、得寸进尺。因此，坚持立场、寸步不让，是使对方自挫锐气、不攻自破的法宝。

对那些霸道旅客的无理要求，乘务员若一味退让、卑躬屈膝，只会让对方更加有恃无恐，以欺软怕硬的心理逼迫你做出更多的让步。而客舱安全等问题属于原则性问题，不能丝毫让步。当旅客对类似问题提出无理要求时，乘务员应在保持得当礼仪的前提下，显示坚定的立场及寸步不让的底气，目光坚定不移、口气不容置疑，这样才能达到坚决否定对方要求的目的。

5. 运用权威效应化解危机

权威效应，又称权威暗示效应，是指一个有地位、有威信、受人敬重的人，他的所说所做易引起重视或得到认同，即"人贵言重"。乘务员在飞机起飞前劝说旅客关闭手机电源的确是一件苦差事。有些顽固旅客"誓死不从"，甚至以各种"歪理邪说"予以辩论。在劝说无效的情况下，大可搬出各种权威调查数据、专家言论、典型事例等，以毋庸置疑的口吻告知旅客不关手机，可能导致的安全隐患和严重后果。一方面可以让处于非权威方的旅客无法否认你的观点，产生一定的信任和恐惧心理；另一方面可以让其迫于周围旅客对安全的需要而乖乖就范，关闭手机。

6. 迎合从众心理瓦解危机

心理学上，从众就是随大流，是指个人的观念与行为由于群体的引导或压力，向与多数人一致的方向变化的现象。人人都有从众心理，并且个人观点、看法会因从众

心理而严重动摇。掌握了这种心理，即可人为制造从众的状态，让人跟从。

例如，航班严重延误，旅客情绪激动，集体不下飞机。能否在不激化旅客与公司矛盾、不动用机场警力的情况下，让这一棘手问题得到有效解决呢？这就需要从旅客队伍内部入手。具体步骤是先通过观察，辨识出易说服、易动摇、易拉拢的旅客，单独对其进行心理说服、利弊分析并列出合理补偿条件。一旦其接受规劝，同意下机，其余立场不够坚定的旅客会因从众心理而受其影响，纷纷下机。剩下情绪激动、顽固不化的领头者势单力薄，自然不成气候，此时再对其进行劝说也就并非难事了。

7. 急中生智解决短缺现象

物以稀为贵，这便是心理学上的短缺原理。往往"机会越少，价值就越高"，对于个体并不感兴趣的东西，一旦变得稀少或缺乏，人会立即产生浓厚的兴趣，这就是短缺原理能够发挥作用的原因所在。

投射到客舱服务中，乘务员通常遇到的棘手问题是在发餐时，二选一餐食的其中之一。数量有限，需要跟旅客逐一解释。遇到较真的旅客，会固执地拒绝其他选择，并引发投诉。此时，乘务员巧妙运用短缺原理，会大大缓解服务过程中的不便和尴尬。例如，牛肉饭数量少，而鸡肉饭数量充足。发餐时，乘务员可故意制造鸡肉饭供应紧张的短缺假象，让数量充足的鸡肉饭成为短缺品："不好意思，我们今天的鸡肉饭供应数量有限，请大家尽量选择其他品种。"结果原本打算选择牛肉饭的旅客因鸡肉饭的短缺而产生兴趣选择了鸡肉饭。鸡肉饭的需求大大增加，牛肉饭实际短缺的难题也就迎刃而解了。

8. 移情效应感动投诉旅客

把对特定对象的情感迁移到与该对象相关的人或事物上的现象称为"移情效应"。"移情效应"又包括"人情效应""物情效应"和"事情效应"，通过关心对方最亲近的人来打动对方的心即"人情效应"。

在客舱服务中，乘务员哪怕只出一丁点差错都会被一些固执的旅客抓住不放，咄咄逼人，唯恐事情影响不大。如果掌握了移情效应的心理，乘务员就不必再多费口舌说服这些固执的旅客，而直接从他身边的亲人或朋友"下手"，为他们提供格外殷勤周到的服务，或略施小恩惠，以情感打动他们。当旅客固执己见的时候，他身旁的亲人朋友自然会因不好意思而加以劝阻或说服其放弃投诉。

9. 积极进行有效补救

当对方的失误使自己蒙受某种程度的损失时，人人都希望从失误者那里听到或得到与损失程度相当的道歉或赔偿。如果遭受损失者对道歉或赔偿所期望的心理预期为五分，实际却得到了十分，他便会在意外之余欣然领受道歉者的诚意，双方不仅能够冰释前嫌，甚至还能得到喜出望外的满意度。

客舱服务中难免会出现一些主观或客观的服务瑕疵，关键在于如何补救。若补救及时得当，反而能提升旅客的心理预期，提高其满意度。例如，旅客购票时点了素食，但因信息传递不到位，机上并没有配备素食。旅客不满并坚持进行投诉是无可厚非的。一再的道歉或解释都于事无补。怎样消除旅客对公司不负责任的看法，并弥补

模块四 客舱服务沟通技巧

旅客心中跌至谷底的满意度呢？明智的乘务员会通过后续服务来强力补救。为旅客送上机组水果餐、小食品、点心等可以提供的所有素食；随时重点关注该旅客的需要，及时予以满足；在条件允许的范围内为其免费升舱或提供头等舱服务；主动送上公司小礼品或提供优惠条件；在每次提供服务时微笑着请求旅客的原谅。当旅客从非同一般的殷勤服务中体会到乘务员对此差错的重视，并尽其所能用实际行动加以弥补时，心里满意度也会超过对补救的心理预期，从而给旅客留下公司负责、勇于承担责任的良好印象。

拓展阅读

客舱服务旅客的沟通特点与原则

俗话说"良言一句三冬暖，恶语伤人六月寒"。语言是连接人与人之间的纽带，纽带质量的好坏直接决定了人际关系是否和谐，进而个体影响事业的发展及人生的幸福。乘务员每天都要与形形色色的旅客进行沟通，服务用语是事关服务质量、服务态度的大问题，乘务员的语言魅力和说话水平可以有效树立乘务员优秀的职业形象。客舱服务沟通主要以口头语言为主，从旅客方面调查的结果表明，文明礼貌、真挚和善的语言能引起旅客发自内心的好感；明确简洁、适当中肯的语言能增强旅客的信任感；适合对象、灵活多变的语言能给旅客以亲切感，使旅客获得心理上的满足。

（1）客舱服务沟通的特点。客舱服务沟通语言作为一种特殊的行业用语，具有以下特点：

1）准确性。飞机作为一种交通工具，其安全性一直是旅客最关心的问题，乘务员在做安全示范或进行引导时语言必须准确。

2）灵活性。在保持服务一致性的过程中，乘务员应该很灵活且具有创造性，和乘客之间保持良好的关系，而不要只是照本宣科地机械性工作。如果提供服务时，一位乘客要求吃素食，而飞机上正好没有准备这类食物。这时，乘务员应该返回厨房，想办法找出解决方案。比如，把各式各样的蔬菜和水果拼在一起，而不是告诉乘客"我们没有准备这种食物，你无法享用"，这样会使乘客很苦恼。

3）生动性。乘务员要运用充满活力的语言去打动乘客，引起共鸣，特别是对乘客所做的一些景点、名胜介绍更是如此。如对"川剧"可以这样介绍："四川，古称华阳，又名巴蜀，这里民风淳朴，被人们誉为'天府之国'。俗话说'奇山奇水有奇杰'，在四川这块沃野上，不仅涌现出无数雄才大略的政治家、军事家和一大批卓越的词人才士，还造就了一批优秀的表演艺术家。不仅磨砺出无数宏伟的诗篇佳作，同时也孕育出一种独具特色的戏曲艺术形式——川剧。川剧，这个被赞为'天府之花'的戏曲曲种，以其丰富的剧目、多样的声腔、独特的表演，在中国戏曲舞台上领尽了风骚，成为巴蜀之地的又一骄傲。"

4）亲切性。因为空乘服务工作的特点和性质，服务用语要亲切、简洁。例如，"欢迎您乘坐本次航班！""请问您想喝点什么？""让您久等了！""您的脸色不太好，请问您是哪里不舒服吗？""谢谢您对我们的服务提出宝贵的意见，我一定把您的建议反馈给公司。"亲切的话语可以大大提高乘客的满意度。

5）委婉性。客舱沟通讲究艺术的说话方式。与旅客对话，一般情况下要采用询问式、请求式、商量式、解释式等恰当的说话方式，而不允许使用命令语气。直接使用否定词句会让旅客感到尴尬，心情不愉快。如有两位老友在飞机上相遇，找到乘务员想协调一下座位，乘务员可以"这两位旅客想坐在一起，能否请您和他们换一下座位"来与相邻座位的旅客进行沟通。

询问式："请问……？"
请求式："请您协助……，好吗？"
商量式："您看……可以吗？"
解释式："您好！这里是……"

（2）客舱语言沟通的原则。

1）贵在真诚原则。有诗云："功成理定何神速，速在推心置人腹。"说话不在于说得多么流畅，多么滔滔不绝，而在于是否真诚表达。真诚的语言无论对说者还是对听者来说，都至关重要。当人们被某篇文章或某个电影情节感动的时候，多半是因为其真诚的态度，而在与旅客进行沟通的时候，乘务员的语言也同样需要真诚。每个人都有基本的分辨能力，虚假的语言只会让人觉得不舒服，甚至会在谎言被揭穿的时候引起不必要的争吵或投诉。只有认真诚恳，才能使人相信；只有使人相信，才能达到旅客满意的效果。服务语言的真诚就是要有真实的情感和诚恳的态度，当然，这种真诚是以诚恳为基础，利用一定的语言技巧进行恰到好处的表达。

2）区分对象原则。乘务员与旅客交流时，一定要区别对待。不同的年龄、不同的身份、对方的心情、所在的环境，同样的一句话因为这些因素的改变，也应该用不同的方式进行表达。比如，对年长者说话的时候要注意声音洪亮，语气缓和，尽量避免使用专业术语，最重要的是要有耐心，应站在对方的角度去考虑问题。有些年长者是第一次乘坐飞机，而乘务员几乎是每天都接触飞机，自然对客舱环境十分熟悉，所以，不要对年长者提出的问题不耐烦。和年长者沟通一定要简单直观。例如：乘务员问一位老奶奶需要喝什么饮料："阿姨，您喜欢喝点什么饮料吗？"老奶奶回答："啊，是啊，我要喝饮料。"乘务员以为自己没说清楚，又提高声音放慢语速再次询问，老奶奶很认真地又回答了一次。如此反复，最终谁也不开心，老奶奶认为乘务员不给她提供饮料，而乘务员又委屈地认为老奶奶没有提出明确的要求。其实这个很简单的案例就说明，乘务员没有站在旅客的角度去思考问题。老奶奶是想喝饮料的，可是她不知道该如何表达，乘务员如果意识到这一点，就应该将饮料瓶拿给她看并说:"阿姨,这是苹果汁、这是橙汁,您喜欢喝哪一种呢?"老年人看到了直观的东西,自然就会明白并做出选择。所以,乘务员的服务工作并不是简单的端茶倒水,即使是一次简单的交流,也要注意语言技巧。

3)委婉处理原则。乘务员要学会巧妙地接受和拒绝对方,无论是接受或拒绝,都要让对方都觉得是合理的。例如,在供餐期间,由于飞机上只有两种热食可供旅客选择,当供应到某位旅客时,他想要的餐食刚好没有了,于是,乘务员就将头等舱的餐食拿给旅客,说:"刚好头等舱多了一份餐,我就给您送来了。"旅客很不高兴:"什么意思,头等舱的客人吃不了的给我吃?我也不吃。"乘务员的好心反而得到的是旅客的不理解,究其原因,还是乘务员没有掌握沟通的技巧。即使要别人接受自己的建议,也要让对方高兴地接受。如果换种方式说:"真对不起,您要的餐食刚好没有了,我将头等舱的餐食提供给您,希望您能喜欢,在下一段航程的时候,我会首先请您选择我们的餐食品种,我将非常愿意为您服务。"如何才能让对方乐意接受,如何才能让对方理解你的拒绝,这就体现在沟通的技巧上。

4)真诚坦率的原则。

①不轻易允诺旅客。与旅客沟通时,谈天说地都可以轻松愉快。但是乘务员在为旅客服务的过程中,或者是交流到有关航空公司的内容的时候,一定要慎之又慎。有些话一旦说出口,旅客无形中就会认为你就一定能办到,如果你办不到,那么就会认为你不守信用,很有可能会遭到投诉,并会给航空公司带来不良的影响。

②不轻易拒绝旅客。乘务员在为旅客服务的过程中,经常会遇到有些旅客提出这样那样的要求或条件,有些是我们马上能做到的,但有些会超出我们的能力范围,一时难以回复。为了给双方都留有余地,一般不要一口回绝。这样既能够显示对对方的重视,也能争取主动。我们可以想办法尽量满足旅客的要求,或者用婉转的语言告知旅客,虽然不能满足其要求,但可以用其他方式代替,再征询旅客的意见,看这样的解决方式其是否能接受。即使你不能为旅客解决问题,他也会因为你的真诚,因为你以旅客为出发点的态度,而对你的服务给予充分的肯定,进而会对你留下较好的印象。

模块小结

客舱服务包括迎送、安检、巡视、广播、送餐等。民航服务人员应根据不同岗位的服务要求，运用恰当的语言，辅以规范的身体语言和沟通技巧，为旅客提供高质量的客舱服务，处理客舱旅客的不满或投诉。

岗位典型工作任务实训

1. 岗位实训项目

处理客舱旅客投诉。

2. 岗位实训内容

将学生分成两组：一组模拟旅客，针对客舱服务进行投诉；另一组模拟民航服务人员处理旅客投诉。

3. 岗位实训要求

遵循处理旅客投诉的原则，与旅客进行恰当的沟通，运用不同的方式方法和手段处理旅客投诉。

4. 岗位实训心得

_____

_____

_____

_____

▲ 在线答题

▲ 视频：旅客普遍心理（双语版）

▲ 视频：旅客普遍需求（双语版）

▲ 视频：客户投诉处理流程（双语版）

▲ 视频：钝感力的内涵（双语版）

▲ 视频：钝感力的影响（双语版）

模块五

特殊旅客沟通技巧

1. 了解特殊旅客的心理特点和服务需求；
2. 熟悉特殊旅客服务标准或服务原则；
3. 掌握特殊旅客服务沟通技巧。

能够掌握重要旅客、儿童旅客、老弱旅客、病残旅客、孕妇旅客、酒醉旅客、额外占座旅客、遣返旅客、犯人旅客及国际航班旅客的服务沟通技巧，为上述特殊旅客提供优质的服务。

1. 关爱弱势群体，帮助他人，彰显人间真情，共建和谐社会；
2. 怀着感恩的心，真诚、平等的对待他人，给予他人尊重与关怀。

  2014年10月10日消息：近日，海南航空股份有限公司收到了一封满怀深情的感谢信，字里行间都表达了一位肺癌晚期重症患者及其亲人对海航的感激之情。

  感谢信的作者是一位年近70岁的肺癌晚期重症患者和他的老伴。9月14日，两位老人乘坐海航HU 7363航班从广州飞往乌鲁木齐。航班晚上20：00起飞，凌晨1点多到港。5个多小时的夜间旅行加上凌晨时间的到达，对于身体健康的人来说都会感觉非常疲惫，更何况对于一位年近70岁的癌症晚期重症患者。

  "由于是肺癌晚期，行动和呼吸都很困难，该航班飞行时间又长，我们非常担心旅程途中出现不良现象，"两位老人在信中说，"但是，海航机组人员的优质服务让我们愉快地度过了这次漫长的旅程"。

  信中说到，当机长、乘务长及其他乘务员知道他们的情况后，对他们倍加关注。本来两位老人的座位是经济舱座位，但是看到老人身体虚弱，刚好头等舱又有空位，为了能更好地照顾他们，机组把他们安排在了头等舱。乘务员们担心病人夜间寒冷，给他们送来被子、温水，每隔一段时间就来看看是否有什么需求，询问身体是否有不舒服。特别是机长，抽出时间几次去看望他们。

  当天是中秋节，正是家人团聚的日子。机组人员给每人都发了月饼。乘务长特意拿出了自己的那份，送给了两位老人。考虑到老人年纪较大，乘务长细致地把月饼切成小块，送给老人。在飞机上，老人感受了亲人般的中秋情。

  飞机在凌晨到达乌鲁木齐，全体机组人员为他们送别。考虑到时间已经很晚，加上旅客身体虚弱，机长和乘务长反复询问他们是否有人接机，得知他们已经自己安排好后，机组人员还是放心不下，便专门安排了轮椅，特意送到站外，看他们安全上车后才放心地离开。

  两位旅客在信中说："该航班机组人员的服务精神充分体现了海航的服务宗旨，证明海航对员工的培养是一流的，真正做到了服务第一，一切为了旅客，特别是精心照顾老人、病人等弱势群体的诚心，再次让我们感受到了海航机组人员的品质和敬业精神。"

  海航相关乘务人员说，在远离地面的万里高空，旅客就是他们的亲人。即使是健康的旅客，也多少会出于紧张等原因在飞机上都会或多或少感到身体不适，更何况是病人，照顾好他们，给他们一个安全、温馨、愉快的旅程是海航所有机组人员义不容辞的责任。

单元一　特殊旅客服务沟通基础

特殊旅客是指在接受旅客运输和旅客在运输过程中，需要给予特别礼遇，或出于年龄、身体状况、精神状况等原因，在旅途中需要特别礼遇和特殊照料的旅客，或在一定条件下才能运输的旅客，不同于一般的旅客群体。

一、充分了解旅客

在民航服务过程中要做到顺畅愉快地与旅客进行沟通，就要充分地了解旅客，不能盲目出马、仓促上阵，而要在对旅客有相当程度的了解之后才能付诸行动。一般来说，应对以下几个方面有所了解：

▲微课：性格类型分析

（1）要了解对方的个性特点和当前心境。只有了解了对方的个性，才能确定沟通的方式和策略。比如，对急者慢之、慢者急之的互补策略等，都是在个性了解基础上才能确定的。同时，服务人员只有了解了旅客的当时心境，才能抓住最有利的沟通时机。我们都知道，人在心绪不宁时，根本无法集中精力考虑问题；在心中烦躁时，进言者很可能自讨无趣；刚受挫折的人，往往将第一个出现在面前之人当作"替罪羊"。可见了解旅客当时的心境是多么重要。

（2）要了解旅客已有的观点、意见和态度。只有了解了这些，在沟通中才能做到有的放矢，真正解决问题。否则，不仅于事无补，还浪费了双方宝贵的时间。同时，只有从对方的意见出发，才会使沟通更加顺利地进行，不然，双方各唱各的调，不仅可能使沟通陷入不自觉的矛盾之中，而且可能产生敌对情绪。

（3）要了解对方的思维方式并具有接受不同意见的能力。比如，有的人沉着冷静，精于逻辑思维，我们就应该逐步展开自己的观点，注意条理清晰；有的人热情有余、沉稳不足，我们就应该将主题精练抛出，尽量在最短的时间内申明本意，免得对方听错、听偏或没有耐心听下去；有的人不习惯深思熟虑，只想于只言片语中去搜寻微言大义，我们就应该围绕某一个对方喜欢的话题展开全部沟通内容，"强迫"对方"深明大义"；有的人就爱发挥想象力，将我们非常普通的描述拓展到天际，由此派生出许多歧义。我们应该注意使每一句话都有现实依据，并对沟通过程中容易引发联想和想象的语言进行一番预测，剔除那些容易引起歧义和不利于沟通的语言；有的人尽管你有千条妙计，但他有一定之规，对别人的话很难听进去，我们就应将沟通过程与其切身利益相联系，给予强刺激，迫使其走上正常的沟通轨道。

（4）了解我们自己，这主要包括在沟通之前，先对自己的人生观、价值观有一个较深刻的反省，对自己的智能和情感特征做一次衡量和剖析，审查一下自己的沟通方式和沟通目的，这样才会使双方在沟通过程中更加融洽，更加顺利。

二、做好沟通准备

1. 耐心足

耐心是人们对事物的认识过程中所表现出来的个性心理特征，它是性格中的一种潜在力量，也是信心的持久和延续，是决心和毅力的外在表现。

服务人员在实际的工作中，要耐心地倾听旅客的抱怨，不要轻易打断旅客的叙述，更不要批评旅客的不足，而是鼓励旅客倾诉下去，让他们尽情宣泄心中的不满，当耐心地听完客人的倾诉和抱怨之后，旅客就能够比较自然地听得进服务人员的解释和道歉了。

2. 态度好

态度是个体对某种对象所持的主观评价与行为倾向。态度会影响人的行为，决定人的生活方式。服务态度是服务人员对服务环境中的旅客和服务工作的认知、情感和行为倾向，是民航服务质量的重要内容。旅客有抱怨或投诉就是表现出其对企业的产品或服务不满意，从心理上来说，他们会觉得企业侵犯了他们的权利。因此，在处理过程中如果态度不友好，会让他们的心理感受及情绪不佳，会恶化与旅客之间的关系。反之，若服务人员态度诚恳，礼貌热情，会降低旅客的抵融情绪。俗话说"怒者不打笑脸人"，态度谦和友好，会促使旅客缓解情绪，理智地与服务人员协商，处理问题。

3. 动作快

面对旅客提出的问题，服务人员应该第一时间给予解答，不能推脱，为自己找各种理由。在工作中要干脆利落，不能丢三落四，争取在最短的时间取得最佳的效果。

4. 语言得体

旅客对服务不满，在发泄的言语陈述中难免会言语过激，如果服务人员与之针锋相对，势必会恶化彼此关系，在解释问题的过程中，措辞也十分注意，要合情合理，得体大方，不要一开口就说"你怎么连这个也不会用？""你懂不懂最基本的技巧？"等伤害旅客自尊的语言，尽量用委婉的语言与旅客进行沟通，即使旅客存在不合理的地方，也不要过于冲动，否则，只会让旅客失望并留下不良印象。

5. 办法多

在处理旅客投诉与抱怨时，不要一味地只是给他们慰问、道歉或补偿、赠小礼品等，其实解决问题的办法多种多样，除上述手段外，可邀请旅客参观成功经营或无此问题出现的旅客，或邀请他们参加机场内部讨论会，或者给他们奖励等。

单元二　重要旅客沟通

重要旅客是指具有一定的身份、职务或社会知名度的旅客，航空公司对其从购票到乘机的整个过程都将给予特别礼遇和关照。为重要旅客服务要秉承"尊贵、舒适、方便、快捷"的高端服务理念，为航班不正常情况下的重要旅客提供温馨周到、便捷诚信、细心周全、真诚贴心、快速响应的服务。

职场小贴士

重要旅客的分类与特征

（1）重要旅客分类。重要旅客又分为最重要旅客（Very Very Important Person，VVIP）、重要旅客（Very Important Person，VIP）和工商企业界重要旅客（Commercially Important Person，CIP）。

1）最重要旅客（Very Very Important Person，VVIP）。

①中共中央总书记、中央政治局常委、中央政治局委员、中央政治局候补委员；国家主席、国家副主席、全国人大常委会委员长、全国人大常委会副委员长；国务院总理、国务院副总理、国务委员；全国政协主席、全国政协副主席；中央军委主席、中央军委副主席；最高人民检察院检察长；最高人民法院院长。

②外国国家元首、政府首脑、议会议长、联合国秘书长、国家指定保密要客。

2）一般重要旅客（Very Important Person，VIP）。

①部级（含副级）党政负责人、在职军级少将（含）以上军队领导；国家武警、公安、消防部队主要领导；港、澳特别行政区政府首席执行领导。

②外国政府部长（含副职）、国际组织（包括联合国、国际民航组织）的领导、外国大使和公使级外交使节。

③省部级（含）以上单位或我国驻外使馆提出要求按VIP接待的客人。

④著名科学家、中国科学院院士、社会活动家、社会上具有重要影响的人士。

⑤北京市、上海市、天津市、重庆市及各省主要领导。

3）工商界重要旅客（Commercially Important Person，CIP）。工商界重要旅客包括工商业界、经济和金融界有重要影响的人士。

对于机场来说，真正的VIP是国家领导人、党政机关军队的高级官员、两院院士等。而某些银行与机场有合作，作为银行白金卡持卡人，银行请机场也把持卡者当 CIP 对待，所以，是银行的 VIP 就是机场的 CIP。

一般而言，机场 CIP 服务的配置是：专人协助办理登机牌（大部分有独立柜台），专用安检通道（大部分机场和头等／商务公用），普通休息室（一般在安检后），一般不需预约。

而机场 VIP 服务的豪华套餐一般包括：独立候机楼／候机入口，独立办理登机牌柜台，安检前休息室（方便同行人员送机），独立安检通道，安检通道后有小车送到登机口，一般需要预约。

（2）重要旅客的群体特征。重要旅客有着一定的身份和地位，希望得到应有的尊重。由于重要旅客乘坐飞机的机会比较多，他们在乘机的过程中会对机上服务进行有意无意的比较。民航服务人员为他们服务时要注意态度热情、语言得体、落落大方，针对他们的需求更耐心周到、细致和用心。例如，当重要旅客一上飞机，就能准确无误地叫出他们的姓氏、职务；当重要旅客递给民航服务人员名片时，应当面读出来，这样可使重要旅客得到一定的心理满足感。

与普通旅客相比，重要旅客通常有如下特征。

1）社会价值方面。VVIP、VIP、CIP 三者的身份地位都是较高的。VVIP 和 VIP 都是有一定政治地位的领导及干部，两者相比较，VVIP 地位更高，基本都是国家高级领导人。CIP 是在商业上有较高影响的人士。

2）心理方面。重要旅客更注重环境的舒适和接待服务过程中的感觉，他们的自尊心、自我意识强烈，希望得到与身份相符的额外尊重；重要旅客更希望能够得到服务人员提供的个性化、精细化服务。VVIP 旅客更加注重服务上的绝对尊重，休息环境绝对安全、优雅；VIP 旅客更加注重被人尊重，环境舒适；CIP 旅客更加注重热情，认同感；重要旅客更注意精神上的沟通。民航服务人员要掌握更多得体的言谈举止，更优雅的气度风范，更灵活的变通能力，使重要旅客在整个航程中都心情愉悦。

一、了解重要旅客服务需求

1. 座位安排

对重要旅客在飞机上的座位应予以预留，通常会安排在其相应座位等级的可用区域座位的第一排或其他旅客的前排。若同一航班有多批重要旅客时，应按其身份级别高低从前向后安排，即重要旅客的座位排序应该为 VVIP—VIP—CIP，但要兼顾旅客的意愿及实际情况。

2. 候机服务（图 5-1）

（1）重要旅客乘机行程预报。建立重要旅客信息数据库，与客运部服务系统对接重要旅客信息数据库，布置安排休息厅，组织当天的服务人员学习重要旅客的信息。

（2）重要旅客信息内部流转。根据重要旅客座位需求，提前预留座位，通知值机人员重要旅客座位预留情况，并提前打印重要旅客登机牌。服务人员将重要旅客信息及旅客需求交接给民航服务人员。服务人员填写《服务日志》完善重要旅客数据库信息。

（3）引导员服务。引导员应主动迎接，提供姓氏服务，将重要旅客引导至相应休息厅。确认重要旅客信息，递交登机牌并询问对座位是否满意，是

▲ 图5-1　重要旅客候机服务

否需要更改。与随行人员交流，询问是否有行李需要托运，并告知最新安检规定，办理托运手续。协助填写贵宾服务卡，简要了解旅客对于候机服务的需求。将随行人员引导至休息厅，在登机前10分钟，通知专用摆渡车到位，提示旅客准备登机。前5分钟到达休息厅，提示旅客注意安全。引导重要旅客至座位，放好行李后礼貌告别。将重要旅客服务卡交接给民航服务人员，并填写《服务日志》。

（4）休息厅服务。安排贵宾休息室时，应根据当时的VIP情况按照级别安排，如贵宾座位有限或不便多批贵宾集中安排，可安排到头等舱休息室候机，但应按贵宾等级服务。重要旅客本人无论是否持有头等舱客票，均应安排在当地机场头等舱休息室候机。

1）准备迎客：布置清扫休息厅、检查服务设备是否完好，服务器具是否齐全。提前预热毛巾，开启设备，准备好茶点，微笑站立在休息厅前等候旅客。

2）服务过程：自我介绍，礼貌询问。快速为旅客提供茶点，送至旅客面前，并采用蹲式服务。简单了解旅客乘机时的服务需求。服务员退至服务间入口处，随时关注旅客用餐情况，及时为旅客提供服务。注意监听旅客所乘航班信息，并主动告知旅客。对旅客提出的意见和建议要耐心倾听，认真记录，及时反馈和改正。

3）送客及善后工作：提示立刻开始登机。将贵宾交与引导员，礼貌道别，并目送旅客离开。检查休息厅内是否有旅客遗留物，并及时通知引导员，填写《服务日志》。

3．登机服务

通常安排重要旅客在其他旅客登机完毕后再行登机。在国务委员、副总理级别以上重要旅客乘坐的航班上，严禁押送犯人或精神病患者乘坐。登机时，应派专人将其引导至机舱内，并与当班乘务长交接。如飞机停靠在远机位，应派专人将其送至飞机下并引导至机舱内，与当班乘务长交接。航班离港前，应填写"特殊旅客乘机通知单"，将重要旅客及其座位号等信息通知乘务长。航班离港后，应拍发重要旅客电报，将其乘机信息通知经停站和到达站。当VIP旅客的专车到达时，民航服务人员要在机舱门口迎接问候、安放行李。重要旅客入座后，立刻提供报纸杂志、温热的小毛巾和饮料。

4．到达服务

到达站应注意掌握重要旅客所乘航班的到达信息动态，接到其所乘航班到达信息后，应通知接待单位。航班到达后，应派专人引导重要旅客。贵宾接待人员应按规定程序在航班着陆前10分钟到达停机位，并准备好贵宾摆渡车。

二、遵守重要旅客服务标准

1. 高度重视重要旅客运输服务工作

（1）对重要旅客，值班领导要亲自迎送；对国务委员、副总理级别以上的重要旅客，各单位主要领导要亲自迎送。

（2）航空公司，省局、航站要设立要客服务部门（含兼管部门），并将该部门的职责、电话号码等通知当地党、政、军等有关部门。

（3）要客服务部门要选派有经验、表现佳、责任心强的人员参加。

2. 优先保证重要旅客的机票、座位

（1）重要旅客订座、购票，应予优先保证。

（2）接受重要旅客订座时，应请经办人详细填写《旅客订座单》，了解清楚重要旅客的职务、级别和需要提供的特殊服务。

（3）重要旅客需预订联程、回程座位时，接受订座单位应及时向联程、回程站拍发订座电报，并在OSI项中注明VIP字样、职务（级别）和特殊服务的要求。

（4）联程、回程站接到重要旅客订座电报后，应保证座位并及时拍发答复电报。

（5）凡有重要旅客订座、购票的航班，不应随意取消或变更。如有变更，应尽早通知重要旅客的购票单位，并做出妥善安排。

（6）重要旅客取消行程或改变乘机日期、航班时，原接受订座单位或值机部门应及时通知各有关部门。

（7）在国务委员、副总理以上重要旅客乘坐的航班上，严禁押送犯人或精神病患者乘坐。售票处和值机部门要严格把关，并通知货运部门，严禁在该航班上装载危险物品。

3. 做好重要旅客的信息传递

（1）重要旅客购票后，售票单位应及时（最迟在航班飞行前一天下午4时前）将重要旅客的姓名、职务、级别、随员人数、乘坐航班、日期、到达站、特殊服务等情况，通知始发站、中途站和到达站及重要旅客乘坐飞机所属公司的要客服务部门（部门代号为VP）。

（2）始发站的要客服务部门应在重要旅客乘坐航班飞行前一天编制次日航班的重要旅客名单表，并于航班飞行前一日分别送给管理局、公司、机场或省局、航站、分公司的领导和各有关业务部门。临时收到的要客信息要及时补充通知。

（3）始发站的值机部门在航班起飞后，应立即拍发要客VIP电报，通知各有关中途站和到达站的要客服务部门，要客服务部门再通知驻机场各有关单位领导和各有关业务部门。要客电报应包括航班、日期、飞机号码、要客姓名、职务、人数、行李件数和舱位等内容。

（4）航班不正常时，始发站商务调度部门应及时将航班延误情况拍发电报告知各有关经停站和到达站要客服务部门，要客服务部门应及时报告有关领导、部门和接待单位。

各单位要对有关人员加强保密教育，对保密的重要旅客乘机动态，尽量缩小知密范围。

4. 优先为重要旅客办理乘机、到达手续

（1）值机部门应优先为重要旅客办理乘机、行李交运、联运等手续。在未设头等舱的航班上，应尽可能地将较舒适的座位提供给重要旅客。

（2）重要旅客的行李要贴挂"重要旅客"（VIP）标志牌。装卸时，要逐件核对，防止错运、丢失或损坏。始发站和经停站在装卸行李、货物时，要将贴挂"重要旅客"（VIP）标志牌的行李放置在靠近舱门口的位置，以便到达站优先卸机和交付。

（3）重要旅客到达目的站后，应先向重要旅客交付交运行李。

5. 做好重要旅客的地面接待服务工作

（1）要客服务部门接到有重要旅客的通知后，应事先准备好贵宾休息室，并备妥供应物品。

（2）要客服务部门应派专人协助重要旅客办理乘机手续和提取行李。

（3）服务人员必须掌握航班信息，及时将航班的起飞时间通知重要旅客，并负责引导重要旅客登机。

（4）航班延误时，应首先安排好重要旅客的休息和食宿。

（5）贵宾休息室的服务人员要按规定着装，举止大方，热情礼貌，主动、周到地做好服务工作。

6. 做好重要旅客的机上服务工作（图5-2）

（1）乘务组应事先掌握重要旅客身份和是否有特殊服务的要求，并根据掌握的情况研究具体服务方案。

（2）民航服务人员要热情引导重要旅客入座并为其保管好衣、帽等物品。

（3）配餐部门应根据重要旅客特殊服务的要求，配备餐食和供应品，要保证食物新鲜、美味、可口。

（4）民航服务人员要根据每位重要旅客的情况，主动、热情、周到地做好机上服务工作。

▲ 图5-2 旅客细微服务

（5）民航服务人员要加强客舱巡视，及时满足重要旅客的服务要求。

（6）民航服务人员应引导重要旅客先下飞机，并热情送行。

职场小贴士

金银卡旅客和CIP旅客的心理特点及服务

金银卡旅客、工商界重要旅客（CIP）是航空公司的顶级会员，虽然在职位上不同于重要旅客（VVIP、VIP），但他们是能够为航空公司带来巨大收益的高端旅客。

金银卡旅客和CIP旅客的心理特点及服务：

> 金银卡旅客、CIP 旅客对其航空公司的忠诚度很高，其需求具有个性化、高层次的特征。这些客户大多为商务旅客，他们希望享受区别于普通旅客得更为舒适、差异化的增值服务，譬如宽松的座位、多品种的报纸和餐食。在飞机上静静地看看文件、闭目养神、不受干扰。所以，客舱民航服务人员要为他们提供更加精细、个性化的服务，在航程中营造温馨舒适的商务乘机氛围。
>
> 如机上有金银卡旅客、CIP 旅客，带班乘务长应及时获取金银卡旅客、CIP 旅客的乘机人数和信息，接受金银卡旅客、CIP 旅客名单，并将信息通告区域乘务长和客舱民航服务人员，由其对本区域的金银卡旅客、CIP 旅客提供全程的姓氏服务、优先选餐、预留餐食及其他个性化服务。
>
> 带班乘务长应亲自向金银卡、CIP 旅客作自我介绍，了解他们对服务的感受，听取意见，收集金银卡旅客、CIP 旅客相关信息并反馈到相关部门。
>
> 航班结束后，带班乘务长要将金银卡旅客、CIP 旅客信息单，要客的反馈信息填写在乘务日志上并带回有关部门。

三、明确重要旅客的沟通原则

（1）提前了解旅客需求。在航行前接到重要旅客信息后，带班乘务长可以事先通过公司旅客信息库、互联网等相关媒介了解该旅客的各类信息，特别是喜好，同时，登机后尽早向其随行人员了解他们的饮食习惯、生活习惯，为服务工作提供参考。

（2）尊重和关注旅客身份。服务人员要顾及旅客的身份和面子，通过微笑服务、问候服务、姓氏服务等来表现出更多的关切，提供文明、主动、礼貌、热情、周到的服务。

（3）细致服务且不失灵活。不能因服务内容随意打扰 VIP 旅客的休息。一旦发现旅客想要休息，客舱服务人员要尽快将客舱的灯调暗，调低音乐的声音，提供舒适的休息环境。特别是夜间飞行的航班更要注意这些服务细节，服务人员一定要灵活，要能随时观察到旅客需求的变化，以满足旅客瞬间的需要。在销售免税商品时，请 VIP 旅客优先挑选。

（4）"三轻"原则。在专用区域内，服务人员应全程保持良好的专业形象、饱满的精神状态；室内服务应做到"三轻"，即说话轻、动作轻、走路轻。巡视时需脚步轻缓；工作时保持轻声细语，动作轻盈，配有无声使用设备；服务人员在服务过程中应细心观察，预知客人需求，主动、及时地服务，推行循环式不间断服务，实行零呼唤管理；与旅客进行较长时间沟通时，应采取半蹲姿势，确保旅客有舒适的视线角度；为客人服务或沟通结束后，离开时应自然地后退两步再转身离开，以示尊重；对休息室内音量过大或行为不雅的旅客进行必要的提醒或有效干预；服务按照先宾后主、先女后男、先身份高后身份低的顺序操作。

四、掌握重要旅客沟通用语

1. 称谓

在称呼要客时,全程使用姓氏尊称来服务,在征求旅客意见后,通常用其姓氏+职务或军衔来称呼国内的重要旅客。表示问候时,服务人员距离旅客五步左右时应起立,主动问好。例如:

"王总,您好!"

"王总,早上/上午/下午/晚上好!"

"王总,早上/上午/下午/晚上好!请出示您的证件。"

2. 介绍

一般,有领导同行的接待工作时,应先向要客介绍领导。进行自我介绍时,主要阐明自己的身份。例如:

"王总,您好,我是××航空公司服务人员×××,很高兴为您服务!"

在中转/到达站时,"王总,您好,我是××航空公司服务人员×××,欢迎来到××,很荣幸为您服务!"

▲ 微课:特殊旅客服务流程

3. 信息告知

引导过程中,耐心、准确地回答旅客的询问,首次见面应主动告知航班动态。例如:

"王总,您好!您乘坐的航班/衔接的中转航班,目前正点。"

4. 中途离开

如应要客要求,不需陪同,则要为旅客指明方向,并提供咨询方式。同时告知下一流程点要客特征、路线,做好全程跟进服务。例如:

"王总,您好!向前走50米就是××登机口/明珠休息室,沿路有清晰的指引。如果有任何疑问可向工作人员咨询或拨打我们的服务电话。"(递上印有现场服务支持电话的卡片等)

5. 道别

道别时应主动与重要旅客进行礼貌的告别。例如:

客舱:"王总,祝您旅途愉快!"

旅途结束:"王总,欢迎您再次乘坐××航班。"

单元三　儿童旅客沟通

儿童旅客(CHD)是指在旅行开始日尚未达到12周岁生日但已达到或超过2周岁生日的旅客。

> **职场小贴士**
>
> **儿童旅客分类与特点**
>
> 　　儿童旅客按照年龄分,可细分为婴儿、幼儿、学龄儿童;按照有无成年人陪同也可以分为无成人陪伴儿童(年满5周岁但不满12周岁,没有年满15周岁且有民事行为能力的成年人陪伴、独自乘机的儿童)、有成人陪伴儿童等。
>
> 　　(1)婴儿旅客。出生14天至2周岁以下的婴儿应有成年旅客陪伴方可乘机,不单独占用座位。两周岁以下的婴儿必须由其陪护人抱着,或乘坐在经航空公司批准的在其陪护的成年人座位旁的儿童限制装置内。
>
> 　　(2)有成人陪伴的儿童旅客。儿童具有性格活泼好动、天真纯洁、好奇心强、善于模仿、判断能力差、做事不计后果等特点。鉴于儿童旅客的这些特点,民航服务人员在进行服务时,尤其要注意防止不安全因素的发生。如要防止活泼好动的小旅客乱摸乱碰飞机上的设施;航班起飞、降落时要注意防止小旅客四处跑动;给小旅客提供热饮时,要防止他们碰洒、烫伤等。
>
> 　　(3)无成人陪伴的儿童旅客。无陪儿童独自一人旅行会害怕、惊奇、担忧、害羞、恐惧,经常独自旅行自然就会变得老成、自信、自立。随着与父母或亲人分离,有的孩子还可能表现出烦躁、坐立不安、不听解释,吵闹着要见父母的情形。面对不同年龄层、不同乘机经历的无陪儿童,我们的沟通方式也应随之变化。客舱民航服务人员应格外注意其言行,给予特殊的照顾。

一、了解儿童旅客服务需求

1. 婴儿旅客服务需求

(1)调整好通风口,注意不要让通风口直接对着婴儿及其陪伴人员。

(2)在飞机起飞、下降过程中可能出现压耳症状时,告诉陪同人员唤醒婴儿,提醒抱婴儿的旅客给婴儿喂水或喂奶做吞咽动作,来帮助婴儿缓解压耳症状。

(3)迎接他们进入客舱,为他们找座位、安排行李,不可将抱婴儿的旅客安排在紧急出口的座位。

(4)提醒坐在过道旁的带婴儿旅客,婴儿的头部不可朝向过道方向,以免被过往的旅客和餐车碰到。提醒成年旅客不要将通风口吹向婴儿,以防婴儿着凉。

(5)主动向婴儿的陪同人员介绍机内紧急设备和服务设备(呼唤铃、通风器),洗手间中婴儿换尿布设备等的使用方法。如飞机洗手间可供婴儿旅客使用,服务人员应告知成人旅客洗手间内婴儿板的使用方法。

(6)安排在前排或能放摇篮的地方,妥善安排好随身携带物品,帮忙系好安全带,用小枕头垫在婴儿的头部,提醒陪同人员在飞机起飞、下降和颠簸时保护好婴儿。

（7）向陪同人员征询婴儿喂食、喝水的时间和用量，有无特殊要求，将奶瓶、奶嘴洗净消毒，根据其要求协助冲好牛奶。

（8）许多航空公司在一些国际航班上，可为不占用机上座位的婴儿提供机上婴儿摇篮。同时，为使资源得到更合理的利用，规定只接受1周岁以下、身高70 cm以下、体重15 kg以下的婴儿。

拓展阅读

婴儿乘机需提前申请

为了宝宝的旅行安全，航空公司规定出生14天以内的婴儿和出生不足90天的早产婴儿是不能乘坐飞机的。只要超过出生日14天，宝宝的身体机能便可以适应乘机环境。但是，也有医生建议，婴儿应在满月以后且无任何疾病表现时才可乘坐飞机。理由是未满月的宝宝比较娇嫩，对外界适应能力较差，起居环境变化最好不要太大，也不太适宜长途旅行，所以，旅行还是等宝宝满月以后为好。

如果带宝宝乘机，需要携带婴儿护照、出生证明或户口簿等证件。乘机当日未满2周岁的婴儿，可按成人正常票价的10%购买婴儿客票，不单独占用座位。如旅客希望宝宝单独占用座位，那么就需要购买儿童票价客票了。需要注意的是，每名同行陪护的成年人只能享受一名婴儿的特殊票价，超过限额的婴儿应按相应的儿童票价计收。同时，为确保飞行安全，根据民航局制定的各机型旅客载运数量安全规定，每类机型每条航线的婴儿旅客载运数量均有不同的载运标准。所以，为防止超出所搭乘航班婴儿旅客载运数量标准，旅客最好为宝宝提前申请乘机。

婴儿在乘坐飞机旅行时面临的最大问题是如何缓解客舱内气压变化而引起的压耳症状。因此，如果发现婴儿在飞机起飞或者下降时哭闹及躁动不安，这是气压变化太大造成了婴儿压耳症状。在飞机起飞和下降过程中，家长最好让宝宝叼上奶嘴。同时，在选择航程时尽量选择直达航班，以减少飞机起降对婴儿耳膜造成的伤害。

针对婴儿这个特殊的旅客群体，为了让其能够安全旅行，方便陪同人员在旅程中对其进行照顾，航空公司采取了一系列措施。首先，飞机上一般设有可供婴儿使用的洗手间，洗手间内都设有婴儿板，以方便陪同人员在乘机时为婴儿更换尿布。洗手间的具体位置可以在登上飞机后咨询客舱服务人员。其次，还有一些航班配有婴儿餐，根据航线的不同，配餐也可能有所不同。旅客可以在购买婴儿票或在飞机起飞前24小时拨打航空公司热线电话，要求其在航班上为婴儿配餐。另外，如果婴儿乘坐的是国际航班，在某些航线的部分航班中，航空公司可为不占用机上座位的婴儿提供机上婴儿摇篮服务，但旅客须在购票时或航班起飞前预先提出申请。

2. 成人陪伴的儿童旅客

(1) 全程给予儿童旅客关注,并观察是否有不适应或不舒服的情况。
(2) 提供饮食时,征求陪伴者的意见,尽量照顾儿童旅客的生活习惯和心理要求。
(3) 飞机起飞、下降前,在儿童旅客腹部叠放一条毛毯后系好安全带。
(4) 尽量不要抱儿童旅客,抱儿童旅客时一定要经过陪同人员同意。
(5) 安排儿童应先于其他旅客登机,根据旅客需求,提供引导服务。
(6) 提醒成人旅客为儿童旅客系好安全带,不要让儿童旅客在过道内奔跑。
(7) 如果遇上因航行时间过长而哭闹的儿童旅客,可以用配备的甜点安抚。

3. 无成人陪伴的儿童旅客

(1) 安排儿童入座后,主动为其提供儿童读物和玩具。随时掌握无成人陪伴儿童的空中情况,向无成人陪伴儿童介绍周围的服务设施,包括安全带、呼唤铃、阅读灯、邻近的洗手间及使用方法。
(2) 及时了解无成人陪伴儿童的冷暖,为其增减衣物,饮食上尽量照顾该儿童的生活习惯。
(3) 对年龄较幼的无陪儿童,用餐时可帮助其分餐。儿童的首选饮料是果汁类,应以冷饮为主,如果提供热饮,以温水为主,倒半杯为宜,注意不要烫伤儿童旅客。因厨房内有服务用具和咖啡、热茶等,应禁止无成人陪伴的儿童旅客进入厨房以避免其受伤。
(4) 飞机下降时,如无成人陪伴儿童处于睡眠状态,应将其唤醒以防舱内压力变化压迫耳膜。
(5) 对无成人陪伴的儿童,航空公司根据协议,最好派专门的民航服务人员主要负责照看,以防其出现意外。
(6) 无成人陪伴儿童应由儿童的父母或监护人陪送到乘机地点并在儿童的下机地点安排服务人员予以迎接和照料。
(7) 需要事先了解无成人陪伴儿童旅客的相关信息。地勤服务人员把儿童旅客送上飞机后,向乘务长说明其目的地和接收成人的姓名。乘务长落地后将无成人陪伴儿童移交给地面服务人员或来接机的成人,并将其所携带物品点交清楚。
(8) 单个无陪儿童应尽可能安排在前排过道位置,多个无陪儿童应集中安排在便于客舱服务人员照料的适当的前排座位,但不得安排在飞机的紧急出口处。
(9) 若无陪儿童乘坐的航班是在中途做短暂停留的经停航班,可将无陪儿童安排在飞机上,由当班乘务员在飞机上照料,暂时不下飞机。
(10) 飞机到达后,乘务长将无成人陪伴儿童和文件袋交给目的站的地面服务人员,并按《B类单》办理交接手续,由地服人员带领无成人陪伴儿童办理各项到达手续。
(11) 如果航班延误,航空公司应指定专人照顾无成人陪伴儿童并提供必要的食宿,同时通知接机的成人及航空公司内部其他交接部门。如遇航班取消,应及时与其取得联系并将无成人陪伴儿童安全送回始发地。
(12) 无成人陪伴儿童的承运必须在运输的始发站预先向航空公司的售票部门提

出，其座位必须根据航空公司相关承运规定得到确认。

二、遵守儿童旅客服务原则

（1）婴儿不能单独占座位，票价按成年人公布普通票价的 10% 计收，但每一个成年人只能附带一个婴儿享受这种票价，超过限额的婴儿应按相应的儿童票价计收，可单独占一个座位。

（2）年满 2 周岁但未满 12 周岁的旅客，票价按相应的儿童票价计收，可以单独占一个座位。

（3）儿童和婴儿的年龄是指开始旅行时的实际年龄，如儿童在开始旅行时未满规定的年龄，而在旅途中超过规定的年龄，不另收票款。

（4）为了保证旅客的安全，出生未超过 14 天的婴儿不接受乘机。

（5）无成人陪伴的儿童符合下列条件者，方能接受乘机：

1）无成人陪伴儿童应由儿童的父母或监护人陪送到乘机地点并在儿童的下机地点安排人给予迎接和照料。

2）无成人陪伴儿童的承运必须在运输的始发站预先向航空公司的售票部门提出，其座位必须根据航空公司相关承运规定得到确认。

3）每一航班最多承担 2 名无成人陪伴儿童。

三、与儿童旅客的语言沟通

任何沟通都至少有两方参与者，当一方表达观点时，另一方就是倾听者。服务人员在倾听儿童旅客说话时的态度会对双方的沟通产生巨大的影响。每当儿童旅客跟服务人员说话时，服务人员应该尽可能放下手头的事情，全神贯注地听儿童旅客讲话，这能让儿童旅客觉得服务人员很愿意听他诉说。当儿童旅客感受到了尊重和鼓励时，就会很愿意说出自己心里的真实感受。对于儿童旅客的服务沟通一定要仔细并复查。航班到达后还要确认儿童旅客的目的地和所有行李，并与地面工作人员做好交接工作，确保该儿童安全地回到亲人身边。

与儿童旅客沟通时，最明显的是口头交流，这种方式包含措辞、语音语调及嗓音的高低几个要素。

（1）注意语言的艺术性。对于好奇、活泼、淘气的儿童旅客，不要对其训斥或恐吓，应事先告诉其一些规定与要求。多赞美、少批评，给予他们行为或者心理的支持，赋予他们充分的理解、尊重和喜爱。

（2）丰富沟通的趣味性。民航服务人员可以拿出玩具、儿童读物、糖果等给儿童旅客或者陪他们做简单游戏以减少他们的孤独感，给他们营造出轻松自在的氛围，令他们有一种亲切的感觉。

四、与儿童旅客的非语言沟通

非语言沟通包括和交流对象的身体接触、姿势、面部表情、触觉及交流时的环境。不同于成人旅客，儿童旅客缺乏自我保护的能力，需要民航服务人员的陪伴以保证他们的安全，而他们心智的不成熟与敏感也使得民航服务人员在沟通时更需要注意语言动作对他们的影响。与儿童说话时，服务人员面部表情、说话声音、肢体动作都要让他们感到很亲切，这样他们就会慢慢从心理上接受服务人员的服务。

1．不要要求眼神交流

当儿童旅客真正听你说话时他是不会看你的眼睛的。要求眼神交流实际上会阻碍了儿童旅客听你要说的内容，进而破坏掉接下来的沟通。儿童旅客为了持续看着你的眼睛，不得不将注意力集中在这件事上，而与此同时听到的内容便比较少了。儿童旅客需要学会的是在放松的状态下和成人进行眼神交流，如果只是被命令要求，那么儿童旅客很有可能只是在看着你的眼睛，而听不到你在说的内容。

2．建立多感官联系

与儿童旅客沟通时，需要特别注意一个细节：在沟通过程中，应注重儿童旅客的感受与体验。儿童旅客对语言有了一定的感受与体验，才能够将语言所表达的内容内化于心，进而理解语言的含义。为了确保儿童旅客能听进服务人员说的话，有必要和他建立多感官的联系。比如，在谈话前走近儿童旅客，俯下身，温柔地将手放在他的腿上、肩膀上或者背上。当服务人员这样做的时候，表达了三层意思：让儿童旅客听你说话，让他感觉你，看着你，即便只是用余光看你。你传递的信息不仅是"听我说"，也是"我很在意你和这次沟通，我相信你能听进去"。这毫无疑问为接下来的沟通做好了准备。

3．注意距离和姿势

保持什么样的身体距离得根据各年龄段儿童旅客的特点而定，小一些的儿童旅客喜欢保护式、略微亲近的方式；对于大一些的儿童旅客则需要保持一点儿距离，因为他们开始注重个人空间了；服务人员的姿势也很重要，使儿童旅客抬头仰望的姿势，或高高在上的样子会让他们觉得没得到尊重，所以，需要蹲下来或和他们坐在一起进行沟通。

4．善用"道具"

有些机场会设置儿童游乐区，供候机儿童玩耍。飞机上也会准备一些专门为与儿童旅客沟通使用的画笔、图画纸、玩具等，在与儿童旅客进行沟通时，国内航空公司往往会视情况决定是否送与儿童旅客，国外航空公司则会给每位儿童旅客赠送一份他们专属的纪念品，以缓解他们乘坐飞机时的百无聊赖。民航服务人员要善于使用这些"道具"与儿童旅客进行沟通。

五、与自闭症儿童旅客的沟通

有一些自闭症儿童能用口语跟别人有良好的沟通，但有一些自闭症儿童的口语却很奇怪和难以派上用场。比如,有一些自闭症儿童可以把一整首歌或者一整卷录音带里的每一个字都背诵出来,但是当他们需要喝水时却不知怎样表达。另一些自闭症儿童也许还能说几句具有功能性沟通的语言,但要用口语来进行沟通就很困难。

这时可以用辅助与替代性沟通法。当然,还有一些自闭症儿童是根本没有发展出语言能力的。有一个以打字为主要沟通方式的自闭症患者分享了他因不会说话所经历的挫折,以及因不会说话而受到他人不同的对待所承受的痛苦。面对这样的旅客,必须通过辅助与替代性沟通法来帮助他。辅助与替代性沟通法提供了很多方法和策略来增强、提升或者补充自闭症患者的口语表达能力,如用字母板等其他辅助与替代性沟通法,包括通过书写、画图、手势、肢体语言、眼神注视、脸部表情和手语等方式来进行沟通。

职场小贴士

提供餐食时要小心谨慎,一定要提前询问陪同人员,儿童是否对某些食物有过敏现象和平时的饮食习惯。

单元四　老弱旅客沟通

老年旅客是指年龄在 70 岁以上(含 70 岁),年迈体弱,虽然身体并未患病,但在航空旅客中显然是需要他人帮助的旅客。年龄超过 70 岁,身体虚弱,需要轮椅代步的老年旅客,应视同病残旅客给予适当的照料。

职场小贴士

老弱旅客的特点

人到老年,体力、精力开始衰退,生理的变化必然带来心理的变化。老年人在感觉方面比较迟钝,对周围事物反应缓慢,活动能力逐渐减退、动作缓慢、应变能力差。老年人由于年龄上的差异与青年人的想法不同,因而心境寂寞,孤独感逐步增加。尽管老年人嘴上不说,但他们内心还是需要他人的关心和帮助的。他们关心航班的安全,关心飞机起飞、降落时带来的不适应感。

(1)认知功能减弱。老年人记忆力下降,容易忘事。视力、听力下降,容易误听,可能会误解民航服务人员与他人谈话的意义,出现敏感、猜疑、偏执等状况。说话重复唠叨、再三叮嘱,总怕别人和自己一样忘事。抽象概

括能力差，思维散漫，说话抓不住重点。

（2）活动能力减弱。由于年龄原因，老年人的体力、精力均有所下降，动作缓慢，应变能力差，对周围事物反应缓慢，活动能力逐渐减退，行动及各项操作技能变得缓慢、迟疑、不协调，甚至略显笨拙。

（3）好强、自尊感强。有些独立能力强的老年旅客（特别是外国旅客），一般不愿意别人为他提供特殊帮助，民航服务人员应掌握这些旅客的心理特点提供适当的服务。

（4）寂寞孤独感增强。老年人由于年龄上的差异与青年人的想法不同，孤独感会逐步增加。

（5）抵触情绪明显。老年人乘机时出现抵触情绪，一方面是因为身体原因，担心自己无法承受高空带来的压力；另一方面是因为安全原因，担心飞机在几万英尺高空的飞行安全，所以，在乘坐飞机时或多或少都会有一些紧张。

（6）具有怀旧情结。老年人向往中国的历史及传统文化，需要不断地去回忆和谈论自己一生中所取得的成就和荣誉。

一、了解老弱旅客服务需求

俗话说"百善孝为先"，孝道作为中华民族的传统美德，多年来一直为中国人奉行的准则。在交通发达的当今，为人子女都倾向于在假期时带上家里的老人出门走走，饱览祖国大好山河。而飞机作为当今社会最快捷、选用人数最多的交通工具，更加是家人出行的首选。然而多数老年人对于乘坐飞机都会有抵触心理。一方面是因为身体原因，担心自己无法承受高空带来的压力。一方面是出于安全原因，担心飞机在几万英尺高空的飞行安全。所以，在乘坐飞机时或多或少都会有些紧张。民航服务人员在为旅客提供优质服务的同时，更希望给每一位旅客带来"家"的温馨感觉。因此，在服务老年旅客的时候，空中乘务员要拿出耐心和爱心，以及更加细致的服务，与老年旅客讲话速度要略慢、声音要略大，经常主动关心、询问老人的需要，洞悉并及时满足他们的心理需要，尽量消除他们的孤独感和紧张感，使老年旅客找到"家"的感觉，才能真正享受一段舒适愉快的旅程。

按老年旅客的服务需求，可以分为无特殊服务需求老年旅客、一般服务需求老年旅客和特殊服务需求老年旅客三种类型。

（1）主动协助其使用洗手间。飞行中，主动询问老年旅客是否要上洗手间，需要时应引领或搀扶他们，协助其打开马桶盖、铺上垫纸，向老年旅客介绍冲水阀门和水龙头的使用方法，等他们方便结束后再扶回座位。

（2）上、下机服务。

1）主动帮助老年旅客提拿行李、引导入座、放好手杖（放在座椅下面，紧贴机舱壁板放），放置行李时让老年旅客确认位置和件数。

2）注意应尽量安排老年旅客方便上洗手间的座位。

3）乘务长指定责任民航服务人员照顾老年旅客，该民航服务人员应及时自我介绍，尽快与老年旅客建立相互信任关系。老年旅客就座后，送上热饮、毛巾、毛毯、枕头、暖水袋及其他用品。

4）热情搀扶需要帮助的老年旅客上、下飞机，主动帮助其提拿、安放随身携带的行李物品。

5）帮忙系安全带并示范解开的方法。

（3）自我介绍与设备介绍。主动介绍服务项目、服务设备的位置和使用方法，特别是阅读灯、呼唤铃、耳机、座椅的调动、卫生间的位置及使用，并告诉老年旅客全程扣好安全带。如果航班配发耳机，服务人员应主动帮助老年旅客调节好音量，并选择适当频道。

（4）餐饮服务。送餐时优先满足老年旅客的需要，因为老年人对餐饮会有些特殊要求，如温度、辛辣、软硬度等。客舱空气干燥，应建议老年旅客多喝些温开水，少喝冷饮、咖啡等。由于老年人用餐速度会比较慢，一定不要催促，使其能细嚼慢咽，慢慢品味。

职场小贴士

老年旅客在乘机前应注意饮食，避免在乘机时出现头晕、胸闷、恶心、胃肠胀气甚至呕吐等症状。如不要吃过于油腻的食物和高蛋白食物，不要食用大量粗纤维食物。切不可吃得过饱或空腹上机，防止心脏和胃负担过重或产生低血糖症状。

（5）对于在空中需要特殊照顾和陪护，但行动方便，不需要借助轮椅或担架的特殊老年旅客，可以参照无成人陪伴儿童的运输程序予以承运，但应与无成人陪伴儿童合并计数，在每个航班承运数量上满足公司各机型无成人陪伴儿童数量限制。

（6）对于需要借助轮椅（WCHX 或 WCHC）或担架运输的特殊老年旅客，按照各航空公司病残旅客的运输政策和程序承运，并须满足相关限制规定，对于仅需要地面接送，而在客舱中不需要特殊照顾和陪护的特殊老年旅客，其承运数量不受限制。

（7）对于需要与地面服务人员交接的特殊老年旅客，地面服务保障部门应做好地面引导和接送工作，并在需要时与客舱民航服务人员进行交接。

二、遵守老弱旅客服务原则

身体虚弱、无自理能力、需要轮椅代步的老年旅客及患有冠心病、高血压、糖尿病、心脑血管病、哮喘等病症及其他不适于乘机病症的旅客，一般不适于航空旅行，必须在进行航空旅行前提出乘机申请。如提出乘机申请时，应提供"诊断证明书"填写"特殊旅客（病残）乘机申请书"。患有上述疾病的老年旅客，如果在乘机过程中隐瞒

▲ 微课：个性分析与民航服务

病情，由此所造成的后果航空公司不负责任（此类旅客运输受严格限制）。为保证旅客安全，提高航空公司服务质量，均作为老弱旅客运输，给予旅行中的照顾。

在迎客过程中，首先要发现无家人陪同的老年旅客，主动上前帮助老年旅客提拿行李并且协助其入座。待老年旅客入座后向其介绍安全带的使用方法；洗手间的位置及使用方法，并主动为老年旅客提供毛毯和热水。主动地关心和协助才能让老年旅客在乘机时消除顾虑，让老年旅客感受到服务人员会随时为他们提供及时必要的帮助。

待飞机平飞提供餐饮服务的时段，关注老年旅客是否需要热水或者茶水，若老年旅客提出需要饮料，则应主动向老年旅客介绍饮料的口味并且询问老年旅客是否适合饮用这类饮品。提供餐食的时候详细告知老年旅客餐食的烹调方法，让其能够吃得安心。巡舱时，要更加注意对老年旅客的细微服务，要知道或许一个不经意的动作，也许都会让老年旅客感动不已。

飞机下降前也要主动询问老年旅客是否需要使用洗手间，同时也要向老年旅客介绍洗手间内服务用品的使用方法。很多老年旅客第一次乘机，对于使用洗手间也比较抵触，只有提前向他们做介绍，才能让他们使用时更加安心。

三、掌握老弱旅客服务沟通要点

（1）尊重老年体征。与老弱旅客沟通时，讲话速度要放慢，声音要柔和，音量略大。经常主动关心、询问老弱旅客需要什么帮助，洞悉并及时满足他们的心理需要，尽量消除他们的孤独感。

（2）语言通俗易懂。语气要缓，动作要慢、稳。使用文明用语，少用专业术语，如工作中服务人员将1、2、7、0发成幺、两、拐、洞的音，但和旅客交流时7170航班就不能读成"拐幺拐洞"。

（3）注重耐心和主动。与老弱旅客沟通时要注意消除他们对乘机可能产生的恐惧感，不能让他们有心理压力。主动介绍服务设备，如安全带、阅读灯、呼唤铃、耳机的使用方法和邻近洗手间的位置；主动介绍供应的食品，尽量送热饮、软食；在国际航班上主动帮助老年旅客填写CIQ表格，经旅客本人确认后由本人签字等。

（4）营造愉快轻松的沟通氛围。登机过程中，民航服务人员应主动、热情地向老年旅客打招呼，引导他们入座，帮助安排行李。短程航线中，航班配备的枕头毛毯较

少，民航服务人员应提前为老年旅客准备好。起飞前重点为老年旅客介绍客舱设备、安全注意事项，特别是帮他们系好安全带、教他们使用呼唤铃，告诉他们如有需要可按压呼唤铃。起飞后，应了解老弱旅客的需求，关注老弱旅客对客舱温度是否适应，为其做好保暖工作。对于有个人娱乐系统的机型，告知使用方法，帮助老弱旅客调到喜欢的节目。提供餐饮时，优先满足老弱旅客的需要。

（5）多用口头提醒。对于需要帮助的老年旅客，民航服务人员应主动搀扶其上、下飞机，帮助提拿行李、寻找座位，关注老年旅客行走的安全，特别是视力较差的老旅客上、下飞机台阶时还需要对其进行口头提醒。

（6）航程中多关心老弱旅客。长航线中高空低氧，客舱压力的变化会对身体产生影响，需要及时了解老弱旅客的身体状况，多加关注。空闲时间，民航服务人员可以陪老年旅客聊天，以减少他们的孤独感，有效缓解其旅途疲劳；老弱旅客若长时间久坐，下肢静脉血液回流不畅，脚会发麻，因此应提醒老弱旅客需要起身活动；起飞着落阶段，客舱压力的变化会使人产生压耳症状，民航服务人员可以教老弱旅客做一些简单动作来缓解此症状，如吞咽、捏着鼻子鼓气等；飞机下降前，了解老弱旅客后续的转机、行李问题及是否需要轮椅等，解决他们的后顾之忧。切不可安排老弱旅客坐在紧急出口旁的座位。

单元五　病残旅客沟通

病残旅客是指在乘机过程中突然发病的旅客及有生理缺陷的旅客，这些旅客与正常旅客相比自理能力差、有特殊困难，迫切需要他人帮助。病残旅客一般包括身体患病旅客、肢体伤残旅客、失明旅客、担架旅客、轮椅旅客、精神病患者旅客等。

职场小贴士

病残旅客的特点

病残旅客的特点主要包括：

（1）强烈的自尊感。病残旅客较之正常旅客自理能力差，有特殊困难，迫切需要他人帮助，但是他们的自尊心特别强，一般不会主动寻求帮助，总是想显示他们与正常旅客无多大区别，不愿意他人说他们是身体障碍者，或把他们看成身体障碍者，尤其介意他人用同情的眼光留意他们。在乘机过程中，经常会发生旅客突然发病的情况，对于这种情况，民航服务人员除需要掌握一定的急救常识外，还要在遇到突发情况发生时给予旅客足够的关爱，及时采取措施。

（2）强烈的自卑感。病残旅客由于身体的原因自感不如他人，同时在外表上却表现出不愿求助别人帮助自己。因此，所有事情都要尽自己最大的努力去做。民航服务人员应尽可能多地关照他们，而又不使他们产生心理压力，对他们携带的行李物品，要主动协助提拿，关心他们的身体状况，消除他们对乘坐飞机的恐惧感。

（3）盲人旅客的特点。孤独感是盲人旅客的普遍特点之一，这与残疾造成行动困难、自卑感、亲属厌弃、社会歧视及社会公共设施不利于身体障碍者活动，缺少他人的关怀有关。他们难以融入社会，身体障碍者情感比一般人丰富、敏感，且自尊心强烈，盲人因缺少视觉感受，行动不便，平时多较文静，爱听音乐，听广播小说等，天长日久，大多数人形成了内向的性格，情感不易外露。

（4）聋哑旅客的特点。听觉的丧失给人的认识活动带来严重影响。由于得不到声音刺激，有听力障碍的人对复杂环境的感知不够完整，在每一个瞬间能够直接反映到他们大脑中的只是处于视野之内的东西。聋哑人缺少语言和语言思维，他们情绪不稳定，容易变化，破涕为笑，转怒为喜的情况比较多见，聋哑人的情感缺少含蓄性，很容易流露于外。

（5）使用轮椅、担架、拐杖的旅客的特点。由于身体患病或者肢体伤残，需要使用轮椅、担架、拐杖的旅客，特别在意别人谈起或者触碰自己残疾患病的部位，也不爱去麻烦别人帮助自己。客舱乘务人员要了解这类旅客的特点，特别注意尊重他们，不要伤害旅客的自尊心，最好悄悄地帮助他们，让他们感到温暖。

一、了解病残旅客服务需求

除非特别申请并获得航空公司批准，对于需输液以维持生命或生命垂危的病人，为其安排的座位应尽可能地靠近客舱服务人员的座位或靠近舱门出口座位处，但不可安排在紧急出口座位，一排座位只能安排一名病残旅客就座。

（1）起飞前服务。被指定的客舱服务人员应向在紧急情况下需由他人协助方能迅速移动到出口的旅客进行个别介绍。介绍的内容应包括：告知该旅客及其随行人员在紧急情况通往每一适当出口的通道，以及开始撤往出口的最佳时间；征询旅客及其随行人员，关于帮助此人的最适宜方式，以免使其痛苦和进一步受伤。

（2）始发站服务。如果病残旅客已提前申请特殊服务并且获得承运人同意（按照民航相关规定，承运人有权拒绝运输或续程运输多类病残旅客），始发站地面服务人员会接到病残旅客服务通知。如有条件，服务人员可以提前与已提出服务申请的病残旅客取得联系，确定其到达机场的时间并提供必要的设备。旅客到达柜台后，查验病残旅客乘机证件、客票、诊断证明书、乘机申请书及其他必需的运输文件合格后，地面服务人员应尽量满足病残旅客的乘机要求，但是这个要求必须满足承运人的运输条件——如根据机型不同，每个航段上限载1名担架旅客或者2名轮椅旅客，不允许旅客自己携带氧气袋，特殊情况下应持医生所开证明，并事先提出申请，在获得承运人同意后方可携带。病残旅客通常先于其他旅客登机，他们的座位一般安排在靠近客舱服务人员或者靠近客舱门的位置，但必须是非紧急出口位置。对担架旅客应安排在经济舱后排靠窗口的位置，通常占用6个座位。航班离港后，应拍发特殊旅客服务电报，将病残旅客的乘机信息通知经停站和到达站。

（3）到达站服务。到达站根据收到的特殊旅客服务电报或者病残旅客乘机信息后，地面服务部门应进行记录，并通知旅客的接机人员和机场相关部门，安排接机引导、摆渡车、医生等，按照信息保障要求准备急救车辆、平台车、升降机、轮椅等辅助设备。一般情况下，病残旅客最后下机。

（4）紧急撤离。飞行前应由乘务长确定病残旅客撤离出口的位置和撤离次序，并进行必要的机组协作，明确乘务组协助人员的分工。在可能的情况下，对需用轮椅和担架的旅客应安排专用的撤离通道，迅速、及时地组织撤离。

（5）陪伴人员服务。陪伴人员应有能力在旅程中照料身体障碍者，并在紧急情况下协助其撤离。陪伴人员应在订座时声明陪伴关系，并单独出票。除安全原因外，陪伴人员的座位应紧靠残疾旅客的座位。

> **职场小贴士**
>
> 满足以下条件的旅客需要增加陪伴人员：身体障碍者没有能力对客舱服务人员介绍的安全说明和注意事项加以理解或做出反应，或不能与客舱服务人员进行交流；不能自行从航空器上紧急撤离。

二、遵守病残旅客的服务原则

1. 盲人旅客

盲人旅客因丧失视觉，非常需要通过触觉的感知来对某些情景进行确认。所以，在服务时要主动帮助盲人，让他感受到服务人员就在身边，给他以足够安全感和亲切感。服务人员应主动做自我介绍，热情帮助盲人旅客上下飞机。

（1）在登机时，服务人员应主动让盲人旅客扶住自己的手臂，不断提醒前后左右，引导入座，遇到障碍物时要及时告知旅客，帮助盲人旅客提拿和安放行李。盲人旅客入座后，客舱民航服务人员应拉着盲人旅客的手触摸安全带，并告知操作方法，以及呼唤铃、座椅调节、餐桌的使用方法，介绍紧急设备的方向、位置和使用方法。

（2）在提供餐饮时，服务人员要向盲人旅客介绍餐饮的种类，并提供特殊服务。送餐食时，服务人员要将各种食品以时钟的方位向旅客进行介绍，将餐盘内的各种食物和饮料的摆放位置告知旅客，也可引导其自己触摸。帮助其打开餐盒盖、餐具包，如有需要，协助其分好餐食，并提醒旅客哪一种食物是烫的及其位置，避免旅客烫伤。

（3）盲人旅客随身带导盲犬，可将其安置在该旅客座位的前方地板上，将导盲犬的头朝向过道并与周围的旅客做好沟通。帮助盲人旅客妥善放置盲杖，可以拉着他的手摸一下盲杖所在的位置以方便其随时取用。

（4）引导盲人旅客进、出洗手间，让其触摸洗手间内设备并向其介绍使用方法。

（5）飞机下降前，帮助盲人旅客整理好所有物品，告知落地后下机的相关事宜，让其安心。服务人员要填写好特殊旅客空中生活记录，下机时，引导盲人旅客下飞机，并帮助提拿行李，与地面服务人员办好交接手续。

（6）飞行中由专人负责，经常询问盲人旅客的需求，多与其交谈，产生愉快的旅行体验。

2. 聋哑旅客

（1）随时掌握聋哑旅客的空中生活情况，及时提供适当的关注和必要的帮助。

（2）聋哑旅客落座后，以手语或书面形式与聋哑旅客进行沟通，向其介绍紧急设备、服务设施的使用方法，卫生间的位置、供应的餐饮及航线概况。因聋哑旅客听不到广播，客舱民航服务人员要将如延误或改航班等重要信息设法告知旅客。许多聋哑旅客会读口型，客舱服务人员在与之沟通时应面对旅客，并且放慢说话速度。

（3）如果旅客不明白或语言不通，则需要借助文字、符号或手势，但必须有礼貌，同时注意手势礼节。

（4）如遇过站，只要聋哑旅客自己愿意下机，客舱服务人员要与地面人员交接，同时要确保聋哑旅客重新登机。到达目的地后，客舱服务人员必须将聋哑旅客送交地面服务人员。

3. 轮椅旅客

（1）在登机时，客舱服务人员主动搀扶可以行走的轮椅旅客上机，帮助其提拿、安放行李。对完全丧失行走能力且无人陪伴的轮椅旅客，则协助地面人员将其接上飞机，并安置于指定的座位。不要把轮椅旅客安排在靠近紧急出口的座位。一般说来，轮椅旅客要优先登机，最后下飞机。

（2）帮助旅客妥善放置好随身拐杖，并及时提供其使用。根据轮椅旅客的需要，热心推介适宜的餐食和饮料。关注其用餐情况，及时收回餐盘以方便轮椅旅客行动。

（3）如果轮椅旅客去洗手间等有困难，民航服务人员应该主动提供耐心、细心的帮助，对其介绍飞机颠簸时如何固定、保护自己。在飞机下降前，带班乘务长应该通知机组人员轮椅旅客的类别，使地面人员获取相关信息，准备轮椅。

（4）根据情况，决定是否需要升降车。责令民航服务人员帮助轮椅旅客整理好所有物品，告知落地后下机的相关事宜，让其安心，并填写特殊旅客空中生活记录。

（5）下机时，搀扶、协助旅客坐上轮椅，并与地面人员办好交接手续。

4. 担架旅客

（1）如果有担架旅客乘机，飞机上应有专用担架或者能将医用担架在飞机上牢固地固定。必须在飞行前通知机组，客舱服务人员要事先了解该旅客的情况，确认陪同人员，以及有无特殊要求等。一般说来，担架旅客应先上飞机。如果担架随机，那么，客舱服务人员应协助将旅客和担架安置在普通舱后三排左侧。如果担架不随机，那么客舱服务人员可以在座椅上铺垫毛毯、枕头等，根据病情让旅客躺卧，并帮助他系好安全带。飞行途中，应由专人（客舱民航服务人员）负责留心观察、询问担架旅客及其陪同人员情况，并根据其需求尽可能提供帮助。

（2）客舱服务人员与陪同人员商量，提供特殊服务。与陪同人员进行沟通，了解担架旅客的病情，以便调整服务预案。飞机下降前，客舱服务人员应通过机组与地面联系安排交接事宜。飞机下降时，客舱服务人员应提醒担架旅客躺好、扶稳、系好安全带。飞机到站后，担架旅客最后下飞机。下机时，客舱服务人员应协助整理、提拿手提物品。

（3）被运送的担架旅客及护送人员要在规定的合同上签字，保证在可能发生的应急撤离中，担架旅客和病残旅客不能先于其他旅客撤离，如在上述情况中发生意外事件，航空公司均不负责。

5. 拐杖旅客

（1）在登机时，客舱服务人员应主动帮助拐杖旅客提拿和安放手提物品，引导其入座。可将手杖或拐杖沿机身墙壁竖放在不靠紧急出口的座位下，或放在一个许可的储藏空间内，手杖也可以平放在任何两个非紧急出口窗口座位下面，但手杖的长度不能进入过道。

（2）对于使用拐杖的旅客，客舱服务人员应该留心观察，当发现旅客需要使用拐杖时，应尽快将拐杖递给旅客并热情搀扶引导。如果旅客需要使用洗手间，客舱服务人员应协助开门，在门外等候，帮助旅客回座位，并询问旅客下机时是否需要轮椅。

三、掌握病残旅客的沟通要点

1. 适当的语言沟通

病残旅客由于自身原因，在乘机中多有不便之处。民航服务人员在沟通的过程中，要有耐心，语气要缓慢，动作要谨慎，措辞也要十分注意，一定要尊重旅客的意愿。不要开口就说"你怎么什么也不会？"等伤人自尊的语言，禁止使用"你看不见呀""你没听到"等忌语，要切实照顾到病残旅客的特殊之处。面对视力障碍旅客时，应注意语言表达，不得交谈关于用眼可看到的相关语言。面对聋哑旅客时，可多借用肢体语言、

▲ 微课：轮椅旅客服务要求

文字书面表达等,要注意客舱广播的局限性,做必要的服务替代。

2. 善于发现和留心

病残旅客因为各自病患的部位不同,有些旅客的病患,服务人员能够一眼辨识出来,这时应立刻提供帮助,如四肢不健全的旅客。但有些旅客的病患并不能立刻发现,如聋哑旅客,在外观上民航服务人员不容易辨识,他们也不愿意别人发现自己的残缺。这就对乘务服务工作提出了更高的要求,用心去观察、去揣摩和分析旅客的诉求和意见。

在服务过程中,对于不能用语言表达的旅客,民航服务人员要迅速地反应,然后不动声色地提供细致周到的服务,切不可歧视、嘲笑甚至模仿病残旅客。

3. 善于倾听,积极回应

在民航服务过程中,乘客的行为会影响服务质量和服务效果。乘客有效的参与行为是保证服务质量和满意度的必要和重要条件。由于不同的旅客需求不同,故对之应采取不同的沟通方式。对病残旅客,服务人员尤其要学会倾听,不计较旅客的语气和表情,在倾听的过程中做出合适的语言和肢体回应。

在与旅客沟通中,"谈话"是一种特殊的沟通能力,但学会"听话"也是乘务员在沟通中一个必备的重要品质。服务人员一旦成为善于倾听的人,就会在服务技巧方面胜人一筹。倾听的目的,不仅是听到对方说的话,还要理解对方的感受,感知对方是否对自己敞开了心扉,并对他们说话的语气及伴随的身体语言做到心领神会。倾听就是接通对方的心灵,倾听也是最佳形式的说服。服务人员要想说服旅客,让他们相信你,对你有信心,乃至听从你的意见,恐怕没有比真诚的倾听并表现出真正的关心更加有效的方式了。在倾听的时候,服务人员的心里正在默默地向对方说:"我想理解你,我想知道你的需求,我要帮你解决问题,因为你很重要。"

职场小贴士

倾听的原则与倾听的效果

(1) 倾听的原则。

1) 倾听者要适应讲话者的风格。每个人传递信息的时候,说话的音量和语速都是不一样的,倾听者要尽可能适应讲话者的风格,接收更多、更全面、更准确的信息。

2) 倾听不仅仅是用耳朵在听,还应该用眼睛去看。耳朵听到的仅仅是部分信息,而眼睛看到的是讲话者传递给倾听者更多的思想和情感,因为这需要更多的肢体语言去传递,所以,听是耳朵和眼睛在共同工作。

3) 首先是要理解对方。听的过程中一定要注意,站在对方的角度去思考问题,而不是去评论对方。

4) 鼓励对方。在听的过程中,与对方保持目光交流,并且适当地点头示意,表现出有兴趣的倾听。

(2) 倾听的五个层次。在沟通的过程中,因为每个人的倾听技巧不同,所以，看似普通的倾听又分为五种不同层次的倾听效果。

1) 听而不闻。所谓听而不闻，简而言之，可以说是不做任何努力地听。听而不闻的表现是不做任何努力，可以从倾听者的肢体语言看出，他的眼神没有和你交流，他可能会左顾右盼，他的身体也可能会倒向一边。听而不闻，意味着双方不可能有一个好的沟通结果，当然更不可能达成一个协议。

2) 假装倾听。假装倾听就是要做出倾听的样子让对方看到，当然假装倾听的人也没有用心在听。在工作中常有假装倾听现象的发生，如倾听者和客户沟通时，客户有另外一种想法，出于礼貌他在假装倾听，其实他根本没有听进去；上下级在沟通的过程中，下级惧怕上级的权力，所以做出倾听的样子，实际上没有在听。假装倾听的人会努力做出倾听的样子，他的身体大幅度地前倾，甚至用手托着下巴，实际上没有在听。

3) 选择性地倾听。选择性地倾听就是只听一部分内容，倾向于倾听所期望或想听到的内容，这也不是一个好的倾听。

4) 专注地倾听。专注地倾听就是认真地听对方讲话的内容，同时与自己的亲身经历做比较。

5) 设身处地地倾听。设身处地地倾听，不仅是听，而且努力在理解讲话者所讲的内容，所以用心和脑站在对方的角度去听，去理解，这才是真正设身处地地倾听。设身处地地倾听是为了理解对方，从对方的角度思考：他为什么要这样说？他这样说是为了传达怎样的信息、思想和情感？如果你的上级在和你沟通的过程中，他的身体却向后仰过去，那就证明他没有认真地与你沟通。当对方和你沟通的过程中，频繁地看表也说明他现在想赶快结束这次沟通，你必须去理解对方：是否对方有急事？可以约好时间下次再谈，对方会非常感激你的通情达理，这样做将为你们下一次的良好沟通建立基础。

有效倾听分为四个步骤：

（1）准备倾听。首先，就是倾听者应给讲话者传递一个自己已做好准备倾听的信号，给讲话者以充分的注意。其次，准备倾听与自己不同的意见，从对方的角度思想问题。

（2）发出准备倾听的信息。通常在倾听之前会和讲话者有一个眼神上的交流，显示倾听者给予发出信息者的充分注意，即告诉对方：我准备好了，你可以说了。要经常用眼神交流，不要东张西望，应该注视对方。

（3）采取积极的行动。积极的行动包括频繁点头，鼓励对方去说。在倾听的过程中，也可以身体略微地前倾，这是一种积极的姿态，这种积极的姿态表示：自己愿意去听，努力在听。同时，对方也会有更多的信息传递给倾听者。

（4）理解对方全部的信息。倾听的目的是理解对方全部的信息。在沟通的过程中没有听清楚、没有理解时，应该及时告知对方，请对方重复或者解释，不要不懂装懂。所以在沟通时，如果发生这样的情况要及时告知对方。

为病残旅客服务过程中，除有效的倾听外，还要给予积极的回应。回应有两种：一种是正面的回应，另一种是建设性的回应。正面的回应就是对对方做得好的事情予以肯定，希望好的行为再次出现。建设性的回应就是在别人做得不足的地方，给他提出建议。请大家注意建设性的回应是一种建议，而不是一种批评，这是非常重要的。

回应也有负面的。在工作中，接收到负面回应会给人带来负面的影响。所以，只有正面的回应和建设性的回应，没有负面的回应，不存在负面的回应这个定义。在沟通过程中，没有回应的信息，沟通就不完善，因为信息过去了却没有回来，是一种单向的行为。所以，没有回应就不能称为完整的沟通。回应，就是给对方一个建议，目的是帮助对方，把工作做得更出色。

职场小贴士

在回应的过程中，我们一定要注意有的情况并不是回应：

（1）指出对方做得正确的或者是错误的地方并不是回应。回应是你给对方的建议，为了使他做得更出色。

（2）对于他人的言行的解释，也不是回应。例如，我明白你的意思，你的意思是×××——这不是回应，这只是倾听的一种。

（3）对于将来的建议。对于将来的建议也不是回应。回应就是对刚才你接收到的这些信息给对方一个建议，目的是使他做得更出色。

4. 真诚表达，拉近距离

对待病残人士一定要真诚，要充满爱心地与其进行沟通。病残旅客比较敏感，也比较自闭，所以包括眼神、语言、肢体表达等都需要透露出对其的关心和爱护，为进一步的沟通做好铺垫。

5. 语言得当，鼓励引导

病残人士一直生活在疾病的阴影与痛苦之中，自卑感和挫折感明显且容易反复。因此，与其沟通时语言一定要朴实，切勿轻易许诺，否则会适得其反，加重他的挫折感，导致其产生不信任感。

单元六　孕妇旅客沟通

孕妇多指怀孕32周以下的旅客。航空公司通常对孕妇乘机制定了一定运输规定，只有符合运输规定的孕妇，承运人方可接受乘机，怀孕超过9个月的孕妇不能接受运输。

职场小贴士

孕妇的特征

孕妇的特征包括：

（1）遇见危险情况，孕妇容易心理紧张、情绪激动，需要安抚。

（2）孕妇对飞机上的气味或者颠簸比较敏感，可以多提供1个清洁袋、1块小毛巾、1杯温开水给旅客。

（3）在低气压、低氧、客舱内空间狭小等条件下，孕妇容易发生不适甚至早产的现象。尽管通常规定怀孕8个月以内的健康孕妇乘机没有限制，如有特殊情况，应在乘机前72小时内交验由医生签字、医疗单位盖章的"诊断证明书"。

一、了解孕妇旅客的服务需求

1. 登机服务

在办理登机牌时，工作人员应主动为孕妇旅客安排靠前及靠近过道的座位，为了方便孕妇旅客上、下飞机及去洗手间，主动帮孕妇提拿、安放随身携带的物品，注意调整通风口。

2. 客舱服务

（1）介绍客舱服务设备：主动介绍客舱服务设备的使用方法与注意事项，如安全带、呼唤铃、通风口的使用方法，洗手间的位置等，教给孕妇旅客如何使用呼唤铃，必要时给予协助。

（2）孕妇旅客的座位不应安排在紧急出口、通道处。选择靠近过道的座位，方便孕妇旅客起身活动。在飞机上每隔1小时走动一下，让下肢血液循环畅通。也可定时做一些简单的运动，如活动双肢、转动脚踝。

（3）协助孕妇旅客将安全带系于大腿根部，并告知解开的方法。一般来说，孕妇旅客在系安全带时，绝对不能轻率，首先要调整腰部护带，将其放在隆起的腹部下方，绝对不要放在上方，这样可以减少飞机颠簸撞到腹部的概率，如果有肩部安全带，应同时系好肩部安全带。腹部略宽松，肩部略紧即可。

（4）对孕妇旅客应由指定的客舱服务人员负责照料，在紧急情况下，指定两名援助者协助孕妇旅客撤离飞机。客舱服务人员应及时了解孕妇旅客的情况并给予适当适时的照顾，尤其是出具医疗证明的孕妇旅客。

（5）起飞和下降前给孕妇旅客在小腹下部垫一条毛毯或一个枕头。

（6）孕妇容易饥饿，应事先多准备一些食物。为其多准备几个清洁袋，以免孕吐频繁。

3．到站服务

（1）到达目的地后，帮助孕妇旅客提拿物品并送下机，与地面工作人员交接。

（2）民航服务人员应提醒孕妇旅客上下机时要小心，提醒其他旅客注意不要碰撞到孕妇旅客，以及提醒坐在孕妇旅客前排的旅客在航班中尽量不要放倒座椅靠背。

二、遵守孕妇旅客的服务原则

（1）由于在高空飞行中，空气中氧气成分相对减少、气压降低，因此，对孕妇旅客的运输需要有一定的限制条件，承运方需了解孕妇旅客的妊娠期是否符合乘机规定。

（2）怀孕 32 周或不足 32 周的孕妇旅客乘机，除医生诊断不适宜乘机者外，可按一般旅客进行运输。

（3）怀孕超过 32～36 周的孕妇旅客乘机，应提供包括旅客姓名、年龄、怀孕时间、旅行的航程和日期、是否适宜乘机、在机上是否需要提供其他特殊照顾等内容的医生诊断证明。

（4）医生诊断证明书，应在孕妇旅客乘机前 72 小时内填开，并经县级（含）以上的医院盖章和该院医生签字方能生效。

（5）预产期在 4 周以内即怀孕超过 36 周的孕妇，或预产期不确定但已知为多胎分娩或预计有分娩并发症者，不予接受运输；产后不足 7 天的女性，原则上不予承运。

三、掌握孕妇旅客的沟通要点

1．询问排查危险

发现有孕妇乘机时，首先要确认该孕妇是否符合乘机标准，若该孕妇的怀孕时间超过 36 周，应劝其改换其他交通工具。

2．嘱咐应急呼叫

民航服务人员要帮助孕妇旅客提拿行李、安排座位，特别要告知其呼唤铃的使用方法。注意调节通风口的方向以免孕妇旅客着凉。提供小毛毯给她们垫在安全带下面，以防安全带过紧、过硬而影响胎儿。

3．特殊状况沟通

如果遇到孕妇旅客即将分娩，尽量安排孕妇旅客到与其他旅客分离的适当位置。迅速广播寻找医生、护士或年长女旅客的帮助，报告机长整个事情的发展情形，以便必要时做好紧急迫降的准备。关闭孕妇旅客座位上方的通风口、安抚孕妇旅客的情绪，对所需工具进行消毒，准备大量的开水，利用现有的药物，与孕妇旅客、医生商量安排分娩的工作。分娩处理应根据航空公司操作流程，报告机长通知地面采取相应措施。

4．语气温和，亲切友好

关心留意孕妇旅客身体状况，注意让孕妇旅客充分休息，不要打扰。

单元七　醉酒旅客与额外占座旅客沟通

一、醉酒旅客沟通

醉酒旅客是指酒精、麻醉品或毒品中毒，失去自控能力，在航空旅行中明显会给其他旅客带来不愉快或可能造成不良影响的旅客。

> **职场小贴士**
>
> **醉酒旅客的特点**
>
> （1）醉酒旅客行为失常，不易控制自己的行为；
> （2）醉酒会导致人体的心理和生理功能失调；
> （3）酒后高空飞行易突发心脑血管疾病；
> （4）醉酒旅客往往大声吵闹，加上其醉酒后的呕吐物会妨碍其他旅客的旅行。

1. 遵循醉酒旅客的服务原则

（1）醉酒旅客一般不予运输；
（2）承运人可根据醉酒旅客的外形、言谈、举止自行判断决定是否准予承运；
（3）对酒后闹事，影响其他旅客乘机的行为，航空公司有权拒绝其乘机；
（4）在飞行途中，如发现旅客仍在处于醉酒状态则不适宜旅行，或给其他旅客带来妨碍时，机长有权令其在下一个经停点下机；
（5）上述旅客被拒绝乘机，退票时，按非自愿退票处理。

> **职场小贴士**
>
> 按照有关规定，醉酒旅客不得乘坐民航客机。这主要是为旅客自身的安全考虑。首先酒后乘机对乘机者健康不利，酒后高空飞行易突发心脑血管疾病；其次醉酒旅客行为失常，不易控制自己的行为，对客舱其他旅客的安全构成隐患。所以，旅客如果准备乘坐飞机出行，应慎饮酒。如果旅客已经喝了过多的酒，请联系机场医务处，医生将检查该旅客是否适合登机，或者采取解酒措施。

2. 醉酒旅客沟通技巧

据不完全统计,醉酒旅客登机后闹事至航班延误的事件频频发生。醉酒旅客在机上的行为不仅延误了航班,影响了自己和其他旅客的行程,还将危害航空安全。遇见醉酒旅客,沟通时要重点关注其是否影响航程安全和是否影响他人安全,问题升级要及时上报,与地面协调,万不可以盲目自大地采取解酒方法。与醉酒旅客沟通应耐心、礼貌,并注意以下几点:

(1)禁止与旅客发生正面冲突;
(2)有义务劝阻和通知机长、乘务长采取措施;
(3)根据情况礼貌劝阻旅客退票或待酒醒后再登飞机,并安排专人留意旅客行为和跟踪处理;
(4)言语要文明,说话要和气,注意旅客的情绪;
(5)发生纠纷时,要冷静,避免争吵;
(6)情节严重地应及时与地面公安机关联系,依法进行处理。

二、额外占座旅客沟通

额外占座旅客也称自理行李占座旅客,是指为了个人舒适而要求占用两个或两个以上座位的旅客。旅客额外占座,应在购票时提出申请,经承运人同意后方可运输。办理乘机手续时,为旅客发放一个登机牌,在登机牌上注明旅客占用的全部座位的号码。旅客的座位,应根据旅客本人的情况安排。如属于特殊旅客,应遵守有关特殊旅客座位安排的规定。额外占座旅客的免费行李额,按其所购客票票价等级和所占座位数确定。

> **职场小贴士**
>
> **额外占座旅客的特征**
>
> 额外占座旅客有多种。一般额外占座旅客多数是超胖旅客,他们的行动可能相对比较迟缓,而且这些旅客也有较强的自尊心和较为敏感的内心。滑稽、怜悯的表情和目光或过分周到的服务都可能会激怒这些旅客。还有一些是行李额外占座等。
>
> 额外占座和手提行李占座应在订座时提出申请,在取得航空公司同意后方可运输,并填写适用的"乘机申请书"。售票人员在接受额外占座旅客购票时应及时拍发运输通知电报或者采用传真方式通报始发站、经停站、目的站的服务保障部门。额外占座旅客的免费行李额,按其所购客票票价等级和所占座位数确定,自理行李占座客票没有免费行李额。

1. 额外占座旅客的服务需求

(1)办理乘机手续时,为旅客发放一个登机牌,在登机牌上注明旅客额外占用的全部座位的号码，旅客的座位应与额外占用的座位连在一起，并根据旅客本人的情况安排。

（2）额外占座旅客应遵守相关规定，每一座位放置的行李物品总重量、国内航班不得超过 72 kg，国际航班或者国际航班国内段不得超过 75 kg，总体积不得超过 40 cm×60 cm×100 cm，占座行李不计入免费行李额。

（3）额外占座旅客应遵守特殊旅客的运输规定，不要安排坐在出口座位，安全带必须可以延接使用。

2. 客舱预订占座行李

客舱预订占座行李是指旅客为其购票而带入客舱的物品，该物品一般是由于易碎、贵重等原因不能交运，并且体积太大或太重而不能当作手提行李储存。旅客在购票、交运此类客舱占座行李时，需注意以下事项：

（1）旅客须在订座时提出占座行李的申请，经航空公司同意后方可承运，并为行李购买占座票。

（2）在每个座位上承运的预订占座行李总重量不得超过 75 kg，总体积不得超过 40 cm×60 cm×100 cm。

（3）行李应用恰当的方式包装或覆盖好，以防对其他旅客造成伤害。

（4）旅客购买的占座行李票没有免费行李额。

（5）客舱预订占座行李的收费按下列两种办法计算运费，收取较高者：

1）根据占座行李的全部实际重量，按逾重行李计算运费。

2）按行李需占用的座位数，以运输起讫地点之间，与旅客本人所持客票舱位等级相同的标价计算运费。另外，由于一般代理旅行社不受理此类机票销售，旅客需到达直属售票处购买或致电服务热线购买。

3. 额外占座旅客的沟通要点

（1）注意观察，必要时提供加长安全带；介绍其使用机上较大的洗手间；落地后及时收回加长安全带。

（2）完全以对待普通旅客一样的态度来为他们服务。身材肥胖的旅客其实都不太喜欢被人谈论和注视自己的体形，特别是女性。

（3）对于私自额外占座的旅客，要耐心解释，如多次劝说无效，则向上级汇报，情节严重者可中断其行程。

单元八　遣返旅客及在押人员沟通

一、遣返旅客沟通

遣返旅客是指因不能提供入境国所需的有效相关证件、证明或被入境国拒绝入

境，所在国责令随即返回出发地的旅客。遣返旅客包括拒绝入境旅客和离境旅客。

一般而言，当地移民执法机关会要求安排最近的航班将遣返人员返回至上一始发口岸，但如果本次航班已经满员，并且预报给当地移民执法机关的乘客信息审核无问题，首先应当满足离境旅客的合法权益。如果确实没有空座，被执行遣返的人员可以由该国移民执法机关安排在专门的监视场所限制其活动范围，直至有合适的航班运输。

二、在押人员沟通

由于在押人员是受到国家现行法律管束的，在处理在押人员运输时，必须与有关公安部门，以及通过外交途径与有关外交部门取得密切联系。

1. 犯人旅客服务需求

（1）必须严格执行"谁押解、谁负责"的原则并履行相应的审批程序。运送的不得超过3名。被押解人员不涉嫌暴力及恐怖犯罪。

（2）当航班着陆后，安保组合乘务组应协助地面公安人员将犯罪嫌疑人押下飞机，如果是政治犯、经济犯，则不用特别对其人身自由采取限制。

（3）乘务长接到运送在押人员通知后，应确认在押人员和押解人员的人数、座位安排等情况，并详细报告机长。

（4）在押人员应安排在客舱后部三人座的中间座位，他们的座位不得靠近或正对任何出口以防出现意外（情绪失控乱动舱门等）。

2. 在押人员沟通要点

（1）乘务组接到通知后，及时传达到每一位乘务员。
（2）要像对待一般旅客一样对待在押人员。
（3）尽量避免将在押人员的身份暴露给其他旅客。
（4）应该最先上飞机，最后下飞机。

单元九　国际航班旅客沟通

国际航班旅客来自不同的国家或地区，其自身的语言、文化、习俗等与民航服务人员差别很大，这就需要民航服务人员具备不同文化之间沟通交流的能力。

一、语言沟通

国际民航组织把英语定为民用航空的专门用语，民用航空的一切文件、通话用语、交际语言等都必须将英语视为第一语言。任何航空公司客舱乘务员的服务用语都应包括英语服务。把英语视为外语的中国乘务员尽管在上机前进行过专门的英语语言训练，但大多数乘务员英语基础较差，英语应用能力，尤其是英语的听说能力不强，有的乘务员根本无法用英语进行口语交际，这严重影响了乘务员与旅客的沟通效果。再加上旅客来自不同的国家或地区，有的旅客的母语不是英语，而是法语、西班牙语、德语等语种。语言的多样性对以汉语为母语的中国乘务员来讲，更增加了乘务员与旅客之间的交际难度，有时甚至无法交流。除语言之间的交际难度外，由于中国幅员辽阔，民族较多，不同地区的人带有不同方言，语言交际也时有障碍。

为了克服语种及方言多样性带来的交际困难，民航服务沟通中应做到以下几点。

1. 提高英语听说表达能力

随着我国民航事业的不断发展，越来越多的国际旅客来到中国，使各航空公司对乘务员的英语水平要求日益提高，特别是乘务员的英语听说能力。地道的发音、清楚的表达，以及如何对旅客的要求做出语言上适当的回应，是民航服务英语能力方面的重点内容。空中乘务这一职业的特点要求从事这一职业的人员具有与不同人群良好沟通交流的能力，而英语作为在世界范围内应用最广泛的语种，成为民航服务人员必须熟练掌握的工作语言之一。因此，要想提高与国际旅客的沟通交流效果，准确把握国际旅客服务需求，空中乘务员必须提高英语听力能力和口语表达能力。

2. 用旅客本国语言问候拉近距离

用旅客的本国语言将旅客的姓名、职务称呼出来，这是旅客最开心的事情。对客服务的第一句问候语有特别的意义，对任何国家的旅客都用"你好！"来问候，通是能通，但是旅客的亲切感和满意度不会太高。如果初次的问候是旅客的母语，那么旅客会感到意外和感激。所以，多学几种语言的问候语十分必要，哪怕只是只言片语，有点差错且显得笨拙也没有关系。例如，某年圣诞节期间，值机员为一位德国旅客办理乘机手续，他的姓氏长达18个英文字母，当值机员试着称呼该旅客时，他开始很惊讶，继而非常高兴地说道："很少有人能把我的姓读准，你做到了，很好，国航小姐非常棒！"除此之外，能用旅客母语说"谢谢！"和"再见！"沟通效果就更理想了。

二、非语言沟通

客舱乘务员每时每刻都在进行跨文化沟通，处处都需要与旅客进行非言语交际。由于旅客来自不同的国家或地区，他们拥有不同的文化背景、风俗习惯、信仰等，因此，他们有着不同的非言语交际方式和行为。即使某些相同的非言语交际行为，它们在不同的文化里也有不同甚至相反的含义。非言语交际方式的不同使原本因语言交际都有一定困难的客舱乘务员与旅客之间的沟通又多了一道障碍。某些非言语行为的差异，有时还会引起误会，甚至导致冲突，起到反作用。

飞机上的旅客来自不同的地区，他们都有不同的文化背景。在不同文化背景下非言语交际方式既有相同性也有差异性。了解不同文化背景下相同非言语交际方式的差异对避免文化冲突，提高跨文化沟通能力具有重大意义。

了解不同文化背景下表达相同意义的不同表达方式。不同文化背景下的人们出于宗教信仰、民族习惯等原因，在进行非言语交际的时候即使表达相同意思，其表达方式也各有不同。例如，东方人相互交谈时一般不直视对方，还会因交际双方年龄、地位、性别等因素有所差异，而西方人则希望对方目视自己以示尊敬；在中国文化中点头表示肯定，而在有些国家的文化中点头表示"NO"等。

客舱服务的对象千差万别，乘务员应根据不同服务对象适时调整非言语交际方式，让不同文化背景下的旅客都能体验到温馨的服务，并正确掌握国际旅客通过非言语交际所想表达的意愿。

拓展阅读

涉外禁忌文化常识

（1）数字忌讳。

1）许多西方国家特别是天主教教徒认为"13"是凶险数字，应当尽量避开它。有些人甚至对每个月的"13"日这一天也感到惴惴不安，他们认为星期五也是不吉利的。所以，西方人在"13"日（特别是星期五）一般不举行活动，甚至门牌号码、旅馆房号、楼层号、宴会桌号、车队汽车的编号等都不用"13"这个数字，宴会也不安排在"13"日举行，更忌讳"13"人同席共餐。如果"13"日和星期五碰巧在同一天，这一天就被西方人称为"黑色星期五"。

2）西方人出于对战争死亡的恐惧，还忌讳数字"3"，特别是在点烟点到第三个人时，他们往往会面呈难色，有的人甚至会婉拒。

3）非洲大多数国家认为奇数带有消极色彩；而在日本奇数则是吉祥福星的数字，他们对偶数却不感兴趣。在日本尽量避免使用"4"和"9"两个数字，因为在日语中"4"与"死"同音，所以日本医院都没有4号病房和病床，谁也不愿意躺在"死"号病床上等死。而"9"的发音与"苦"类似，所以，也不受人欢迎。海外华侨和港澳同胞中的广东籍人士，也忌用"4"做标志，遇到非说"4"不可时，就用"两双"或"两个二"来代替。

（2）食品忌讳。比如，伊斯兰国家和地区的居民不吃猪肉和无鳞鱼；日本人不吃羊肉；东欧一些国家的人不爱吃海味，忌吃各种动物的内脏；叙利亚、埃及、伊拉克、黎巴嫩、约旦、也门、苏丹等国的人，除忌食猪肉外，也不吃海味及各种动物内脏等。

（3）颜色忌讳。日本人认为绿色是不吉利的象征，所以忌用绿色；巴西人认为棕黄色为凶丧之色；欧美许多国家把黑色作为丧礼的颜色，以示对死者的悼念和尊敬；埃塞俄比亚人则以穿淡黄色的服装表示对死者的深切哀悼；叙利亚人将黄色视为死亡之色；巴基斯坦人忌黄色，认为黄色是僧侣的专用服色；而委内瑞拉人却用黄色作医务标志；蓝色在埃及人眼里是恶魔的象征；比利时人也忌讳蓝色，如遇有不吉利的事，都穿蓝色衣服；土耳其人则认为花色是凶兆，因此在布置房间、客厅时禁用花色，好用素色。

（4）花卉忌讳。鲜花美丽、健康而又有魅力，使人感受到蓬勃的生机和向上的朝气，在世界范围内都是受欢迎的礼品。但不同的国度对某些花的含义在理解上是有所区别的。如郁金香在土耳其被视为爱情的象征，但德国人却认为它是没有感情的花。对罗马人来说，百合花是美与希望的象征，而对波斯人来说它是纯真和贞洁的表示。荷花在中国、印度、泰国、孟加拉国、埃及等国评价很高，但在日本却被视为象征祭奠的不祥之物。菊花是日本王室的专用花卉，人们对它非常尊重，然而其在西班牙、意大利和拉美各国却被认为是"妖花"，只能用于墓地和灵前。在法国，黄色的花朵被视为不忠诚，还忌送菊花、杜鹃花、纸花及黄颜色的花朵，送花要送奇数（13除外），忌偶数。给加拿大人送鲜花不要送百合花。在国际交际场合忌用菊花、杜鹃花、石竹花、黄色的花献给客人，这已成为国际交往的惯例。因此，需要特别注意，以免引发不良后果。

（5）图案禁忌。在英国忌用大象、孔雀图案，英国人认为它们是蠢笨的象征。孔雀在我国是喜庆的标志，但是在英国却被看作淫鸟、祸鸟，连孔雀开屏也被视为是自我炫耀吹嘘的表现。蝙蝠在我国被看作"福"的象征，但在美国人眼里，它是凶神煞。仙鹤在我国和日本被视为长寿的象征，而在法国却被作为蠢汉和淫妇的代称。日本人对饰有狐狸和獾图案的物品非常反感，认为它们是贪婪、狡诈的象征。西方人普遍忌讳黑猫。北非一些国家普遍忌用狗作商标，但欧美等西方国家却视狗为神圣的动物、忠诚的伴侣，还常常把它们作为家庭成员向客人介绍。在伊斯兰教盛行的国家和地区，忌用猪作图案，也不用猪皮制品；我国的熊猫，因其外形似猪，也在图案禁忌之列。法国人忌用黑桃图案（认为它不吉利）。德国人的服饰、商品忌用"卐"字图案或类似符号，因为那是纳粹的象征符号。

（6）行为动作忌讳。在使用筷子进食的国家，不可用筷子垂直插在米饭中。在佛教国家不能随便摸小孩的头，尤其在泰国，他们认为人的头是神圣不可侵犯的，头部被人触摸是一种极大的侮辱。脚被认为是低下的，忌用脚示意东西给人看，或把脚伸到别人跟前，更不能用脚把东西踢给别人，这些均是失礼的行为。欧洲国家，新娘在婚礼前是不试穿结婚用的礼服的，因为害怕幸福婚姻破裂。还有些西方人将打破镜子视作运气变坏的预兆。另外，西方人不会随便用手折断柳枝，他们认为这是要承受失恋的痛苦。在匈牙利，打破玻璃器皿，就会被认为是厄运的预兆。中东人不用左手递东西给别人，认为这是不礼貌的行为。英美两国人认为在大庭广众之下节哀是知礼，而印度人则相反，丧礼中如不大哭，就是有悖礼仪。

三、不同国家旅客的服务沟通

1. 国际航班旅客服务注意事项

（1）耐心。耐心倾听旅客的抱怨，不轻易打断旅客的叙述，而且不批评旅客的不足。鼓励旅客进行批评，耐心听完他们的倾诉和抱怨。

（2）态度好。旅客有抱怨或投诉说明他们对企业的产品或服务不满，要积极友好地处理，否则会使他们情绪受到影响，恶化乘务员与旅客的关系，态度诚恳能够降低旅客的抵触情绪。

（3）动作快。面对旅客提出的需要，乘务员应该及时予以解决，争取最短时间内达到最佳效果。

（4）语言得体。旅客在反映问题时，有时会言语过激，乘务员在解释时，措辞要严谨，合情合理，考虑旅客的国情风俗、文化特点，委婉地与旅客进行沟通。

（5）办法多一点。在处理旅客投诉和抱怨时，除积极解决问题外，还可以进行慰问、道歉或者补偿、赠送国际小礼品等。

2. 美国旅客

美国旅客的性格大多活泼、开朗、健谈，他们对于机上服务的要求不是特别挑剔，易于沟通。乘务员可以通过与美国旅客分享见闻等方式寻找共同话题，会赢得旅客极高的赞誉。美国旅客在飞机上喜欢喝酒或者拿出笔记本电脑继续工作，因此，乘务员在进行酒水服务时，应主动询问旅客需要哪类酒水，提供及时的服务。在美国旅客工作期间，应轻声细语，以免其受到打扰。

3. 法国旅客

法国旅客谈吐文雅，热情幽默，他们有耸肩膀表示高兴的习惯。他们在同人交谈时，喜欢相互距离近一些，认为这样显得亲切。谈话过程中经常用手势来表达某种意思，但有的手势和我们的习惯不同。法国旅客特别爱闲聊，但从不涉及粗俗话题，对庸俗下流的举止极为鄙视。

4. 日本旅客

日本旅客非常讲究礼节礼貌，在飞机上，日本旅客正戴着耳机看书或者处理文件时，如发现快服务到他的时候，就会早早摘下耳机等候乘务员，即使没看到乘务员，只要乘务员轻轻说一声"Excuse me"，他就会迅速摘下耳机，点头致歉之后，立刻送来一个大大的微笑，等着乘务员和他讲话。日本旅客喜欢在飞机上给美食拍照，分享其中的乐趣。

5. 韩国旅客

韩国旅客非常懂礼貌，在飞机上，如果需要目的地的地址，他们希望乘务员写在纸条上，好让出租车载他去目的地。韩国旅客爱喝果汁，尤其是那些颜色鲜亮的果汁。他们还会问乘务员有没有小点心。若与长辈同桌就餐时不许先动筷子，在用餐完毕后要将筷子整齐地放在餐桌的桌面上。韩国旅客认为，吃饭的时候不宜边吃边谈，高谈阔论。吃东西时嘴里发出响声是非常不礼貌的。

6. 英国旅客

英国旅客不喜欢表露自己的情感。如果乘坐飞机时，旁边是一个美国人，他在几个小时里面可能把自己的事情都告诉你，而如果是一个英国人，你听到的都是彬彬有礼的客套话，最多问问你天气如何，喜怒哀乐不是他们的表达方式。英国人一般不同陌生人交谈，情感不外露，也很少激动。

7. 阿拉伯旅客

有一句谚语，说的是"犹太人的脑、中国人的手、俄罗斯人的胆、阿拉伯人的舌头"，说明了阿拉伯人"舌头"的魅力。阿拉伯民族是喜欢社交的民族，总是喜欢聚在一起喝茶聊天，高谈阔论，舌头灵活。阿拉伯旅客乘坐飞机可以从飞机起飞直到降落一刻都不停地聊天。他们享受聊天时的快乐。

> **职场小贴士**
>
> **与旅客沟通忌语**
>
> 服务人员在工作岗位上应时时刻刻牢记服务忌语的消极后果，才能做到不使用服务忌语。服务人员在工作岗位上不宜使用的服务忌语主要有四类：
>
> （1）禁说不尊重之语。在服务过程中，任何对服务对象不尊重的语言，均不得使用。在正常情况下，不尊重之语多是触犯了服务对象的个人忌讳，尤其是与其身体条件、健康条件方面相关的忌语。
>
> （2）禁说不友好之语。在任何情况下，都绝不允许服务人员对服务对象采用不够友善，甚至满怀敌意的语言。例如，在服务对象要求服务人员为其提供服务时，使用鄙视前者的语言；当服务对象表示不喜欢服务人员推荐的商品、服务项目，或者是在经过了一番挑选，感到不甚满意，准备转身离开时，使用粗暴的语言；当服务对象对服务感到不满，或者提出一些建议、批评时，出言顶撞对方或使用对抗的语言等。在工作中使用不友好的语言对待服务对象，既有悖于职业道德，又有可能无事生非，或者进一步扩大事端。
>
> （3）禁说不耐烦之语。服务人员在工作岗位上要想做好本职工作，提高自己的服务质量，就要在接待服务对象时表现出应有的热情与足够的耐心。要努力做到：有问必答，答必尽心；百问不烦，百答不厌；不分对象，始终如一。假如使用了不耐烦之语，无论自己的初衷是什么，都是不合规范的。例如，当服务对象询问某种商品的功能时，不允许答"我也不知道""从未听说过"；当服务对象询问具体服务价格时，不可以答："那上面不是写着吗？""瞪大眼睛自己看"等。
>
> （4）禁说不客气之语。服务人员在工作之中，有不少客气语是一定要说的，而不客气之语则一句也不要说。例如，劝阻服务对象不要乱动乱摸乱碰时，不能说："瞎乱动什么？""弄坏了你赔啊。"

模块小结

特殊旅客主要包括重要旅客、儿童旅客、老弱旅客、病残旅客、孕妇旅客、醉酒旅客、额外占座旅客、遣返旅客、犯人旅客及国际航班旅客等。上述各类特殊旅客均有着自身的特点和服务需求，民航服务人员应掌握与不同旅客的服务沟通技巧，为其提供更加满意便利的民航服务。

岗位典型工作任务实训

1. 岗位实训项目

老年旅客沟通技巧训练。

2. 岗位实训内容

将学生分成两组：一组模拟老年旅客；另一组模拟民航服务人员。

3. 岗位实训要求

准备大约 5 分钟的模拟表演案例，由其他学生进行讨论后打分，并做出详细的分析与讲评。

4. 岗位实训心得

_____
_____
_____
_____
_____
_____
_____

▲ 在线答题

模块六

异常运输及突发事件服务沟通技巧

1. 了解旅客运输、航班运输异常的常见情形及突发事件的特性；
2. 关注突发事件对旅客的影响；
3. 掌握异常运输及突发事件服务沟通技巧。

能够在旅客运输、航班运输异常及突发事件时运用不同的沟通技巧化解民航服务中出现的危机。

1. 真诚坦率，勇敢果断，异常状况下用真心去沟通，取得他人的信任与支持；
2. 心胸豁达、乐于沟通、理解善待他人，适时给予他人尊重、理解与帮助。

案例导入

2014年3月8日凌晨2:40，马来西亚航空公司称一架载有239人的波音777-200飞机与管制中心失去联系。该飞机航班号为MH370，原定由吉隆坡飞往北京，于北京时间2014年3月8日6:30抵达北京。然而在马来西亚当地时间2014年3月8日凌晨2:40（与北京时间没有时差），飞机MH370与管制中心失去联系。马航开始启动救援和联络机制寻找该飞机。经过调查，该机于2014年3月8日1:20在胡志明管制区内同管制部分市区通信联络，同时失去雷达信号。

在锁定航班位置后，马来西亚和中国联手展开了大规模的搜救行动。泰国、越南、菲律宾、新加坡、澳大利亚等国家都参与了搜救行动。然而，经过长达16天的搜索，仍然没能找到MH370的残骸和机上人员。

2014年3月24日晚10点，马来西亚总理纳吉布在吉隆坡宣布，马航失联航班MH370在南印度洋坠毁，机上无一人生还。2015年1月29日，马来西亚民航局宣布，马航MH370航班失事，并推定机上所有239名旅客和机组人员已遇难。其中，包括277名旅客（2名婴儿）和12名机组人员。

马航MH370的失踪犹如一颗重磅炸弹让世界为之阵痛。我们无法想象这239名遇难人员的家属该如何面对这一噩梦，更无法预言马航需要多久才能从这次突发事件中恢复元气。如何安抚遇难人员家属成为马航下一阶段必须攻克的难题。

虽然在现实生活中，类似马航MH370失联这样重大的民航突发事件发生概率并不高，但航空突发事件的发生往往会给社会造成难以估计的伤害。尤其在马航事件之后，社会群众对民航突发事件的恐惧心理更加明显。即使是日常的、危机度低的突发事件也很容易激发旅客群体性的骚乱。因此，正确认识民航突发事件，提高突发事件沟通技巧是每一位航空从业人员必修的功课。

模块六　异常运输及突发事件服务沟通技巧

单元一　旅客运输异常服务沟通

通常情况下，旅客购买客票后，无论任何情况，旅客必须按照承运人规定的时间到达乘机手续办理处和登机口。为保证航班正点，如旅客未按承运人的规定办理乘机手续，承运人可以取消旅客预订好的座位。承运人对由于旅客原因未能乘机而产生的损失或费用不负责任。但由于某个环节中的差错，如客票出售后或因客票填写时的差错、值机工作人员办理航班时出错，以及航班飞行过程中出现的特殊情况，或由于旅客乘机过程中的种种原因导致的个人失误，造成旅客未能如期完成客票上所列航程的旅行，称为旅客运输不正常。出现旅客运输不正常情况，不仅会给旅客带来不便，也会给航空公司带来经济效益和社会效益上的损失。作为民航服务人员，一定要充分理解旅客的需求，及时了解旅客的想法和心态，尽最大努力为旅客解决困难，提供便利，并以优质的服务和贴心的沟通去感化旅客。

一、误机旅客沟通

误机是指旅客未按规定的时间办理乘机手续或因旅行证件不符合规定而未能乘机。

▲ 微课：矛盾冲突和投诉的处理

旅客误机后，经航空公司工作人员确认，应到乘机机场或原购票地点办理客票变更或改乘航班，即重新预订航班座位，变更航班、日期和舱位等级，也可以办理退票（团体旅客除外）。

在为旅客办理相关服务工作的同时，民航服务人员应积极热情，及时关注旅客因当前误机情况产生的情绪，主动与旅客进行沟通（注意沟通态度），尽快帮旅客解决问题。在服务过程当中，向旅客介绍误机等相关解决办法时，注意语速要平缓，耐心细致，特别是当旅客实际意愿确定后会涉及误机费问题，一定要和旅客讲解清楚，及时有效地为旅客提供最快捷的解决办法，不可烦躁、语气生硬，以免造成不必要矛盾的产生。旅客误机后，服务人员需要与旅客进行沟通的内容如下：

（1）得知旅客误机后，首先要询问旅客后续意愿，如旅客要求继续旅行，在后续航班有空余座位的情况下及时予以办理，免收误机费［团体旅客误机，客票作废，票款不退（承运人原因除外）］；持有在航班规定离站时间前72小时以内变更过航班、日期客票的旅客应交付客票价5%的误机费。

（2）未获得误机确认的旅客，应向旅客确认是否继续旅行，并告知旅客应交付客票价20%的误机费。

（3）旅客误机变更后，如要求再次变更航班、日期，应交付客票50%的变更手续费。

（4）对于误机后需要退票的旅客，承运人应根据规定收取误机费。例如，有些航空公司规定：旅客在所乘航班停止办理乘机手续后，航班离站时间前要求退票的，收取客票价 20%的误机费；在航班离站时间后要求退票的，收取客票价 50%的误机费（各航空公司规定各有不同，一般收取原付票款的 30 % ～ 50%，具体按照实际情况确定）。

> **拓展阅读**
>
> ### 误机的原因与影响
>
> 造成旅客误机的原因包括很多方面，如因非承运人原因发生误机问题，站在旅客角度分析，旅客能够意识到问题的发生源于自身，虽然也会由此产生不良情绪，但大部分旅客都能够自我调控，而这种情绪的调控会使旅客产生另外一种需求，即尽快把问题解决。相反，如果由于承运人原因造成旅客误机，如客票上的日期、起飞时间填写错误及航班衔接错失等，就会促使旅客产生不良情绪。这种情绪的产生是建立在旅客对航空公司服务的期待与信任上，可是由于承运人的过失，旅客的期待与信任转化成失望，甚至是怀疑、焦虑、愤怒等不良情绪，这时就需要民航服务人员具备良好的沟通技巧与服务态度，如对旅客深表歉意，不急于辩解，快速采取解决办法，优先安排旅客乘坐后续航班或签转给其他承运人承运等。

二、漏乘旅客沟通

漏乘是指旅客在航班始发站办理乘机手续后或在经停站过站时，未搭乘上指定的航班。通过定义的字面意思，可以了解到漏乘的旅客包括两类：一类是办理完乘机手续之后的始发旅客，另一类是过站经停的旅客。

在机场，几乎每天会有漏乘的旅客。这些旅客在没有赶上飞机之后，情绪上都是比较难以控制的，往往会把情绪发泄在机场服务人员身上。作为民航服务人员，应该抱着理解的态度去与旅客进行沟通。无论是过站旅客还是始发旅客漏乘，都不是故意为之。无论责任出于承运人还是旅客自身，未能乘机、造成经济损失都已经形成既定事实，所以，民航服务人员在服务与沟通时，要充分认识到这一点，这样就能够有一个正确的思想定位。避免在处理过程当中，因服务人员思想定位出现偏差，在语言上给旅客造成误解，导致旅客把对漏乘的抱怨转换为对服务人员服务态度的不满。同时，在服务及沟通时要关注信息的全面性，每位漏乘旅客所遇到的问题都不太相同，每一种原因都有诸多分类，所以，要能够倾听旅客的诉求，再找相关的岗位服务人员了解清楚当时的状况。在了解到各方所描述的情况后，才能够做出一个较全面的评估，并最大限度地帮助旅客解决问题，避免在处理过程中让旅客产生误解。

民航服务人员在服务程序环节中，也可以用声音，如触发广播对旅客进行另外一个层面的提醒，来减少注意力不集中的过站旅客漏乘；同时，对于晚到旅客手续的办理，一定要谨慎，在处理这一类旅客的问题时要充分考虑到登机状况、剩余的时间，要做好信息的传递与沟通，如遇特殊情况发生，可考虑由民航服务人员全程引导。

对于漏乘的旅客，服务人员应首先查明漏乘原因，根据不同漏乘原因分别进行处理，并且有针对性地开展与旅客之间的服务与沟通，沟通的内容包括：

（1）由于旅客原因造成漏乘，发生在航班始发站，按误机有关规定处理，即旅客可办理改乘后续航班，也可以办理退票；发生在中途站，不得改乘后续航班，按旅客自动终止旅行处理，该航班未使用的航段的票款不予退还。

由于旅客自身原因造成漏乘，则需要支付机票改签、退票的费用及时间安排和行程耽误造成的一系列损失。这个后果往往导致旅客出现焦虑情绪，心理压力增大。同时，旅客在这种时候会把所有的过错都归于机场和航空公司，造成投诉量的增加，给机场和航空公司的形象造成一定损害。

（2）由于承运人原因造成旅客漏乘，承运人应尽早安排旅客乘坐后续航班成行，并按航班不正常的相关规定，如旅客要求退票（航程改变或承运人不能提供原订座位时，旅客要求退票，始发站应退还全部票款，经停地应退还未使用航段的全部票款，均不得收取退票费），承运人应承担漏乘旅客等候后续航班期间的相关服务。

根据以上处理办法可以了解到如果因为承运人原因导致旅客漏乘，旅客不会付出额外的机票成本，主要是在时间安排及行程方面受到损失。所造成的漏乘由于承运人的快速反应，及时疏导，问题往往可以得到比较圆满地解决，所以，由承运人原因造成的漏乘占极少数。

综上所述，可以了解到在机场旅客漏乘的情况有很多种类型。旅客出现漏乘之后，给旅客自身、机场和航空公司都会带来很大的麻烦。在工作中要尽力去完善工作流程、硬件措施来减少旅客漏乘情况的发生。在处理旅客漏乘时，工作人员要遵照"充分理解、全面了解、尽力帮助"的原则。程序规范、服务态度明确，可以大大减少机场旅客的漏乘现象，也能够尽力帮助漏乘的旅客，让他们对机场的服务感到满意。同时，在工作中对于漏乘的旅客还要跟踪后续的进展，当漏乘旅客办妥手续登机后，客舱服务人员同样要以优质的服务来缓解旅客在旅途中的焦虑情绪。

拓展阅读

漏乘的原因

按照旅客类型分类，可分为过站旅客漏乘和始发旅客漏乘。

（1）过站旅客漏乘。

1）过站旅客到达经停站后，注意力不集中，个人认为已经到达目的站，下机后没能注意到机场的标识、标牌及工作人员的提醒，直接走出候机楼，选择乘坐其他交通工具前往下一目的地，导致漏乘。

2）过站旅客已知自己到达的是经停站，同时也换取了工作人员发放的过站登机牌，但是在候机隔离厅内因购物、上洗手间、看书报、睡觉等原因，导致精力不集中，没有注意登机广播，导致漏乘。

（2）始发旅客漏乘。

1）旅客办理完登机牌进入隔离厅之后，在错误的登机口休息等待，没有注意听登机广播和标识及大屏幕提醒，或在洗手间、吸烟区域、看书报、娱乐放松、逛商店、用餐等，导致漏乘，这一类情况在漏乘旅客里面比较多见。

2）旅客本身到机场时间就很晚，已经结束办理乘机手续，机场工作人员为了给旅客提供方便给予办理，但该旅客在过安全检查和到达登机口的过程中花费了过多的时间，导致无法登机，造成漏乘。

3）旅客办理完手续进入隔离厅后，丢失了登机牌，需要重新补办，在补办的过程中错过了最后登机时间，无法登机，造成漏乘。

4）机场登机口临时变更，广播通知变更登机口，旅客没有注意广播通知，也没有注意听登机广播，导致漏乘。

5）由于机场设施原因（电力系统、离港系统、安检仪器、广播系统等），导致旅客不能够办理登机牌或者不能进行安全检查、没有注意听登机广播，造成漏乘。

6）由于航空公司对于登机关闭舱门时间的特殊规定，而旅客按照计划起飞时间来登机，导致错过航班，旅客未能够登机成行，造成漏乘。

以上情况是机场经常遇到的过站旅客和始发旅客漏乘的原因。当然，每个机场都有各自的特殊情况，这些类型并不代表旅客全部漏乘原因，具体要按照实际情况的发生来处理。

三、错乘旅客沟通

错乘是指旅客乘坐了不是客票的适用乘机联上列明的运输地点的航班。

错乘与误机、漏乘有着相似之处，都属于旅客运输不正常的范畴，所以在服务错乘旅客时，依然要熟练掌握其服务程序与流程，站在旅客立场，帮助旅客解决问题。具体为错乘旅客服务的程序如下。

（1）由于旅客原因造成错乘。在始发站发现旅客错乘，承运人应安排错乘旅客搭乘最早飞往旅客客票上列明的目的地的最早航班，票款不补不退。在中途站发现旅客错乘，应中止其旅行，承运人应尽量安排错乘旅客搭乘飞往旅客客票上列明的目的地的直达航班，票款不补不退。

（2）由于承运人原因造成旅客错乘。承运人首先应向旅客赔礼道歉，道歉过程中态度要诚恳，无论旅客当时是否抱有负面情绪，都应耐心倾听旅客的描述，妥善安排

模块六 异常运输及突发事件服务沟通技巧

旅客,并应承担错乘旅客在等候后续航班期间的其他服务内容。在始发站发现旅客错乘,承运人应安排错乘旅客搭乘飞往旅客客票上列明目的地的最早航班。如旅客要求退票,按非自愿退票处理;在中途站发现旅客错乘,应中止其旅行,承运人应尽量安排错乘旅客搭乘飞往旅客客票上列明的目的地的直达航班。如旅客要求退票,按非自愿退票处理,退还自错乘地点至旅客客票上列明的目的地的票款。但是,任何情况下退票票款都不得超过旅客的实付票款。

四、登机牌遗失、漏扫或漏撕沟通

登机牌也称登机证或登机卡,是机场为乘坐航班的乘客提供的登机凭证,乘客必须在提供有效机票和个人身份证件后才能获得。登机牌上的信息有姓名、航班号、乘机日期、登机口的位置、登机时间、座位号码、舱位等级、始发地和目的地。登机牌是办理登机手续的凭证,几乎包含了乘客的个人及航班登记资料,乘客需要按照登机牌上的信息,进行安检、登机并对号入座。

▲ 微课:顾客的异议处理(一)

> **职场小贴士**
>
> 旅客在办理登机手续时要注意机票和登机牌上的姓名是否有错误,若有错误应立即到值机柜台修改并让值机人员加盖公章方能有效。假如是机票上面的姓打印错误不能修改,只能重新购买机票,而名字打印错误的话,只能是同音字或者偏旁错误才能修改,如两个字出入太大也不能修改。此外,若名字的两个字同时打印错误的话也不能修改,只能重新购票。

1. 登机牌遗失

按照规定,登机牌遗失的旅客是不能登机的。在登机过程中,登机牌遗失的原因多是旅客自身原因导致的,包括旅客把登机牌掉落、遗忘等。当旅客发生登机牌遗失的情况时,具体服务沟通如下:

(1)隔离区外登机牌遗失。旅客办理完乘机手续,未进入隔离区时发现登机牌遗失,应立即到原值机柜台向值机人员说明情况,并出示有效身份证件,值机人员要根据旅客提供的信息确认旅客要乘坐的航班号,查验相对应的乘机联是否一致,确认该旅客提供信息准确性之后,按原发放的座位重新补发新登机牌(值机人员应核实乘机联与所发的登机牌数量一致)。

(2)隔离区内登机牌遗失。旅客通过安全检查进入隔离区以后,发现登机牌遗失,应立即到承运人登机门的服务台向服务人员说明情况并提供有效身份证件,办理该航班的值机人员应查验旅客所提供个人信息的准确性,确认该旅客已办理完手续后,按

185

原座位补发新登机牌,并重新安排旅客进行安检,补盖安检章(值机人员务必核实准确乘机人原座位号,避免发生补发登机牌的座位有其他旅客就座的情况)。

当旅客第一时间向服务人员寻求帮助时,服务人员应先安抚旅客的焦虑情绪,仔细询问旅客乘坐的航班号及到达的目的地,然后对应航班信息查询是属于正点航班还是延误航班。根据当时实际情况与剩余时间的充裕情况,为旅客及时寻找或补办登机牌,同时,广播通知寻找遗失登机牌,如"这位旅客请先不要着急,我很理解您的心情,我将及时帮助您解决问题""这位旅客请问您的飞行航班是一班,让我来为您查询一下""这位旅客你试着回想一下刚才都去过哪些区域,我们马上为您广播通知寻找登机牌""旅客您好,麻烦您出示一下身份证件,由值机人员为您补办登机牌"等。在与旅客沟通中时刻站在旅客立场考虑问题,选择最优的方式为旅客解决困难。通常情况下,若旅客及时发现遗失了登机牌,可以直接拿身份证进行补办,只要工作人员耐心细致,补办环节非常便捷。即便有些旅客将登机牌和身份证件同时丢失,各机场都有公安部门临时补办身份证的窗口,旅客补领临时身份证即可。所以,由此可以看出,在登机牌遗失方面的服务沟通主要取决于工作人员对此问题的处理态度、说话方式及对环节操作的熟悉程度。只要用心为旅客服务,就可以减少旅客运输不正常情况的发生。

2. 登机牌漏扫或漏撕

漏扫是指旅客持登机牌到登机口准备登机,服务人员持专业仪器扫描登机牌,每成功扫描一名旅客的登机牌后,系统提示声音并显示人数增加一人。但因服务人员工作疏忽,没有听到系统提示声音,或者扫描的是行李牌而不是登机牌,认为已经扫描成功,便把登机牌交还旅客,而系统显示旅客状态为未登机,但实际旅客已经登机。

漏撕是指旅客持登机牌登机,登机牌共有两联,服务人员扫描后将主联交还旅客,副联撕下留存。如果服务人员扫描后忘记撕下副联却将登机牌交还旅客,便会产生系统显示人数与副联留存数不一致的情况。如系统显示已登机人数为100人,但副联存根只有99人,就会造成数目核对不一致。

通常,造成登机牌漏扫或漏撕发生的原因多出在服务人员的疏忽大意或设备运行故障方面。所以,作为服务人员在工作环节中一定要认真细致地对待。出现这两种情况可能会对旅客出行产生一定影响。例如,因为登机牌漏扫、漏撕,系统显示旅客属于未登机状态,实际旅客已在飞机客舱中,服务人员发现数目核对不一致依然粗心大意,没有进入客舱清点人数,而是在地面不停地广播寻找旅客,那么到了起飞时间,旅客没有回应,服务人员就会把旅客减掉,把该旅客行李取出。而实际上该旅客已在飞机客舱中,到达目的地后,行李却仍在起始地。如果该旅客是两段航班行程,如沈阳—青岛—厦门,旅客在青岛中转期间因事要终止行程,涉及退票等一系列服务,却因为在起始地被当作减掉旅客,不能正常办理。这将会对旅客的行程带来极大不便,并会导致旅客产生不满情绪,致使矛盾升级。通常漏扫旅客和漏撕处理有以下方式。

查数登机牌时发现登机牌实际数目比离岗登机人数多时,应考虑以下几种原因:首先怀疑是漏扫现象,按照电脑中所剩旅客的座位号,与手中登机牌的座位号核对,看登机牌中是否有未登记的旅客座位号,找到后输入电脑中。其次怀疑重牌现象,回忆一下扫描过程中是否有手工输入登机牌的现象，或电脑中是否在扫描过程中出现过座位重复的错误提示。如果是座位重复，应通知值机人员到登机口为旅客更改座位（值机人员没到达登机口时，应通过系统通知场内登机保障服务人员，在旅客登机牌上手工改写，同时系统更正），所以当扫描登机时，只要是离岗中有错误信息提示时，应把相应的登机牌单独放好，以便查备。

多次按姓名广播仍有旅客未登机记，但登机牌数目显示和离岗系统一致，服务人员到飞机上与乘务员核对人数，人数也一致时需要到未登机旅客座位上查找未登机旅客，确认未登机时，按照电脑中人数和行李数减掉旅客，更改舱单。如与机组核对人数不一致，应怀疑有漏扫漏撕情况，首先请乘务员广播未登机旅客姓名或到其座位上查看，如旅客在座位上请其出示登机牌确认旅客信息，如广播未找到旅客和座位上无人，请乘务员再次查数人数，自己也应亲自清点人数。人数一致后可按减客程序执行。人数仍然不一致，需要让所有旅客出示登机牌，看是否有其他航班的旅客登上此航班（或旅客通过夹层通道，走到其他点位，而未登上此航班）。

五、航班超售沟通

航班超售实际上是指旅客订座数超过了相应的实际可利用的座位数。这种做法对旅客和航空公司都有益，也是国际航空界的通行做法，其目的是节约企业成本。随着社会经济的增长，越来越多的旅客选择乘坐飞机出行。民航运输规模的日益增长，随之而来的是飞速增长的客货运输需求。由于旅客订票后并未购买或购票后在不通知航空公司的情况下放弃旅行，从而造成航班座位虚耗。为了满足更多旅客的出行需要和避免航空公司座位的虚耗，航空公司会在部分容易出现座位虚耗的航班上进行适当的超售。一般情况下，国外航空公司通常将超售机票占售出机票的比例控制在3%左右。我国民航总局则规定，超售机票不能超过5%。据国内某知名航空公司的一份资料显示，公司每超售10 000张客票，受影响的旅客为4人。但如果不实行超售，按最保守的数据预测，每销售10 000个座位，将虚耗200个座位。所以，各航空公司都会通过数据分析系统抽取历史订座和离港数据，同时参考前期被延误行程的人数和补偿费用来决定是否对航班进行超售及超售数量。

航班超售并不一定意味着已购票的旅客无法乘机，只要服务人员能够及时并妥善、合理地处理，相应问题都是可以解决的。

1. *美欧对航班超售的处理*

在美国和欧洲，政府部门均出台了航班超售的相关规则，航空公司根据这些规则制定各自的超售处理办法，这些处理办法在细节上有所差异，但是总体来说较为相似。通常处理方式如下：

（1）一旦发生航班超售将导致旅客不能成行的情况，航空公司要召集旅客并告知旅客航班的超售情况，以保证旅客的知情权，使旅客在心理上也容易接受。

（2）在进行协商时，航空公司要寻找自愿放弃乘机的旅客，会尽快给这些旅客安排后续航班,提供相应服务,还会根据不同情况给予自愿放弃乘机的旅客一定的补偿。

(3)如果自愿放弃乘机的旅客数量不足,航空公司将要拒绝一部分旅客登机,并按照规定为其提供一系列服务,给予一定赔偿。

2. 我国对航班超售的处理

在我国,航空公司对于超售服务总的原则是:当航班出现超售时,航空公司首先会征询自愿搭乘后续航班或者自愿取消行程的旅客,并为自愿者提供经济补偿和后续服务;在没有足够的自愿者的情况下,航空公司会按照优先保障乘机顺序拒绝部分旅客登机,对于该部分被拒绝登机的旅客,航空公司应给予一定的经济补偿并提供改签、退票等后续服务。航空公司对于航班超售的处理办法如下:

1)收到座位控制部门航班超售预报后,应对预计超售的航班制定处理预案。预案内容包括:

①航班超售情况分析。
②列出座位应予优先保证的旅客名单,必要时可预留出机上座位。
③需要安排提升舱位等级的,选择出候选旅客名单。
④需要降低舱位等级的,选择出候选旅客名单。
⑤需要暂缓办理乘机手续的,选择出暂缓办理旅客名单。
⑥可能发生的超售补偿安排。

2)超售航班办理乘机手续的,应采用逐一核对姓名接收旅客的方式进行登记。

3)当较低舱位等级座位发生超售而较高舱位等级有空余座位时,可根据逐级升舱的原则按非自愿升舱将较低舱位等级的旅客安排在较高舱位等级的座位上。

4)对持航空企业职员免折票的旅客,在航班预计出现超售时,应根据情况暂缓办理乘机手续。

在具体的赔偿及服务细节上,各航空公司的差别见表6-1。

表6-1 我国航空公司对超售的服务举措

航空公司	退票及补偿	改签及后续服务	其他服务
首都航空公司	以适当的方式告知旅客超售的含义以及超售旅客享有的权利。当航班出现超售时,首先寻找自愿放弃座位的旅客,并给予旅客一定的补偿。当没有足够的旅客自愿放弃座位时,可根据规定的优先登机原则拒绝部分旅客登机,为被拒绝登机的旅客提供相应的服务并给予一定的补偿		
东方航空公司	对不能按原定航班成行的旅客,东方航空公司会为旅客安排最早可利用的航班成行,并根据旅客旅行的具体航线及被延误时间酌情采取不同的补偿措施		
中国国际航空公司	在机场首先征询自愿搭乘晚一些航班或者自愿取消行程的旅客。在没有足够的自愿者情况下,会按照优先保障乘机顺序拒绝部分旅客登机。对于未能按原定航班成行的旅客,会优先安排最早可利用的航班让旅客尽快成行或者免费办理退票,并给予一定形式的经济补偿		

模块六　异常运输及突发事件服务沟通技巧

续表

航空公司	退票及补偿	改签及后续服务	其他服务
四川航空公司		1．安排后续航班的等待时间在 2 小时内，补偿该航班经济舱全票价的 20%或补偿 300 元，两者取其高者 2．若安排后续航班的等待时间为 2～4 小时，补偿该航班经济舱全票价的 30%或补偿 500 元，两者取其高者 3．若安排后续航班的等待时间为 4～8 小时，补偿该航班经济舱全票价的 50%或补偿 800 元，两者取其高者 4．等待时间 8 小时以上及次日成行的旅客，四川航空公司安排旅客的食宿（安排标准与不正常航班服务规定标准一致），并向旅客补偿同一航线 1 年期有效的免票 1 张（限定旅客本人使用）；或最高补偿该航班经济舱全票价的 100%	在免费改签后续航班和经济补偿的基础上，在用餐时间，川航为旅客提供免费餐食和饮料，并安排休息室等候。如签转后续航班等待时间为 2～4 小时，将免费提供宾馆休息服务
深圳航空公司		1．优先安排旅客乘坐后续航班，票款差额多退少不补 2．后续航班时刻与原定航班时刻差 4 小时以内，补偿旅客所持票面价格的 30%；相差 4～8 小时以内，补偿旅客所持票面价格的 60%；8 小时以上，补偿旅客票面价格的 100%。补偿金额低于 200 元时，深航将按照 200 元的标准做出补偿	在等待后续航班时，按照不正常航班食宿服务标准为旅客提供服务
厦门航空公司	原则上按照旅客到达值机柜台的时间顺序为旅客办理手续；如遇临时申请的重要旅客，或身患疾病需要搭乘此航班前往救治地的旅客，可优先登机		对于已订妥座位并已购票，在航班截止办理乘机手续以前来到办理柜台，且旅行证件符合规定，因航班超售未能如期成行，厦门航空公司将根据旅客要求，酌情采取提供或更改至厦门航空公司后续航班，或免费改签，或视具体情况补偿部分费用等措施

续表

航空公司	退票及补偿	改签及后续服务	其他服务
山东航空公司	1. 按照非自愿退票处理，免收退票费 2. 补偿旅客所持机票票面金额的30%（如果补偿金额低于200元人民币，则按照200元人民币补偿），或者山东航空公司执行的同航程免票一张（旅客需自行负担燃油附加费和机场建设费）	1. 免费改签至后续最早有空余座位的航班 2. 补偿：如后续航班为山东航空公司航班，为旅客提供一张同航程免票（旅客需自行负担燃油附加费和机场建设费），旅客原购机票可全额退款。如不接受免票补偿，现金补偿标准为：后续航班时刻和原定航班时刻差4小时（含）以内，补偿所持机票票面价格的30%；相差4~8小时（含）以内，补偿所持机票票面价格的50%；相差8小时以上，补偿所持机票票面价格的80%。以上补偿金额如果低于人民币200元，则按照200元人民币进行补偿 3. 如后续航班为非山东航空公司的航班，山东航空公司提供现金补偿，补偿标准参照第2款的现金补偿标准执行	在提供免费改签和经济补偿的基础上，山东航空公司将按照航班不正常情况的旅客服务标准提供相应食宿服务
春秋航空公司	1. 向每位旅客提供200元人民币补偿 2. 旅客如选择退票，按非自愿退票办理，免收退票费	1. 旅客如选择改乘春秋航空公司后续航班，按非自愿变更办理，免收变更费 2. 若春秋航空公司无法向旅客提供当日可成行航班时，征得旅客同意后，可将旅客改签至其他承运人的当日航班，改签费用由春秋航空公司承担 3. 联程旅客超售，按上述规定（退票和改签服务）对超售航段进行现金补偿，后续联程航段可根据旅客行程安排为旅客办理免费变更、退票、食宿等服务	1. 当后续的航班时刻和原定航班时刻相差4小时（含）以上时，为旅客免费安排带盥洗设施的标准间休息 2. 免费提供机场至酒店的地面往返交通，并协助旅客重新办理乘机手续
海南航空公司/大新华航空公司	1. 按照非自愿退票处理，免收退票费 2. 补偿旅客所持票面价格的30%，如果补偿金额低于200元人民币，则按照200元人民币补偿	1. 免费改至后续最早有空余座位的航班 2. 至少补偿200元人民币：安排的后续航班时刻和原定航班时刻差4小时（含）以内，补偿旅客所持票面价格的30%，如果补偿金额低于200元人民币，则按照200元人民币补偿；相差4~8小时（含），补偿旅客所持票面价格的60%；相差8小时以上，补偿旅客所持票面价格的100%	在免费改至后续航班和经济补偿的基础上，在用餐时间，为旅客提供免费餐食和饮料。当后续的航班时刻和原定航班时刻差距在4个小时（含）以上时，为旅客提供免费酒店休息服务

模块六　异常运输及突发事件服务沟通技巧

续表

航空公司	退票及补偿	改签及后续服务	其他服务
西藏航空公司	1. 免费办理退票 2. 给予旅客票面价格的20%为补偿金	安排最早有可利用座位的航班让旅客尽快成行，同时给予旅客票面支付价格的20%为补偿金	

注：以上信息仅供参考，准确信息应以各航空公司最新超售管理规定为准。

职场小提示

在超售时的旅客顺序：
①填空旅客。
②限时订座旅客。

　　航空公司对于航班超售应及时与旅客进行沟通，其中包括航班超售信息，航空公司应以适当的方式告知旅客超售的含义及超售时旅客享有的权利，如编写航班超售公告在售票处或网上提供，内容应能告知旅客本航空公司超售实施具体细则，解释登机规则和有关补偿的规定等，做好同旅客沟通并对旅客降舱退差价、退票、赔偿和乘坐后续航班等做出安排，以获得旅客的谅解与支持。同时，在沟通过程中应对超售旅客反馈信息的接受、处理做出安排，包括满意和抱怨的信息，并做好旅客沟通工作，投诉部门要做好航班超售的投诉处理。总之在沟通过程中，航空公司应确保与航班超售有关的信息的真实性，不能误导旅客，也不能提出能力范围之外的承诺。无论在服务中遇到什么样的情况，作为民航服务人员，在对旅客进行服务及沟通中都要时刻充分理解旅客的需求、想法和心理，把服务用语时常挂在嘴边，如"您先不要着急，请相信我们，马上为您解决"；杜绝类似"没看见我正忙着呢吗""这个我们解决不了""这个是你个人造成的失误"等话语，引起旅客的愤怒，特别是在旅客运输不正常的情况下，旅客会存在抱怨、焦虑、愤怒的心理，这些心理更会加深旅客对民航服务的不满，造成误会与矛盾。在与旅客沟通中必须热情接待、认真倾听旅客的述说，不急于辩解反驳或埋怨其他部门，要让旅客感受到服务人员重视自己的问题，并且在沟通中要目视旅客不时地点头示意，也可以不时地说"我理解，我明白""我们非常遗憾，理解您的心情……"等。同时向旅客表明解决问题的方案，尽量说服旅客知晓并同意航空公司要采取的处理决定及具体措施的内容。如果旅客不知道或不同意处理决定，就不要盲目采取服务行动。总之，真诚的态度、及时的沟通、熟练的服务程序、换位的思考角度、善于总结问题、懂得感谢旅客的理解与支持对处理超售问题将会有意外收获。

> **拓展阅读**
>
> **航班超售的影响**
>
> （1）利好方面：对航空公司而言，超售是其收益管理的重要优化手段之一，是其减少座位空耗，提高座位利用率的有效手段，也是增加收入的有效途径。座位超订给公众旅行者带来的好处是不容低估的。它增加了可用座位的数量，提高了座位利用率，使更多的旅客有机会乘坐首选的航班，更少的旅客被拒绝预订某一航班的座位，并且由于航空公司座位更有效地利用，使得旅客整体的旅行成本减少等。
>
> （2）弊端方面：超售在带来如上好处的同时，也存在一些消极影响。由于"航班已满，而使旅客订座需求被拒绝，如果该航班起飞时仍有空座位，很明显这是航空公司收入的损失。另一方面，手持经确认有座位机票的旅客，扶老携幼带着行李自费赶到机场，在值机柜台前才发现旅客拥挤不堪、无法登机，这种情形对于旅客的心理影响绝对不能低估，何况有过这种经验的旅客还会把"受骗"的感觉传播开来，扩大影响。因此，航班超售虽是业内惯例，却应谨慎处理。

单元二　航班运输异常服务沟通

　　航班正常运输是指飞机在班期时刻表上公布的离站时间前关好机门，并在公布的离站时间后15分钟内起飞，又在公布的时间到达站正常着陆的航班，反之，则称为航班运输不正常。不管是从国内还是国际范围来讲，民航运输行业中的航班运输不正常是一个常见现象，主要包括航班延误、取消、补班、中断、返航、备降等不正常情况。其中，又以航班延误最为常见。

一、航班延误及取消服务沟通

　　（1）航班延误。航班延误是指航班实际到港挡轮挡时间晚于计划到港时间超过15分钟的情况。一直以来，航班延误是困扰世界各大航空公司和旅客的一大难题，引起航班延误的原因也是多方面的，旅客在候机的过程中心里也是由急到烦直至出现过激行为逐渐变化的。航班延误可分为航班到港延误、航班出港延误、机上延误和大面积航班延误等情况。其中，"航班到港延误"是指航班实际到港挡轮挡时间晚于计划到港时间超过15分钟的情况。"航班出港延误"是指航班实际出港撤轮挡时间晚于计划出港时间超过 15 分钟的情况。"机上延误"是指航班飞机关舱门后至起飞前或者降落后至开舱门前，旅客在飞机内等待超过机场规定的地面滑行时间的情况。"大面积航班延误"是指机场在某一时段内一定数量的进、出港航班延误或者取消，导致大量旅客滞留的情况，超出该机场高峰小时保障能力。

（2）航班取消。航班取消是指因预计航班延误而停止飞行计划或者因延误而导致停止飞行计划的情况。

1. 航班延误和取消时的服务

2016 年 3 月 24 日经第 6 次交通运输部务会议通过，并于 2017 年 1 月 1 日起施行的《航班正常管理规定》（中华人民共和国交通运输部令 2016 年第 56 号）对航班延误和取消时的服务做了具体规定。

（1）一般规定

1）承运人应当制定并公布运输总条件，明确航班出港延误及取消后的旅客服务内容，并在购票环节中明确告知旅客。国内承运人的运输总条件中应当包括是否对航班延误进行补偿；若给予补偿，应当明确补偿条件、补偿标准和补偿方式等相关内容。

2）承运人应当积极探索航班延误保险等救济途径，建立航班延误保险理赔机制。

3）承运人委托他人代理地面服务业务或者销售代理业务的，应当在代理协议中明确航班出港延误后的服务内容和服务标准。

4）承运人及其航空销售代理人在售票时，应当将旅客联系方式等必要信息准确录入旅客订座系统，并负责及时通告旅客航班动态信息。

5）航班出港延误或者取消时，承运人、机场管理机构、空管部门、地面服务代理人、航空销售代理人应当加强信息沟通和共享。承运人应当每隔 30 分钟向机场管理机构、空管部门、地面服务代理人、航空销售代理人发布航班出港延误或者取消信息，包括航班出港延误或者取消原因及航班动态。空管部门应当按照规定将天气状况、流量控制和航班出港延误后放行等信息通告承运人和机场管理机构。机场管理机构应当按照规定将机位、机坪运行情况等信息通告承运人、地面服务代理人和空管部门。

6）机场管理机构应当协调驻场各单位，制定大面积航班延误总体应急预案，并定期组织演练。承运人、地面服务代理人、空管部门及其他服务保障单位应当分别制定大面积航班延误应急预案。驻场各单位应当服从机场管理机构的组织协调，参加演练，落实各项服务保障工作。

7）旅客应当文明乘机，合法维权，不得违法进入机场控制区、堵塞安检口、登机口、冲闯机坪、滑行道、跑道、拦截、强登、强占飞机，破坏设施设备，或者实施其他扰乱民航运输生产秩序的行为。

8）出现旅客扰乱民航运输生产秩序的情况，承运人、地面服务代理人、机场管理机构等相关单位应当及时报警。机场公安机关接到报警后，应当依法及时处理，维护民航运输生产秩序。

（2）航班出港延误或取消旅客服务。

1）在掌握航班出港延误或者取消信息后，各单位应当按照各自职责，做好以下信息通告工作：

①承运人应当在掌握航班状态发生变化之后的30分钟内通过公共信息平台、官方网站、呼叫中心、短信、电话、广播等方式，及时、准确地向旅客发布航班出港延误或者取消信息，包括航班出港延误或者取消原因及航班动态。

②机场管理机构应当利用候机楼内的公共平台及时向旅客通告航班出港延误或者取消信息。

③航空销售代理人应当将承运人通告的航班出港延误或者取消的信息及时通告旅客。

各单位应当加强协调，及时传递相关信息，确保对外发布的航班信息真实、一致。旅客对承运人、机场管理机构、航空销售代理人通告的信息真实性有异议的，可在旅行结束后向民航局确认。

2）航班出港延误或者取消时，承运人应当根据运输总条件、客票使用条件，为旅客妥善办理退票或者改签手续。旅客要求出具航班延误或者取消书面证明的，承运人应当及时提供。

3）航班出港延误或者取消时，承运人应当按照运输总条件，做好旅客服务工作。

4）发生航班出港延误或者航班取消后，承运人或者地面服务代理人应当按照下列情形为旅客提供食宿服务：

①由于机务维护、航班调配、机组等承运人自身原因，造成航班在始发地出港延误或者取消，承运人应当向旅客提供餐食或者住宿等服务。

②由于天气、突发事件、空中交通管制、安检以及旅客等非承运人原因，造成航班在始发地出港延误或者取消，承运人应当协助旅客安排餐食和住宿，费用由旅客自理。

③国内航班在经停地延误或者取消，无论何种原因，承运人均应当向经停旅客提供餐食或者住宿服务。

国内航班发生备降，无论何种原因，承运人均应向备降旅客提供餐食或者住宿服务。

5）在航班出港延误或者取消时，承运人、航空销售代理人或者地面服务代理人应当优先为残疾人、老年人、孕妇、无成人陪伴儿童等需特别照料的旅客提供服务。

6）机场管理机构应当在航站楼内为旅客提供医疗服务。

（3）机上延误服务。

1）承运人应当制定并向社会公布机上延误应急预案，预案内容应当包括机上延误时的信息通告、餐饮服务提供时间和下机的条件及限制。机上延误应急预案应当与机场管理机构、海关、边检、安保部门充分协调。

2）发生机上延误后，承运人应当每30分钟向旅客通告延误原因、预计延误时间等航班动态信息。由于流量控制、军事活动等原因造成机上延误的，空管部门应当每30分钟向承运人通告航班动态信息。

3）机上延误期间，在不影响航空安全的前提下，承运人应当保证盥洗设备的正常使用。机上延误超过2小时（含）的，应当为机上旅客提供饮用水和食物。

4）机上延误超过3个小时（含）且无明确起飞时间的，承运人应当在不违反航空安全、安全保卫规定的情况下，安排旅客下飞机等待。

5）机场管理机构、地面服务代理人应当协助承运人做好机上延误时的各项服务工作。

（4）大面积航班延误的服务。

1）机场管理机构及驻场各单位应当共同建立大面积航班延误联动协调机制，包括信息共享、航班放行协调、旅客服务协调等机制。

2）机场管理机构应当及时宣布启动大面积航班延误总体应急预案，并协调承运人、地面服务代理人、机场公安机关、空管部门及服务保障单位，共同实施应急预案。

3）发生大面积航班延误时，空管部门应当按照规定向有关单位通告航班延误原因、预计起飞时间等航班动态信息。机场管理机构应当建立大面积航班延误信息发布工作制度及对外宣传平台，实时向社会公布延误及处置情况。

4）发生大面积航班延误时，空管部门应当协调承运人、机场管理机构、地面服务代理人等单位，启动航班放行协调机制。

5）发生大面积航班延误时，机场管理机构应当启动旅客服务协调机制，协调承运人、地面服务代理人、机场公安等单位，组织实施相关服务工作。机场管理机构应当协调海关、边防、检验检疫等联检单位，根据进出港航班运行情况，确保旅客快速办理联检手续。夜间大面积航班延误期间，机场管理机构应当协调相关单位延长机场巴士运营时间。

6）发生大面积航班延误时，机场公安机关应当增加现场执勤警力，维护民航运输生产秩序。

7）机场管理机构应当与地方政府建立大面积航班延误处置联动机制，必要时请求地方政府协助。

2. 航班延误和取消时的沟通策略

（1）信息透明。如若在旅客前往机场办理乘机手续之前获知航班延误超过60分钟或取消，由售票处根据旅客订座单的联系电话通知旅客航班变更时间。如果售票处无法与已购票旅客取得联系，则机场值机部门应按原定办理乘机手续时间在柜台等候旅客，并向旅客说明情况，做出相应处理。无法由售票处提前通知旅客航班延误信息时，按原定时间为旅客办理乘机手续。在办理乘机手续后获知航班延误的，视延误时间的长短，可采取不同方式告知旅客航班延误信息。具体如下：

1）若航班延误时间在10分钟之内的，可以不通知旅客，而是采取稍微延迟广播登机。

2）如果延误时间在10～15分钟的，应尽快以恰当的方式告知旅客，并明确告知该航班将延迟多少分钟起飞或登机。

3）如果延误时间在15分钟以上或取消的，应立即通知旅客，并告知该航班预计登机时间或航班取消后的具体安排。

4）如果航班延误信息不确定，应每隔30分钟通报一次动态信息。

5）如果旅客登机后发生延误或飞机起飞后返航，应立即向各有关部门询问航班可能延误的时间。若延误时间较长，应询问值班领导和机长，旅客是在机上等候还是安排下机休息。

6）如果航班延误信息不确定或航班延误时间超过2小时，旅客被安排下飞机等候且需要重新登机时，若在预计的航班起飞时间之前有后续其他航班可以签转的，应帮助要求签转的旅客卸下其行李，运回出发行李收运处，方便旅客领取行李改乘其他航班。

职场小贴士

在告知航班延误或取消的信息时，需要特别注意航班信息预告要真实和及时。据统计，航班延误或取消时，旅客最大的心理需求是获得真实、及时的航班信息或者航班取消后的具体安排。那么，航空公司、机场等相关部门应坚持诚实守信的原则，按照《航班正常管理规定》的要求，及时、准确地将航班信息传递给旅客，满足旅客对航班信息的知情权。航班延误时，切忌将机械、人为等原因说成天气原因，一经发现，将受到严格处罚。

（2）安排膳宿。发生航班出港延误或者取消后，承运人或者地面服务代理人应当按照下列情形为旅客提供膳宿服务：

1）造成航班在始发地出港延误或者取消的原因属承运方的，承运人应当向旅客提供餐食或者住宿等服务。

2）造成航班在始发地出港延误或者取消的原因属非承运方的，承运人应当协助旅客安排餐食和住宿，费用由旅客自理。

3）航班在经停地延误或者取消，无论属于哪一方的原因，承运人均应当向经停旅客提供餐食或者住宿服务。

（3）安排改乘。如果有旅客要求改乘其他航班，承运人或其地面服务代理人应该在航班有可利用座位的情况下给予妥善安排。通常情况下，应该优先安排本公司后续航班。倘若该航班不能满足旅客要求时，可以帮助旅客签转其他航空公司的航班。

1）办理改乘手续的顺序。为旅客办理改乘手续时，一般按照以下顺序来安排：重要旅客—有特别困难急于成行的旅客—需在目的站转机的旅客—头等舱、公务舱旅客（旅客自愿降舱旅行）—其他旅客。

2）办理改乘的程序。为旅客办理改乘手续时，一般按照以下程序进行：

①与接收改乘的承运人联系，确认接收改乘的航班预留座位。如果有转机旅客，通知该旅客。

②广播通知旅客到候机厅内指定地点或值机柜台办理改乘手续。

③当预知可能申请改乘的旅客人数较多，而航班可利用座位不足时，可采用不对

外公布的限制办理或单个办理的方式进行。

④办理国内航班改乘时，原自动客票／登机牌（ATB）无须签转，国际客票应签转，粘贴更改条后，将该乘机联从原航班票据中取出加盖签转印章，交予接收改乘的承运人。

⑤如果改乘旅客持有的客票为折扣票，一般不予签转。

⑥旅客改乘后，取消原订座记录或在原航班旅客记录上登记减人。

⑦与接收改乘的承运人交接改乘旅客的托运行李，并做好交接记录。

（4）办理退票。如果有旅客要求退票，在始发站提出退票的，应退还旅客所付的全部票款；在航班经停站提出退票的，应退还未使用航段的票款，但所退金额不得超过原付票款金额。在办理退票时，应按以下程序处理。

1）收回登机牌，退还旅客乘机联。国内客票在封二注明"航班不正常"字样、签名、加盖业务章，请旅客到原出票地点、航班始发地、终止旅行地的客票所属承运人或其销售代理人售票处办理退票，不收取退票费，并向旅客说明业务规定，做好解释工作。

2）旅客坚持要就地退票时，如所乘坐的是本公司航班或使用公司客票填开的航班，也可按非自愿退票办理（仅限国内客票），免收退票费，但在退款单上应注明"航班不正常"字样。

3）退票时，取消原订座记录。

▲ 微课：顾客异议的处理（二）

3. 航班延误和取消时的语言沟通技巧

（1）延误取消时的语言沟通技巧。

1）语言清晰。服务人员不管是在告知航班延误或取消信息时，还是在回答旅客关于航班延误或取消的咨询时，都要做到语言清晰，力求发音准确，吐字清楚，确保旅客能清晰听见，不要含混不清、羞羞答答，也不要语速太快，更不能应付了事，避免因为语言表达不清而带来不必要的麻烦。

2）语气平和。发生航班延误或取消，旅客本就心情欠佳，这时尤其需要服务人员不要冲动，说话时注意语气要柔和，音调不要太高，音量也要适中，确保旅客能够接受。若语气生硬，容易让旅客感到不友好、不和善，可能起到相反的作用。

3）态度和蔼。和蔼、谦恭的态度可以让人心情舒畅，感觉友善，可有效降低旅客对航班延误或取消所产生的窝火、抱怨、愤怒和抵触等心理。应该秉持"想旅客之所想，急旅客之所急"的服务态度，面带微笑，使用礼貌用语，客气、耐心地为旅客服务，以此来融洽客我关系。

4）倾听诉求。遭遇航班延误或取消，旅客有抱怨、不满等情绪时能表示理解。这个时候，服务人员应该尽量让旅客将抱怨、不满情绪等发泄出来，并认真倾听，适当地充当旅客的"出气筒"。在旅客将不满倾诉完后，应详细了解旅客对本次航班延误或取消处理的要求和期待，并按照相关规定尽量给予满足。

（2）航班延误或取消时沟通用语及禁忌。航班延误或取消时服务沟通用语及禁忌见表6-2。

表 6-2　航班延误或取消时服务沟通用语及禁忌

常用语	禁忌语
（1）非常抱歉，飞机暂时还未从前站起飞，请留意我们的广播通知，如有最新消息，我们一定会广播告知每位旅客。 （2）您请稍等，我这就去帮您问一下看是否可行。 （3）请您不要着急，再稍等一会儿，大家都会上飞机的。 （4）对不起，我有做得不到位的地方还请您谅解。 （5）请大家少安毋躁，我会逐个地回答大家的提问。 （6）您反映的问题，我将向相关部门和领导反映。 （7）请您配合我们的工作，谢谢！ （8）感谢您对我们工作的配合和支持	（1）没时间就是没时间。 （2）这个我可管不了。 （3）我就这态度。 （4）这老天要打雷下雨，我们也管不着。 （5）不知道，我也不清楚，不要问我。 （6）有意见你去投诉呀！ （7）没看见我正在忙？ （8）真是麻烦。 （9）等着吧！ （10）自己看

（3）航班延误时的沟通用语范例（表 6-3）。

表 6-3　航班延误时的沟通用语范例

项目	范例
一般用语	（1）"先生（小姐），我知道您一定有非常紧急的事，我们也为您着急，但有义务将真实情况通知大家，请相信我们。我这就再去询问一下机长，看有没有最新进展，好吗？" （2）"先生（小姐），您的心情我理解，让您那么着急我很遗憾，也很不愿意。一有最新消息我们将马上通知您，我先给您倒杯温开水吧？"
因航空公司机械故障原因而导致航班延误时	"先生（小姐），今天飞机有一点小故障，为了您的安全，我们不能马上起飞，对此给您造成的不便我们深表歉意。我们的工程师正在抓紧时间修复，我去给您倒杯温水……请用，我还特地给您拿来了一份《环球时报》，看看报纸，时间可以过得更快一些……我还可以为您做点什么吗？"
因航空公司卸货原因而导致航班延误时	"先生（小姐），实在对不起，货物还未装载完毕，大概还要 15 分钟，请您在座位上稍做休息。我去给您拿点饮料和果仁好吗？您想喝什么饮料？"
因航空公司等待旅客的原因而导致航班延误时	（1）"先生（小姐），真对不起，由于目前还有几位旅客没有登机，但是他们已经办理登机手续，请您在座位上休息一会儿，一有消息我会马上告诉您。我去帮您拿张报纸？我们有……您喜欢哪种？……这是您喜欢的《新民晚报》，我还给您带来一份《美酒与美食》的杂志，供您阅读！谢谢您的理解与支持！" （2）"先生（小姐），真对不起，由于目前还有几位已经办理过登机手续的旅客没有及时登机，他们的行李已经进入行李舱，为了大家的安全，现在地面服务人员正在查找，一经找到，我们撤下行李就及时起飞，对于给您造成的不便深表歉意。您想喝点什么吗？我们有特制的"青春飞扬"，您愿意品尝一下吗？"

模块六　异常运输及突发事件服务沟通技巧

续表

项目	范例
因天气原因而导致航班延误时	（1）"先生（小姐），很抱歉，××上空有雷雨，为了您的安全，我们暂时还不能起飞。我去给您泡杯茶好吗？您先休息一下……给您毛毯和枕头，垫着舒服些，还有报纸，喝喝茶，看看报，放松一下，一有最新消息我会立告知您……" （2）"先生（小姐），我知道您一定很着急，您想换乘其他航空公司的飞机，但所有去北京的航班都走不了，我们现在排在第二位，万一您下机了而我们又起飞了，这样不就把您给落下了，我们会内疚的。您先喝杯水定定心神，我这就去问问机长有没有最新消息，我马上回来……"
因流量控制原因而导致航班延误时	"先生（小姐），很抱歉地通知您，由于空中交通管制原因，我们不能马上起飞，我们的飞机现在排在第××架等待起飞，每一架次的间隔时间大约是××。一有最新情况我们会及时告知您。请您在座位上休息……"
旅客不忍长时间等待要求下机时	"先生（小姐），很抱歉，耽误了您这么长时间我们真的很遗憾，我马上将您的要求报告乘务长、机长，尽可能帮您联系，您请稍等，我会随时告知您最新情况。您需要喝点什么吗？"……"先生（小姐），现在可以下机了，请带好您的所有手提物品，跟随地面服务人员下机。再次感谢您的理解！祝旅途愉快！"

拓展阅读

航班延误和取消时的旅客心理及其影响因素

（1）航班延误和取消时的旅客心理。航班延误和取消，不管是对航空公司还是对机场来说，都是一件不愿其发生但又无法避免的一种现象，同时也是整个民航业服务的难点。从旅客的心理活动过程来看，旅客购买了机票进入候机室平静地等待，此时的心理需求是飞机按时起飞。一旦听到"我们抱歉地通知您，由于×××原因导致本次航班延误……"的播报，旅客的心理需求与客观现实就会形成强烈反差，从而出现情绪波动。旅客的情绪波动有一定的差异性，但也有其共性，更具有复杂性。归纳起来，航班延误或取消后，旅客的心理特征主要表现在以下几个方面。

1）怀疑心理。当听到航班因天气原因被延误时，部分旅客顿时对航空公司告知的延误理由持怀疑态度。"天气原因是可以理解的，但是我们怀疑航空公司没有给我们提供真实的信息"，这是很多旅客在遭遇航班延误时的第一心理反应，从而产生怀疑心理。

2）焦虑心理。人们之所以选择乘坐飞机出行，主要是由于航空飞行具有快捷、舒适等优势。然而，航班延误，尤其是长时间地延误，将直接打乱人们的出行计划，譬如公务安排不得不调整，旅游计划不得不推迟或取消，下一段行程的交通票据不得不改签或退票，接机的亲友不得不无奈地继续等待……随着航班延误时间的拉长甚至取消，旅客坐立不安，焦虑心理也将随之加重。

3）期盼心理。当航班延误时，旅客非常期盼航空公司能更多地、及时地、动态地告知有关航班的信息，如航班所在的位置、航班延误时长、什么时候能够登机等。据此，旅客也才能调整或安排行程，预计成行时间，并急切地期盼航班延误能够尽快结束。

4）窝火心理。部分旅客认为，航班延误或取消的概率并非很高，可偏偏被自己给撞上了，从而产生窝火心理，一旦服务人员有稍许的服务不周，他们将借机一股脑地发泄心中的怨气和憋屈，也容易做出有失理智的行为出来。

5）抱怨心理。当第一次通知航班延误时，旅客一般只觉得惋惜。但随着飞机起飞时间的不断推迟，旅客也很难准确、及时地获得航班延误的信息，旅客的抱怨心理开始产生并随之加深。

6）愤怒心理。随着航班延误时间的拉长，旅客的抱怨情绪也持续增强，如一直没有航班预计抵达或起飞的时间，旅客将感到非常失望，加之长时间候机的疲劳，旅客极易产生愤怒心理。倘若最后又通知航班被取消，此时，旅客忍无可忍，愤怒情绪爆发，并且这种愤怒情绪极具扩散性，从而极有可能引发周围人产生同样的愤怒情绪，进而可能与服务人员争吵、作出投诉、要求赔偿，甚至破坏机场设施等。

(2) 航班延误和取消时旅客心理的影响因素。通常，在航班延误和取消现场，旅客的情绪非常不稳定。这种情绪波动的大小主要受以下四个因素的影响。

1）航班延误时间的长短。航班延误的时间越长，旅客的情绪波动越大且波动将不断加深，当航班被取消时，矛盾更加尖锐。

2）信息告知的透明度与及时性。在现场情绪控制手段中，信息告知是简单却又关键的影响因素。随着时间的推移，现场服务信息与信息的持续、及时且让人感觉毫无保留的发布，在一定程度上可缓解旅客的情绪波动。但是，如果信息告知的透明度与及时性不能达到旅客的要求，旅客的情绪波动曲线将如图6-1所示，可能由图中的实线发展为虚线，即不满情绪上升更为迅速。

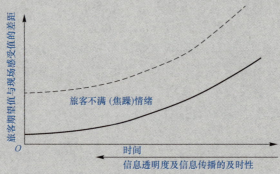

▲ 图6-1 服务现场旅客情绪波动曲线

> 3）旅客乘机出行的重要性。旅客乘机出行通常有自己的计划性和目的性。需要办理的事情越重要，时间越紧迫，发生航班延误和取消后，旅客的情绪波动越大，行为越激烈。
>
> 4）服务补救的有效性。发生航班延误时，延误的时间可能较短，也可能较长。因此，现场的服务补救及其有效性通常成为服务成功与否的关键。如航班延误时间较长时，有效解决旅客的个性化需求与基本的休息需要就非常关键。换句话说，现场是否采取服务补救措施，服务补救措施是否及时、有效，同样会导致旅客情绪的波动。

二、航班中断服务沟通

航班因故未在经停站降停或降停非目的地而不继续飞行的航班称为中断航班。

航班中断通常会给旅客带来极大的不便，应进行有效的服务与沟通。一般处理程序如下：

（1）地面旅客服务部门在飞机落地前，向生产调度部门了解航班的旅客人数及有无重要旅客或特殊旅客等情况。

（2）地面服务人员引导旅客提取行李。

（3）对将继续乘机的旅客，如需提供食宿服务，按承运人原因航班延误的有关规定处理。

（4）航班中断后，旅客要求改变航程或终止旅行的，按以下规定办理。

1）在始发站，退还全部票款，不收取退票费。

2）在经停站，退还旅客未使用航段的票款，但所退票款不得超过始发站至原目的地票价，不收取退票费；如旅客所付票价为折扣票价，应按相同折扣率计退票款。

3）改变航程的旅客应在退票后另行购票。

（5）航班中断后转乘其他航班飞行。航班中断后，原则上应使用其他航班将旅客送回原目的站机场，单独设立柜台为中断航班的旅客办理转乘手续。使用"国内航线客运航班中断舱单"（FIM）逐一登记旅客姓名和客票号码，对于旅客没有提取的行李，由值机柜台换牌或清点后保管和交付运输。

三、航班返航服务沟通

航班返航是航班从始发地机场飞往目的地机场的途中，由于受到天气变化、突发事件、空中交通管制等原因，不能继续执行航班飞行任务，返回始发地机场降落的情况。

航班返航的服务与沟通包括：

（1）航班起飞后返航，应立即向有关部门询问航班返航原因及将延误的时间。

（2）如果起飞时间不能确定或等待时间较长，应安排旅客下机等候，并做好航班长时间延误、取消的准备工作。

（3）了解相同航段后续航班座位的可利用情况，提前做好旅客签转的准备工作。

（4）协助旅客办理退票、改签工作，并确保已收回已退票或改签旅客的登机牌和行李提取牌。

（5）航班重新登机时，需要重新核对旅客人数及行李件数。

四、补班服务沟通

航班由于天气、突发事件或航空公司飞行故障、航班计划等原因，无法按原班期时刻完成运输，造成旅客在始发地滞留，确定起飞时间后于次日完成航班任务，则此航班叫作补班。

航班补班飞行时，应按以下要求处理：

（1）要了解清楚执行补班飞行的飞机机型、机号、座位布局等信息。

▲ 微课：顾客的异议处理（三）

（2）未办理乘机手续的，起飞当日按正常办理乘机手续办理。

（3）已办理乘机手续的，起飞当日应重新登记，收回原航班登机牌，换发新登机牌。

1）如原登记旅客未到，值机柜台应向生产调度部门报告。

2）登机前派人到登机口为可能未换新登机牌的旅客补办乘机手续。

3）如果未到的旅客有行李托运，应将行李牌号码告知装卸部门将行李拉下，待旅客到机场后，安排后续航班继续旅行。

4）工作人员需对个别旅客因故退票或签转其他航班形成的载量变化做到心中有数，当载量尚余时，可以办理非补班航班旅客的购票、乘机手续。

五、航班备降服务沟通

航班备降是指由于天气或机械故障等原因，航班临时降停在非预定的经停地点。

（1）航班备降时，要做好以下工作。

1）飞机落地前，向生产调度部门了解航班的旅客人数以及有无重要旅客或特殊旅客等情况。

2）安排有经验的服务人员处理备降航班，并按航班过站提供服务。

3）与机场调度部门取得联系，确定机上旅客是否留在飞机上等候。若在机上等候，则乘务人员应通过机上广播通知旅客航班备降原因、预计停留时间等信息。若旅客下机等候，则按以下方法处理：

①由地面服务人员接航班，并发过站登机牌，引导和安排旅客休息。

②如有重要旅客、头等舱旅客或特殊服务旅客，应派专人做好其服务工作，提供相应的休息室。

③如有旅客行动不便不愿下机，则应考虑留在机上休息等候。

④确定备降航班在当地停留时间，联系配餐部门提供餐饮。

⑤如遇备降航班取消后续航班飞行，按航班中断飞行办理。

⑥如遇旅客要求改变航程或终止旅行，退还未使用航段的全部票款，但所退票款不得超过原付票款金额，不收取退票费，并协助变更航程的旅客另行购票。

⑦对继续旅行的旅客，如需要为旅客安排食宿服务，按承运人原因航班延误的有关规定办理。

⑧航班在原入境点之前备降，如需在备降地点办理全部入境手续，应按国际到达航班办理运输手续。如继续飞行，做国内航班处理。

⑨航班起飞前，载量如有变动，重新填制载重表并将情况报生产调度部门。

4）及时了解航班信息，以便向旅客提供准确的航班动态。

5）及时了解并尽量满足旅客的要求。

（2）《航班正常管理规定》对航班备降时的服务做了如下规定：

1）承运人、机场管理机构、地面服务代理人应当分别制定备降航班地面服务保障工作程序和应急预案。承运人与备降机场管理机构、地面服务代理人有备降保障协议的，备降机场管理机构和地面服务代理人应当按保障协议做好备降航班服务工作。承运人签订协议的备降机场无法接收备降，航班需在其他机场备降时，相关机场管理机构应当按照有关规定积极创造条件，在保证安全的前提下，提供备降保障，不得借故不予保障。

2）国内航班发生备降，无论何种原因，承运人均应当向备降旅客提供餐食或者住宿服务。

拓展阅读

航班运输异常的原因

按照责任性质来划分，导致航班不正常的原因可分为承运人原因和非承运人原因两类。其中，承运人原因是指造成航班不正常的可归责于承运人的航班计划、航班调配、运输服务、机务维护和机组等原因；非承运人原因是指造成航班不正常的天气、突发事件、空中交通管制、安检、旅客或公共安全原因。这里需要注意的是，因天气原因造成航班延误，相邻两个航段延误原因归天气原因，如后续航班继续延误则归承运人原因。

按照具体原因划分，导致航班运输异常的原因包括天气原因、航空公司原因、旅客原因、机场原因、油料原因、离港系统原因、航班时刻安排原因、流量原因、空管原因、联检原因、公共安全原因及军事活动原因等。

（1）天气原因。飞机在空中飞行，每时每刻都受到天气条件的影响，无论是云量的多少、云层的高低、云层的厚薄等均会直接影响飞行员的视线和飞机的飞行路线;飞机在天空中飞行时,飞机的积冰、颠簸或遭受雷击等均可能危及飞机的安全。具体来说,导致航班运输异常的天气原因主要包含12个方面:

1) 天气条件低于机长最低飞行标准。
2) 天气条件低于机型最低运行标准。
3) 天气条件低于机场最低运行标准。
4) 因天气临时增减燃油或装卸货物。
5) 因天气造成机场或航路通信导航设施损坏。
6) 因天气导致跑道积水、积雪、积冰。
7) 因天气改变航路。
8) 因高空逆风造成实际运行时间超过标准航段运行时间。
9) 飞机进行除冰、除雪或等待除冰、除雪。
10) 因天气原因造成航班合并、取消、返航、备降。
11) 因天气原因(发展、生成、消散等阶段)造成空管或机场保障能力下降,导致流量控制。
12) 其他天气原因。

(2) 航空公司原因。航空公司在组织一个航班并保障它的正常运输时,通常需要多个部门的协调与配合,具体情况见表6-4。

表6-4 航空公司各部门协调与配合

项目	内容
机务维修部门	对飞机进行检查和维修,以决定飞机能否飞行
航务部门	收集航空气象情报,以安排机组和制订飞行计划,并将该计划通知空管部门
供应部门	供应飞机上的用水、配餐和油料等
地面服务部门	为旅客提供值机服务和办理登机手续等
货运部门	办理货物托运、将货物和旅客行李装入机舱
配载部门	计算载重和平衡等

导致航班运输异常的航空公司原因主要包括:

1) 公司计划。
2) 运行保障。
3) 空勤组。
4) 工程机务。
5) 公司销售。

6) 地面服务。

7) 食品供应。

8) 货物运输。

9) 后勤保障。

10) 代理机构。

11) 擅自更改预先飞行计划。

12) 计划过站时间小于规定的机型最少过站时间。

13) 其他航空公司原因。

(3) 旅客原因。在民航运输的实践中，由于旅客自身原因导致航班运输不正常的情况也时常发生。导致航班运输异常的旅客原因主要包括：

1) 旅客晚到。

2) 登机手续不符合规定。

3) 旅客突发疾病。

4) 旅客丢失登机牌，重新办理手续。

5) 旅客登机后要求下机，重新进行客舱及行李舱安全检查。

6) 旅客拒绝登机或前段航班旅客霸占飞机。

7) 其他旅客原因。

(4) 机场原因。机场是供飞机起飞、降落、滑行、停放及进行其他活动使用的区域，也是飞机中转的枢纽。同时，机场还是广大旅客办理登机手续、上下飞机所必需的场所。因此，在机场运行保障中的任何一个环节出现问题，都有可能导致航班运输不正常。引起航班运输异常的机场原因包括：

1) 机场跑道、滑行道等道面损坏。

2) 机场活动区有异物。

3) 人、动物、车辆进入跑道或滑行道。

4) 发生在飞机起飞阶段高度 100 m（含）以下或者进近阶段高度 60 m（含）以下，或与机组确认为机场责任范围内发生的鸟害。

5) 机场所属设施、设备故障。

6) 等待停机位或登机口分配。

7) 机场原因导致飞机、保障车辆等待。

8) 候机区秩序。

9) 机场运行信息发布不及时。

10) 未及时开放、增开安检通道或安检设备故障。

11) 机场施工造成保障能力下降。

12) 机场净空条件不良造成保障能力下降。

13) 机场或跑道宵禁造成保障能力下降。

14) 机场所属拖车等保障设备到位不及时。

15) 跑道查验。

16）其他机场原因。

（5）油料原因。导致航班运输异常的油料原因包括：

1）未按计划供油。

2）油品质量不符合规定要求。

3）加油设施设备故障。

4）加油时损坏飞机。

5）其他油料原因。

（6）离港系统原因。导致航班运输异常的离港系统原因主要包括：

1）离港系统故障，不能办理旅客登机手续，或离港系统运行效率降低造成旅客办理乘机手续时间延长。

2）其他离港系统原因。

（7）航班时刻安排原因。航班时刻是指为航班指定或分配的、在特定日期、特定机场出发或到达的计划时刻。航班时刻安排原因是指航班时刻安排超出民航局规定的机场航班时刻容量标准，即超出单位小时内机场能够保障的航空器最大起降架次，主要包括：

1）换季航班时刻的协调。

2）日常定期航班时刻的协调。

3）航班时刻的交换、调整和归还等。

（8）流量原因。通常多数人认为天空如此浩渺，飞机可以在天空自由飞行。实则不然，一如汽车在公路上行驶需遵守交通规则，飞机在空中飞行也必须严格遵守空中飞行规则。飞行中的飞机必须保持一定的垂直间隔和水平间隔，才能避免飞机彼此之间过于接近和由此而引发的相互碰撞，而这些垂直间隔和水平间隔的数值均有具体、明确的规定，正因为如此，在一定大小的空域中所能承载的飞机数量是有限的。当在同一时间段内，航班流量过大，航路出现拥挤时，为了保证各飞机之间保持一定的安全距离，必须实施流量控制。导致航班异常运输的流量原因包括：

1）在非天气、军事活动等外界因素的影响下，实际飞行量超过区域或终端区扇区的保障能力。

2）实际飞行量超过机场跑道、滑行道或停机坪保障能力。

3）通信、导航或监视设备校验造成保障能力下降。

（9）空管原因。"空管"是空中管制的简称，是指空中"交通警察"——空中交通管制员为了保证飞机飞行安全，对每架飞机从起飞到着陆整个飞行过程中的指挥和调配。近年来，随着我国经济的飞速发展，民航运输量迅猛增长，我国空管系统的飞行保障能力趋于饱和，由于空中管制原因导致的航班不正常逐步显现。通常情况下，空管原因包括以下几种情况：

1）空管人为原因。

2）空管系统所属设施设备故障。

3）气象服务未及时提供。

4）航行情报服务未及时提供或有误。

5）擅自降低保障能力。

6）其他空管原因。

（10）联检原因。航空机场联检即我国公安边防检查部门、海关和卫生检疫部门所实施的联合检查。公安边防检查部门是国家设在对外开放口岸以及特许的进出境口岸的出入境检查管理机关，是代表国家行使人出入境管理职权的职能部门。其任务是维护国家主权、安全和社会秩序，发展国际交往，对一切出入境人员的护照、证件和交通运输工具实施边防检查和管理，实施口岸查控，防止非法人员出境。海关是根据国家法律对进出关、境的运输工具，货物和物品进行监督管理和征收关税的国家行政机关。海关的任务是依照《中华人民共和国海关法（2021年修正）》和其他有关法律、法规，监管进出境的运输工具、货物、行李物品、邮递物品和其他物品，征收关税和其他税、费；查缉走私；编制海关统计和办理其他海关业务。卫生检疫部门是国家在国境口岸的卫生检疫机关，执行《中华人民共和国国境卫生检疫法（2018年修正）》《中华人民共和国食品安全法（2021年修正）》及有关法规，防止传染病由国外传入或由国内传出，保护人体健康。对出入境人员、交通工具、运输设备和可能传播检疫传染病的行李、货物、邮包以及进口食品等实施检疫检验、传染病监测、卫生监督、卫生处理和卫生检验，并为出入境人员办理预防接种，健康体检签发证件，提供国际旅行健康咨询、预防和急救药品等。联检原因主要有两个方面：

1）因联检单位（边防、海关、检验检疫）原因未及时为旅客办理手续，造成旅客晚登机。

2）其他联检原因。

（11）公共安全原因。导致航班运输异常的公共安全原因包括：

1）突发情况占用空域、跑道或滑行道，造成保障能力下降。

2）因举办大型活动或发生突发事件，造成保障能力下降或安检时间延长。

3）航班遭到劫持、爆炸威胁。

4）发生可能影响飞行安全的事件，如机场周边燃放烟花导致能见度下降，发现不明飞行物、气球、风筝。

5）地震、海啸等自然灾害。

6）公共卫生事件。

7）其他公共安全原因。

（12）军事活动原因。军事活动属于高度国防机密，出于防撞和防止误击的考虑，都会划定一个飞行禁区，禁止一切飞行器通过。而且这种军事活动一般不会提前通知。因此，接到军事活动信息后，相关航路的飞行除原地等待或原路返回外，别无他法。尤其是在沿海地区，军事活动会相对频繁，且

> 大多在白天进行，时长通常3～5小时不等。所以，待到军事活动解除，空域已经出现了超饱和状态，拥挤与堵塞严重，不可避免地导致航空运输不正常。导致航空异常运输的军事活动原因包括：
> 1）军航训练、转场、演习、科研项目等限制或禁止航班飞行，造成保障能力下降。
> 2）军方专机禁航。
> 3）军事活动导致流量控制。
> 4）其他军事活动原因。

单元三 突发事件服务沟通

突发事件是人们对于出乎意料的事件的总称。这类事件的发生通常会对整个社会造成巨大的经济损失、环境破坏、人员伤亡等，甚至危害国家政治、经济、社会安全。从系统论的角度分析，突发事件是一种对社会、对自然的各种不同层面突然释放出不同冲击，导致其发生混乱、失序、不平衡、遭受巨大威胁，并要求系统内的各组织必须在极短时间内做出关键性反应的特殊事件。

《民用运输机场突发事件应急救援管理规则》规定，民用运输机场突发事件（以下简称"突发事件"）是指在机场及其附近区域内，航空器或机场设施发生或可能发生的严重损坏以及其他导致或可能导致人员伤亡和财产严重损失的情况。机场及邻近区域是指机场围界以内以及距机场每条跑道中心点8公里范围内的区域。

学术界对突发事件的定义与《民用运输机场突发事件应急救援管理规则》中的规定略有不同，从广义的角度将其定义为"民航系统正常工作计划之外或者在其认识范围之外突然发生的，对其利益具有损害性或潜在危害性的一切事件"。这一定义将具有潜在危害性的事件也划入突发事件范畴，扩大了突发事件的内涵，对民航突发事件应急处理具有理论突破、实践创新的双重意义。

一、了解突发事件的特殊性

自民用航空诞生以来，安全飞行始终是民航企业的第一目标。航空部门、航空公司、航空从业人员相继采取了一系列安全保障措施和高新技术为安全飞行保驾护航。然而，随着民航旅游量和运输量的不断增大，各种突发事件的发生概率也大大增加，给民航业带来了诸多新问题、新挑战。正确认识突发事件、积极应对突发事件、高效处理民航突发事件是保障旅客生命、财产安全的基础和根本，必须要给予高度重视。

民航突发事件一般具有突发性和不确定性、针对性和目的性、社会性和复杂性、破坏性和延续性。

1. 突发性和不确定性

从哲学上讲,突发事件是事物的内在矛盾由量的积累发展到质的飞跃,在这个过程中,内在矛盾是一种逐渐的、不显著的变化。它既不影响事物的相对稳定性,也不改变事物的根本性质,因此,其过程不可以认识。当这种内在矛盾积累到一定阶段或是受到某种契机的诱导,就会发生质变,且表现为突发事件。

就如同"天有不测风云",绝大多数突发事件都是在人们缺乏充分准备的情况下发生的。虽然随着现代科技的飞速发展,民航公司及其从业人员已经掌握了部分突发事件发生的征兆和规律,例如,恶劣天气可能导致的突发事件类型和影响。但从总体上看,突发事件会在什么时间、什么地点、以何种形式和规模暴发,发生后又会生出怎样的变故等信息仍然是无法提前预知的。我们只能通过经验和科技减少某些突发事件的不确定性因素,但不能从根本上消除或改变其突发性和不确定性。

2. 针对性和目的性

针对性是指某些民航突发事件可能是因为利益要求的不同而有具体指向,其所指或是国家党政机关,或是某个组织,或是某个人。

目的性是指人们所选择和行为追求的目标,都是满足某种需要,得到某种利益;即使是表面上来看是盲目参与事件的人,其行为背后也有一定的动机在起作用。

针对性和目的性是民航人为突发事件的典型特点。这一类突发事件或是为财,或是出于政治目的,更有甚者是出于恐怖主义目的。因此,其突发性和不确定性也更强,危险系数更高。

3. 社会性与复杂性

社会性是指突发事件会对社会系统的基本价值观和行为准则构架产生影响,其影响涉及的主体是公众。在突发事件的应对过程中,整个社会会重新审视以往的群体价值观念,通过认识和思考,重新调整社会系统的行为准则和生活方式,重新塑造自身的基本价值观。

复杂性包括突发事件的起因复杂性、过程复杂性与影响复杂性。

(1)起因复杂性。起因复杂性是指现阶段民航突发事件的起因有的是政策性因素,有的是政治性因素,有的是人为失误因素,有的是自然因素,甚至是这几类因素交织在一起,有时很难区分。

(2)过程复杂性。过程复杂性是指突发事件发生后,其走势、规模和范围难以控制。甚至有可能由原生的突发事件引起其他类型的突发事件发生,再一次扩大突发事件的规模、范围和伤害程度。

(3)影响复杂性。影响复杂性是指突发事件不只是对单一人、单一物造成影响。随着社会的进步和现代交通与通信技术的发展,地区、地域和全球一体化的进程在不断加快,相互之间的依赖性更为突出,使得突发事件造成的影响不再仅仅局限于发生地,而是通过内在联系引发跨地区的扩散和传播,波及其他地域,形成更为广泛的影响。而且有些突发事件本身带有一定的国际性色彩，其产生的背后具有某些国际势力的支持，自然会出现联动效应，如恐怖事件、社会骚乱等。

4. 破坏性和延续性

突发事件的破坏性来自多个方面：对公众生命构成威胁、对公共财产造成损失、对各种环境产生破坏、对社会秩序造成紊乱和对公众心理造成障碍。在危害发生后，由于人们缺乏各方面的充分准备，难免出现人员伤亡和财产损失，造成自然环境、生态环境、生活环境和社会环境的破坏，打乱社会秩序的正常运行节奏，引发公众心理的不安、烦躁和恐慌情绪。

有些破坏是暂时性的，随着突发事件处置的结束逐步消除；而有些破坏产生的影响则是长期的，少则几年，多则几十年，甚至达到百年、数百年。如果对突发事件的处置不当或不及时，可能还会带来经济危机、社会危机和政治危机，造成难以预计的不良后果。

拓展阅读

突发事件的类型

（1）基本分类。根据《民用运输机场突发事件应急救援管理规则》，民航突发事件包括航空器突发事件和非航空器突发事件，见表6-5。

表6-5 突发事件基本分类

项目	内容
航空器突发事件	（1）航空器失事，即自任何人为飞航目的登上航空器时起，至所有人员离开航空器时止，于航空器运作中所发生的事故，直接对他人或航空器上的人造成死亡或伤害，或使航空器遭受实质上的损害或失踪。 （2）航空器空中遇险，即航空器故障、遭遇危险天气、危险品泄漏等。 （3）航空器受到非法干扰，即航空器遭遇劫持、爆炸物威胁等。 （4）航空器与航空器地面相撞或障碍物相撞，导致人员伤亡或燃油泄漏。 （5）航空器跑道事件，包括跑道外接地、冲出、偏出跑道。 （6）航空器火警。 （7）涉及航空器的其他突发事件
非航空器突发事件	（1）对机场设施的爆炸物威胁。 （2）机场设施失火。 （3）机场危险化学品泄漏。 （4）自然灾害。 （5）医学突发事件。 （6）不涉及航空器的其他突发事件，包括航班延误等

(2) 按突发事件内容分类。按突发事件的内容可分为航班延误与取消事件、旅客财产损失事件及飞机上一般违法或犯罪突发事件。

1) 航班延误与取消事件。航班延误与取消是指航班降落时间比计划降落时间（航班时刻表上的时间）延迟 30 分钟以上或航班取消的情况。一般造成航班延误或取消的原因包括：

①天气原因。天气是造成航班延误或取消的主要原因，一般出发地机场天气状况不宜起飞、目的地机场天气状况不宜降落，飞行航路上气象状况不宜飞行等都会导致航班延误。其中，能见度、低空云、雷雨区、强侧风等都是衡量天气状况是否适宜飞行的重要指标。

②交通管制原因。飞机在空中飞行就如同汽车在地面行驶一样是受诸多因素的限制的。在我国民航事业快速发展的今天，航班量急剧增加，相应的地面设施、导航设备、服务保障方面发展却较为缓慢，加之航路结构的不合理，致使"空中塞车"现象时有发生。除正常的流量管制外，空军活动引起的交通管制、特定的航班插队也是航班取消或延误的原因。

③机械故障导致航班取消或延误。虽然民航对飞机的例行检查能够排除处理大部分机械故障，但再完善的例行维护也无法保证飞机设备不会突然出现故障。一旦飞机在执行航班任务期间出现故障，机务人员按照维护程序要进行必要的检查，加以判断，对故障现象进行分析，找到故障源头，然后再进行相应的排除故障工作。排除故障后，还需填写相关维修记录，以及进行一定的测试工作，以确定是否修复。整个排除故障的过程是需要一定时间的，即使是一些小故障，也要严格遵循维修检测程序。因此，一旦出现机械故障势必会导致航班延误或取消。

④旅客原因导致航班取消或延误。近年来，人为因素已成为航班延误或取消的"新增长点"。旅客突发疾病、旅客迟到、旅客证件不合格、旅客携带过多行李上飞机等状况时有发生。一旦发生这些突发状况，飞机就不得不等待旅客，造成航班延误或取消。

2) 旅客财产损失事件。民航中旅客财产损失突发事件是指旅客在从登机到结束整个飞行流程中，随身携带或托运的行李丢失、延迟或损害的事件等。民航中旅客人身伤害突发事件是指旅客在登机、飞机滑行、飞行、着陆过程中，因飞机意外事故遭到人身伤害、致使残疾或死亡等。

3) 飞机上一般违法或犯罪突发事件。

①飞机上的一般违法突发事件。旅客吸烟、打架、滋事，航空人员玩忽职守等是较为常见的机上突发事件。这类挑衅滋事突发事件虽然尚不构成刑事犯罪，但实质上也是非法干扰和破坏航空运输秩序的违法事件。

②飞机上的犯罪突发事件。飞机上的犯罪突发事件包括以暴力、胁迫或者其他方法劫持航空器事件；对飞行中的民用航空器上的人员使用暴力，危及飞行安全事件；对飞行中的民用航空器上的人员使用暴力，危及飞行安全；

违反《中华人民共和国民用航空法（2021年修正）》规定，隐匿携带炸药、雷管或者其他危险品乘坐民用航空器，或者以非危险品品名托运危险品，隐匿携带枪支子弹、管制刀具乘坐民用航空器事件；故意在使用中的民用航空器上放置危险品或者唆使他人放置危险品，足以毁坏该民用航空器，危及飞行安全事件；故意传递虚假情报，扰乱正常飞行秩序，使公私财产遭受重大损失的事件；盗窃或者故意损毁、移动使用中的航行设施，危及飞行安全，足以使民用航空器发生坠落、毁坏危险事件；航空人员玩忽职守，或者违反规章制度，导致发生重大飞行事故事件等。这类突发事件具有社会危害性、违法性、侵害性、惩罚性，是民航突发事件中情节最严重的类型。

（3）按突发事件的过程与机理分类，见表6-6。

表6-6 突发事件按其过程与机理分类

项目	内容
航空安全突发事件	航空安全突发事件主要包括航空器事故、航空器空中或地面遇险事件等
航空保安突发事件	航空保安突发事件主要包括非法劫持民用航空器，在民用航空器上或民用机场扣留人质，强行闯入民用航空器、民用机场或民用航空设施场所，将武器或危险装置、材料非法带入民用航空器或民用机场，散播危害民用航空器、民用机场或民用航空设施场所内的人员安全的虚假信息等
航空卫生突发事件	航空卫生突发事件主要包括在航空器与旅客聚集场所内发生的严重威胁或危害公众健康、生命安全以及民用航空活动秩序的卫生事件
航空运行突发事件	航空运行突发事件主要包括因民用航空服务保障工作原因，或受到突发公共事件影响而导致民用航空活动严重受阻的事件
应急航空保障突发事件	应急航空保障突发事件主要包括为协助国务院各部门、各地方人民政府应对各类突发公共事件而紧急组织的航空运输与通用航空活动

（4）按突发事件性质分类。按突发事件的不同性质，可将突发事件分为一般事件和恐怖事件。一般事件是指影响范围较小、伤害程度较低、较为容易控制的突发事件。例如，因雨雪天气飞机航班延迟，旅客行李漏运、错运等都属于一般性的突发事件。恐怖事件是指影响范围大，伤害程度高甚至发生伤亡事件，一般较难以控制的突发事件。通常这类突发事件都是有组织有目的地发生的，与恐怖组织有着密切联系。恐怖事件的发生不仅造成了巨大的人员伤亡，更因其恐怖色彩引起了世界范围内的关注与恐慌。

二、关注突发事件对旅客的影响

1. 引起旅客抱怨、焦虑与愤怒

旅客对产品或服务的不满和责难叫作旅客抱怨。旅客的抱怨行为是由对产品或服务的不满意而引起的,所以,抱怨行为是不满意的具体的行为反应。旅客对服务或产品的抱怨即意味着经营者提供的产品或服务没有达到他的期望、没有满足他的需求。另一方面,也表示旅客仍旧对经营者具有期待,希望能改善服务水平。其目的就是挽回经济上的损失,恢复自我形象。民航突发事件发生后,旅客的焦虑、恐惧与愤怒等各种心理反应都是其抱怨的原因。

在突发事件之后,旅客的情绪大多处于敏感期,比平时更容易产生不满情绪。随着突发事件破坏性和持续性的增加,旅客的抱怨、焦虑和愤怒情绪也更加明显。

2. 威胁旅客人身财产安全

人身安全是指个人的生命、健康与行动等与人的身体直接相关方面平安康健,不受威胁,不出事故,没有遭遇危险。

> **职场小贴士**
>
> 人身伤害的主要成因分为四个类型:
> (1)自然灾害造成的人身伤害,如台风、地震、森林大火、水灾、雷电等。
> (2)意外事故造成的人身伤害,如运动损伤、溺水、爆炸等。
> (3)人为因素造成的人身伤害,如传染病、食物中毒、打架斗殴等。
> (4)不法侵害造成的人身伤害,如抢劫、滋扰等。

财产权是指以财产利益为内容,直接体现财产利益的民事权利。财产权是可以金钱计算价值的,一般具有可让与性,受到侵害时需以财产方式予以救济。财产权既包括物权、债权、继承权,也包括知识产权中的财产权利。财产权是以物质财富为对象,直接与经济利益相联系的民事权利,如所有权、继承权等。

民航突发事件的破坏性不仅会引起顾客的抱怨情绪,在较为严重的情况下更会对旅客的人身和财产安全造成一定程度的威胁。以行李丢失为例的突发事件会对旅客托运的财产造成损害;以劫机、飞机失联为例的重大民航突发事件会对旅客的生命安全造成威胁。

3. 降低旅客满意度与再购意愿

旅客满意度是指旅客对其明示的、通常隐含的或必须履行的需求或期望已被满足程度的感受。满意度是对旅客满足情况的反馈,是对产品或者服务性能,以及产品或者服务本身的评价;给出了(或者正在给出)一个与消费的满足感有关的快乐水平,包括低于或者超过满足感的水平，是一种心理体验。这种心理状态来源于旅客对企业的某种产品或服务消费所产生的感受与自己的期望所进行的对比。也就是说，"满意"并不是一个绝对概念，而是一个相对概念。

旅客在购买民航产品和服务时，所期望得到的是安全、舒适、便捷、快速的产品和服务。其中，安全是旅客最为关注的满意度评价因素。然而，当民航突发事件发生时，其生命和财产安全或大或小都受到威胁。民航产品与服务质量不同幅度的下降，难以满足旅客的内心期望，其满意度水平大大下降。更有甚者，会使旅客对民航公司丧失信心，将其拉入"黑名单"，不再购买其产品与服务。

三、掌握突发事件旅客情绪安抚技巧

俗话说，"好事不出门，坏事传千里"，民航服务过程中，一位满意的旅客，可能会带来十个新的旅客；而一位不满意的旅客，可能会影响一百个潜在的旅客。特别在遇突发事件时，如何安抚旅客情绪，帮助旅客安心度过危机，顺利完成旅行更是民航服务的重要内容。

▲ 微课：民航投诉与突发事件应对

1. 安抚旅客的原则

在安抚旅客的过程中，要时刻将"我很乐意帮助您"的信号传递出去；即便无法为旅客提供帮助时，也要向旅客表明"不是不想帮助您，实在是没有办法帮到您"。在安抚旅客时要遵循以下原则：

（1）给予充分的尊重。所谓"伸手不打笑脸人"，彼此尊重是与人沟通的基本原则。只有良好的态度才能让旅客接受你、了解你、认可你。在突发事件发生后，民航服务人员更应该始终保持谦虚的态度，将旅客"视为上帝"，让其感受到航空公司对他的重视和尊重，逐渐化解其心中的不满，进而接受航空公司的歉意与补偿。这需要民航服务人员在安抚旅客的过程中，要始终保持良好的姿态，身体前倾；做好表情管理，学会用目光与对方进行交流；进退适宜，双向互动；避免任何不礼貌的举止等。当然，尊重并不意味着一味地妥协和退让。尊重是双向的，民航服务人员应该尊重每一位旅客，同时也应该获得旅客的尊重。

（2）保持礼仪、礼貌。安抚旅客是民航服务的重要组成部分。礼仪、礼貌是民航服务质量的核心所在，也是民航服务人员在安抚旅客的过程中需要始终遵循的最基本原则。这要求民航服务人员在安抚旅客的过程中，始终保持周到、谦恭、尊重、友好的态度；始终保持衣冠整洁、仪表得当、谈吐文雅、自然得体；始终用民航服务人员惯有的礼仪、礼貌为每一位烦恼、愤怒的旅客送去如沐春风的温暖服务。

（3）保持优良的服务态度。在安抚旅客的过程中，保持优良的服务态度原则，要求民航服务人员做到以下几点：

1) 认真负责，即急旅客之所急，想旅客之所想，求旅客之所求，认认真真为旅客做好每一件力所能及的事情，尽最大的努力给旅客一个满意的答复。

2）积极主动，即先旅客之前，想旅客之需，办旅客之事。不要等到烦恼、愤怒的旅客来寻求帮助，要有"自找麻烦"的觉悟，主动为遇到麻烦的旅客解决问题，时时处处为旅客解决问题。

3）热情耐心，即将旅客的问题当作自己的问题，将旅客当作自己的亲人，耐心地倾听、帮助旅客解决突发问题。

4）换位思考，即站在旅客的角度为旅客考虑问题，设身处地地为旅客解决问题。

（4）5C原则。所谓5C是指清晰（Clear）、简明（Concise）、准确（Correct）、完整（Complete）、有建设性（Constmctive），即在安抚旅客的过程中，表达的安抚信息要结构完整、条理清楚、信息清晰完整；语言简明、表达准确、无歧义；在充分考虑旅客的态度和接受程度的基础上，提出有建设意义的安抚型解决方案。

（5）投诉有门、责任到人。建立便捷、完善的投诉机制，让旅客有地方发泄"不满的声音"，让突发事件的有关责任人承担相应的责任与接受惩罚，让旅客的投诉落到实处，才能不断提高民航服务质量，从根本上化解旅客的不满与愤怒，实现旅客安抚。

（6）处理恰当、补救及时。面对突发事件给旅客带来的人身、心理、财产伤害，真诚的道歉是必不可少的。但仅仅是口头道歉还远远不够，民航公司和服务人员还必须根据相关法律法规、公司章程制度等，及时采取补救措施，并对旅客进行合理的赔偿，争取得到旅客的谅解。

2．安抚旅客的方法

无论是哪种类型的突发事件，都会带给旅客的心理产生相当大的冲击和精神压力，使旅客处于强烈的冲动、焦躁或恐惧情绪之中。因此，安抚旅客的首要技巧就是学会控制、管理旅客的情绪。情绪虽然不能完全消灭，但可以进行有效疏导、有效管理和适度控制。这样的情绪管理不但可以作用于自己，也可以作用于他人。因此，民航服务人员在安抚旅客的过程中，应该运用情绪管理的方法，提高安抚效果。

（1）积极心理暗示法。如同生命具有周期一样，人的情绪同样具有"情绪周期"。在民航突发事件发生后，绝大多数旅客的内心都处于"情绪低潮期"。处于这一情绪期的人们，很容易产生反抗情绪，容易喜怒无常，感到寂寞和孤独。这就是心理暗示的作用，在这个暗示的影响下，处于情绪低谷期的旅客，很容易做出过激行为。民航服务人员在安抚旅客的过程中应该重视对旅客的积极心理引导，宽容、体谅旅客的心境，帮助其走出情绪低谷，以积极乐观的心态看待各种突发事件。例如，当飞机遇上气流，机身开始抖动时，不少旅客就会感到慌张、恐惧。这个时候，民航服务人员应该主动宽慰旅客："飞机遇上气流，抖动是正常情况。本次航班的飞行员们都是经过严格的训练挑选出来的，而且飞行经验丰富，一定能够安全地穿过气流，请各位旅客安心。"让旅客明白机身抖动并不是因为飞行或飞机故障，而是正常情况。通过类似的言语引导和暗示，缓解旅客的紧张情绪。

（2）注意力转移法。注意力转移法就是把注意力从引起不良情绪反应的刺激情景上，转移到其他事物或者从事其他活动上去。在安抚旅客的过程中，民航服务人员同样需要利用注意力转移法，将旅客的关注点转移到刺激情景以外的事情上。一般来说，旅客乘坐飞机的共性心理主要表现为：安全需求、顺畅需求、快捷需求、方便需求、舒适需求和安静需求等。其中，安全需求是旅客最基本也是最重要的需求，保证人身和财产需求是旅客的心理底线。民航突发事件的发生会或多或少地导致旅客的某些需求无法得到满足，容易引起旅客的抱怨与不满。因此，民航服务人员在安抚旅客的过程中应给予旅客充分的理解。同时，善于利用旅客所关注的主要需求，转移旅客注意力，降低旅客的不满意度。例如，在航班因机械故障延误时，民航服务人员可以从安全的角度对旅客进行引导，告诉旅客彻底安全检查维护的必要性，转移旅客的注意力，从而提高安抚效果。

3. 安抚旅客的技巧

（1）细心观察。在民航突发事件发生后，旅客的心理很容易变得异常敏感，整个人都会处于敏感期。因此，民航服务人员应重视"观察服务"，及时发现旅客的细微变化，用心体贴，善解人意，急旅客之所急，想旅客之所想。努力做到在旅客"要求服务"之前将服务送到他身边，实现与旅客的心灵沟通，掌握突发事件处理的主动权。"先发制人"避免旅客情绪恶化后带来的一系列问题。

（2）耐心倾听。耐心地倾听能够让旅客感受到被尊重、接受和认可，从而拉进旅客与服务人员之间的距离，使沟通变得更加顺畅。耐心倾听要做到以下几点：

1）倾心。所谓倾心，是指用心聆听，让旅客感受到服务人员解决问题的态度。每个旅客的成长背景、性格、人生经验、教育程度、文化水平、价值观念都有所不同，对同一信息的表达和理解自然也会有所不同。因此，民航服务人员在倾听旅客的抱怨或投诉时，要善于"倾心倾听"，把握沟通信息的重点，保证沟通信息的真实性和准确性。只有及时准确地了解事情的真相，才能判断旅客投诉或抱怨的情况应该由哪个管理者或哪个管理部门负责，之后根据事情的经过核实下一阶段的处理方式。为了倾听到对方要表达的确切意思，"倾心倾听"还要求民航服务人员在倾听的过程中适当地向对方求证信息的准确性。例如，"请问您说的是这个意思吗？""请问我这样理解您的意思对吗？""请问您这个问题是否可以这样描述？"等。

2）倾情。所谓倾情，是指在聆听时灌注自己的情感，对顾客的痛苦和不幸做出应有的回应，与其"同呼吸，共感受"。在民航突发事件发生后，旅客的质疑与异议显而易见。如果在这个时候，民航服务人员在倾听过程中仍然保持冷静的态度，向其解释民航公司的章程规定，很容易给旅客造成一种"我的需求不被重视""我的人格不被尊重""我的异议不被理解"的错觉。因此，面对旅客的异议，倾心倾听还远远不够。民航服务人员在安抚旅客的过程中还必须投入自己的感情，从情感上、心情上认同旅客的异议，与其做好情感互动。在倾听的过程中适当地表示自己对旅客遭遇的同情，不时地点头示意，必要时适时表达自己的态度。例如"我非常能够理解您现在的心情……""您先别着急，慢慢说……""我也非常希望飞机能够尽快起飞，少耽误您一些时间……"等。

3）倾倒。所谓倾倒，是指不论旅客说了什么，哪怕是愤怒到胡言乱语都要表现出对旅客的理解，让自己成为旅客倾倒负面语言的"垃圾桶"。在安抚旅客的过程中，时刻谨记"旅客总是对的",不与之争论,不立马辩解,等到旅客冷静之后再做后续处理。面对旅客们此起彼伏的抱怨,乘务员们将自己当作"怨言垃圾桶",将旅客的不满照单全收,并保持着一如既往的优质服务。最终他们用无可挑剔的服务成功安抚旅客,并获得了所有旅客的认可与感谢。

4)不打断倾听。所谓不打断倾听,是指在倾听顾客的过程中不宜打断对方说话,让其能够顺畅、自由地表达诉求。

(3)礼貌的语言沟通。语言的沟通全面、直接、互动并且能够获得立即反馈,是安抚旅客中最常见的沟通方式。

1)正确称呼旅客姓氏。正确地称呼他人姓氏,可以使原本陌生的两个人在短时间内拉近距离,能够有效缓解陌生气氛,给人被尊重感。

2)恰到好处的语气与语调。实验发现,一个人要向外界传递完整的信息,单纯的语言成分只占到7%,而语气语调占到了38%。气长、气短、气壮、气虚都会给旅客传递信息。亲切的语气、柔和的语调往往给旅客传递出一种商量的信息,让人感到愉悦、亲切。这样的信息带着柔和的征服力,让激动、强硬的旅客"丢盔弃甲"。

①语气。亲切的语气往往较缓和,不急促。例如,安抚沟通的开场白"您好",如果在安抚旅客的过程中,将"您好"的语气说得很急促,甚至不到半秒钟的时间,会给顾客一种强硬、不专业、不重视的感觉。相反,如果将"好"字的发音适当拉长,会显得较为柔和、亲切。同时,正确地使用语气词也非常重要。

职场小贴士

语气词是表示语气的虚词,常用在句尾或句中停顿处表示不同语气。常见的语气词有的、了、么、呢、吧、啊。

例如:我会时刻在您身边的。(陈述语气)

需要饮料吗?(疑问语气)

帮您把空调关掉吧?(疑问语气)

②语调。说话语速原则上以达到"匹配"为最佳。如果面对年龄较长、听力障碍的旅客,服务人员妙语连珠快速地说了一堆安抚的话,很有可能在对方的耳朵里都变成了一片混乱。但如果遇到旅客语速较快,说话像机关枪一样,而你在安抚他时却慢条斯理,跟不上他的节奏,很容易让对方觉得"你的反应怎么这么慢""你说得这么慢无非就是浪费我的时间"。因此,在安抚旅客的过程中,语调以"匹配"最佳,同时要注意"疾得有利,徐得有力"。也就是说在安抚旅客的过程中:

a. 不要平铺直叙,否则只会达到催眠效果,让旅客把握不到重点。

b. 将某些重要的词稍微放慢一些,给旅客足够的时间消化你的语言。

c. 适当地"慢"一点，让自己喘口气、深呼吸，不至于出现气急或上气不接下气的情形。

d. "快慢"搭配，张弛有度，自然而然地表现出从容不迫的精神和顿挫分明的权威感，从而缓解旅客的焦虑情绪。

3）多用敬语。敬语是指对听话人表示尊敬的语言手段。它既是谈吐文雅，展现风度与魅力的重要表现，又是尊重他人并获得他人尊重的必要条件。在人际交往中，多使用敬语有利于创造和谐融洽的氛围，使沟通变得自然舒适。民航服务人员在安抚旅客的过程中多使用敬语既能表现出对旅客的尊重，又能缓和氛围、缓解旅客的不满情绪。总结起来，民航服务人员应该做到以下几点：

①相见道好。主动使用问候型敬语。问候型敬语是人与人彼此相见，互相问候时使用的敬语。民航服务人员经常使用的这类敬语包括"您好""早上好""晚上好"等。这类敬语的使用既表示尊重，又显得亲切，充分体现了服务人员的涵养、风度和礼貌。面对面露难色甚至满腔怒火的旅客，面带微笑地亲切问候一句"您好，请问有什么可以帮您？"，相信这会让他的焦躁情绪有所缓和。

②托事道请。擅长使用请求型敬语。民航服务人员找旅客帮忙的情况较为少见，但请求旅客"配合"的情况却不胜枚举。在请求旅客配合的情境下，说一句"请""拜托""麻烦您"往往效果要明显得多。

③失礼致歉。灵活使用致歉型敬语。致歉型敬语常常用于失礼于人的时候，是在安抚旅客的过程中最常使用的敬语。谦恭的道歉能够让旅客感受到民航服务人员乃至民航公司的真诚和歉意。及时真诚地说一声"对不起""打扰您了""非常抱歉""请多包涵"就会使旅客趋怒的情绪得到缓解，化干戈为玉帛。当然，在安抚旅客的过程中，要灵活掌握致歉型敬语使用的频率和内容的变化，避免机械式的重复。

4）多用委婉的词语、句式。同样的意思用不同的语言表达出来，是语言沟通技巧的关键所在。说话直白、语气生硬或缺乏热情都会使对方难以接受你的观点。不恰当的措辞会让谈话不欢而散，无法实现有效沟通。在民航突发事件处理过程中，民航服务人员应该学会多使用委婉的词语、句式，让旅客更能接受安抚。

①少用祈使句。祈使句多用于要求、请求或命令、劝告、叮嘱、建议他人做或不做一件事。句中的主语常常被省去，句末一般用感叹号，多数情况下语气较强。例如"保持肃静！""此处不准吸烟"等。但祈使句中也有表示请求的句式，如"请等我一会儿"等。因此，如果民航服务人员需要使用祈使句，也要使用请求句式的祈使句。不说"等一下"，而说"请您稍等一下"；不说"把身份证递给我"，而说"请把您的身份证递给我一下，谢谢"。

②少用否定句。否定句是表示否定的句子，通常句子中有否定副词"不""弗""毋""勿""未""否""非"，或是否定动词如"无"。这样的句式拒绝意思明显，不但不能安抚旅客，反而会让旅客的情绪变得更糟。例如，不说"我不知道"而说"这个问题等我再去确认一下再来答复您，好吗？"；不说"这里是禁烟区，请您不要在

这里吸烟",而说"实在抱歉,如果您想吸烟可以到那边的吸烟室,谢谢您的配合"等。即不用"不会""不行""不要",而用"可以……吗?"。

③少用反问句。反问句是疑问句的一种,虽然表面上看起来是疑问的形式,但其实质上表达的是肯定的意思,甚至比陈述句的语气更加强烈。例如,"难道我会不知道?""难道我有这么笨吗?""难道我想在这里浪费你们的时间?"等。诸如此类的反问句充满了说话人充沛强烈的情感,不但不能起到安抚旅客的作用,反而会让旅客觉得你态度不佳,导致双方矛盾激化。因此,民航服务人员应该将"难道我会不知道"改为"我知道……";将"我这正忙着呢,不能等一下吗?"改为"不好意思,您稍等一下好吗?"。

④不说伤害旅客尊严的词、句。例如,尽量不要直接对旅客说"残疾人""便宜的机票"等可能会伤害旅客尊严的词、句。

5)避免错误的引导性语言。如遇民航突发事件,应具体问题具体分析,就旅客咨询的问题给予如实回答,言简意赅,清晰准确地向旅客传达有效信息。偶尔也可以向旅客解释相关的业务规定,但一定要注意分寸,不要出现错误的引导性语言。

6)善于提问。在与旅客沟通过程中,善于提问才能让旅客表达出内心的真实想法,从而准确地把握旅客的需求和情感,提问的方式主要包括以下几种:

①开放式提问。即不限制答案的提问方式,例如,请问您需要我帮您做什么?

②封闭式提问。即确定事实的提问方式,例如,请问需要我的帮忙吗?

③探讨式提问。即就某一问题开展深入讨论的提问方式。例如,您看下一步要怎样处理比较好?

职场小贴士

在安抚旅客的过程中采用哪种提问方式应该具体情况具体分析,应该在综合考量自身能力和顾客潜在需求后选择合适的提问方式。从简单的问题入手,逐渐培养出旅客的信任感,引导其表达真实想法,从而更好地了解其需求,做出应对之策。

7)灵活运用幽默的语言。幽默是人际关系的润滑剂,幽默的语言能够使沟通事半功倍,使剑拔弩张的气氛变得缓和,避免出现令人难堪的场面。民航服务人员在其服务过程中,应该始终保持幽默感,以化解突发事件带来的各种矛盾和问题。民航服务人员在安抚旅客的过程中,当简单的道歉和解释都无法生效时,不妨试试以幽默的语言打开旅客的心扉,使气氛变得轻松愉悦起来。

(4)恰当的肢体表达。肢体表达(又称身体语言),是指通过头、眼、颈、手、肘、臂、身、胯、足等人体部位的协调活动来传达人物的思想,形象地借以表情达意的一种沟通方式。通过肢体表达细节向旅客传递各种信息,能够显著影响旅客的情绪。因此，民航服务人员在安抚旅客的过程中，必须学会发挥肢体表达的作用，具体见表 6-7。

表 6-7 肢体表达的含义

肢体表达		含义
手势	柔和的手势	友好、商量
	强硬的手势	我是对的，你必须听我的
	扭绞双手	紧张、不安或害怕
	双手放于背后	愤怒、不欣赏、不同意、防御或攻击
	环抱双臂	愤怒、不欣赏、不同意、防御或攻击
表情	微笑	友善礼貌
	眯眼	不同意、厌恶、发怒或不欣赏
	皱眉	怀疑和不满意
	点头	同意或者明白了，听懂了
	摇头	不同意，震惊或不相信
	眉毛上扬	不相信或惊讶
	咬嘴唇	紧张、害怕或焦虑
眼神	盯着看	不礼貌，但也可能表示感兴趣，寻求支持
	正视对方	友善、真诚、外向、有安全感、自信或笃定
	避免目光接触或闪躲	冷漠、逃避、不关心、没有安全感、消极、恐惧或紧张
姿态	双臂环抱	防御
	身体微向前倾	注意或感兴趣
	懒散地坐在椅子中	无聊或放松
	抬头挺胸	自信、果断
	坐在椅子边上	不安、厌烦或提高警惕
	打哈欠	厌烦
	挠头	疑惑或不相信
	抖脚	紧张

续表

肢体表达		含义
声音	抑扬顿挫	热情
	突然停顿	引起对方注意或营造悬念

> **职场小贴士**
>
> **民航人员在肢体表达方面的要求**
>
> （1）形象：民航服务人员的形象应该是整洁、美观、大方、朴实的。良好的形象能让人赏心悦目，让旅客更愿意接受你服务人员安抚。
>
> （2）仪态：仪态反映了一个人的精气神，民航服务人员应该做到"站如松、行如风、坐如钟"，这也是民航服务人员专业性的表现。
>
> （3）表情：真诚的微笑是最美好的语言。但在突发事件情节较为严重时，民航服务人员最好还是不要随意展示不合时宜的"微笑"。
>
> （4）目光：要保持与旅客的眼神交流，注意保持目光的友好、亲切、坦诚和坚定。同时，注视的时间和空间要适当，不要一直盯着旅客看，也不要眼神游离、四处乱瞟。
>
> （5）手势：轻柔地拍肩膀可以起到安抚的作用，但大幅度的比划只能激化旅客心中的不满。
>
> （6）其他：根据实际情况，本着"尊重旅客、方便旅客"的原则进行把握。

四、掌握民航突发事件播音技巧

在民航突发事件中，广播承担着传递信息、安排工作、安抚旅客的重要作用。无论是播音内容还是播音形式都对突发事件的应急处理举足轻重。

1. 播音要求

根据航空公司规定，向旅客提供广播信息时需遵守以下要求：

（1）吐字发音清楚明晰，具有良好的语言表达能力和较高的外语水平。

（2）广播语种以中文为先，英文居后，如有需要可以添加小语种及地方性语言。

（3）熟练掌握广播词的基本内容。

（4）语音语调热情、亲切。

（5）正确使用播音设备，发音音量适中。

（6）播音速度不宜过快。

（7）对旅客安全须知的播报，应同时配以行动演示。

（8）紧急广播由乘务长亲自播报。

职场小贴士

民航突发事件播音技巧

（1）呼吸控制技巧。呼出的气息是人体发声的动力，声音的强弱、高低、长短及共鸣的运用或呼出气息的速度、流量和密度都有直接的关系。气流的变化关系到声音的响亮度、清晰度及音色的优美圆润、嗓音的持久性及情趣的饱满充沛，也就是说只有在呼吸得到控制的基础上才能谈到声音的控制。呼吸的作用还不仅仅限于作为发声的动力，它还是一种极重要的表达手段，是情和声之间必经的桥梁。要使声音能够自如地表情达意，那么，播音员必须学会对呼吸的控制和运用。在突发事件播音中，民航播音员一定要学会控制呼吸，不能有强烈的呼吸声，以免给旅客一种"大难临头"的感觉；要尽量以平稳的呼吸传递给旅客一种"安心"的感觉。

（2）音量控制技巧。音量的要求是面对话筒等电声设备时，话筒与嘴的距离保持约 30 cm，使用比生活中口语音量稍微大一点的音量来调整、驾驭自己的声音。音量过大时需要增大用气量，加大发声器官的紧张度；音量过小时对比度较差，吸气声和背景杂音很容易混进去。在突发事件播音中，民航播音员一定要把握发声音量变化的幅度，掌握语言的清晰度，结合播音内容的轻重缓急调整音量。

（3）内化与外化技巧。民航突发事件广播是有稿表达和临时发挥的结合体，做好突发事件广播，需要同时处理好播音内容的内化和外化问题。所谓内化是指把握播音内容，即深刻领会和体验播音稿所需要传达的信息和情感，并将其转化为自己的语言和情感，也就是说将规定化的播音稿结合现实情境转化成播音员自己的语言。所谓外化强调表达播音内容，即运用有声语言（并伴随态势语言）把作品的思想感情传达给受众，也就是说要通过广播传递情感信息。

1）善用内化的技巧要求播音员在熟练突发事件标准播音稿内容的基础上，通过一系列的分析、综合活动与具体情境相结合，达到对播音内容的理解、领会与灵活运用。这一技巧的关键在于具体情况具体分析，在遵守播音要求的前提下充分发挥播音员的才智，灵活对播音内容进行完善、丰富。

2）善用外化的技巧要求播音员能运用停顿、重音、语气、语速等语言技巧把作品表现出来。

①停顿。停顿是较之重音更复杂的一种表达技巧，因为它常常与标点符号相联系，所以，常常对句子的构成和意义起决定性作用，运用起来比较复杂。如"有资格的和尚未取得资格的先生"这句话，如果停顿不当就会被读

模块六 异常运输及突发事件服务沟通技巧

为"有资格的和尚／未取得资格的先生",产生歧义,真正要表达的意思是"有资格的／和／尚未取得资格的先生"。巧妙地利用停顿,还可以在沟通中划开心理段落,这样,既可以整理前面的信息、体会情感,又可以为后来的沟通预做铺垫,做好心理准备,非常有利于信息消化和沟通过程的顺利进行。

②重音。确切地说,主要是逻辑重音的安排。这里所讲的"安排",就是要通过沟通语言中的重音,将需要强调的东西凸显出来,以达到沟通的目的。如"我／请你来玩儿""我请你／来玩儿""我请你来玩儿"三个句子字面完全一样,但由于重音不同而意思各有侧重,如果参考个人感情和当时情境,就能从中悟出不同的意思,有居高临下的命令,有不太情愿的邀请,有渴望分享开心一刻的感情等。再比如"您真聪明""您真／聪明"这句话,前者是真心称赞,后者如再与拖长的声调相结合,就很可能变为挖苦与讽刺了。

③语气、语调。据说,意大利著名悲剧影星罗西,应邀参加一个国外同行的宴会。席间,很多客人要求他表演一段节目,于是,他用意大利语念了一段台词。尽管大家都不懂他在说什么,但他那悲切的表情和凄凉的声调使大家被感动得潸然泪下,可事实上,艺术家匆忙中念出的只是晚宴的菜单!这一点,虽不是人人都可以做到的,但无疑反映出了语气、语调在语言表达中的重要作用。大文豪萧伯纳曾说过:一个"不是"可以有500种表达方式。这虽然是"文学"表达方式,不能说整整就有500种,但语气、语调会使语言表达方式丰富多彩是确定无疑的。就这一意义而言,词语本身有时倒显得不重要了,因为词语的含义多随着语气、语调而变化。在沟通过程中,尤其如此。

④语速。语速是指说话速度,适中的语速有利于沟通双方的情感表达与信息传递。语速过快不利于自我控制,也不利于对方理解,过慢又容易使人烦躁不安或萎靡消沉。

2. 播音内容

在民航突发事件中,民航广播是受困群体信息环境的主要构建者;尤其是当发生机上突发事件时,民航广播更是受困群体信息环境的唯一构建者。因此,民航突发事件的播音内容承担着向旅客传递真实、全面的权威信息,消除旅客的各种误解,维护现场秩序稳定的重要责任。为发挥广播的"定心丸""减压阀"作用,民航广播播音的内容必须包括:

(1)突发事件的起因播报。民航突发事件起因的播报是对突发事件解释的一部分,能够在一定程度上争取到旅客的谅解。例如,当飞机延误时,如果航空公司不说明,让旅客白白等上几十分钟甚至几个小时,恐怕很难让旅客接受。相反,如果航空公司能够将"天气恶劣不适宜飞行"等正当原因传达给旅客,就比较能够获得旅客的谅解。

> **职场小贴士**
>
> 　　需要特别说明的是，在民航突发事件发生时，并不是所有的突发事件的起因都能够在第一时间告知旅客。如果突发事件的原因尚处于调查中、不能确定，或是突发事件的原因不宜告知普通大众旅客，则应该坚持"快报事实，慎报原因"的原则。

（2）突发事件处理播报。从心理学的角度分析，每一个体都具有以自我为中心的价值倾向，即与自我相关的事物，一定是其最为关注的事物。对于听众而言广播也是如此，旅客更多的是希望听到有关自己需求的信息。在民航突发事件播音中，与旅客息息相关的便是"突发事件处理方法"。因此，作为突发事件广播播音工作者，就应该站在旅客的角度和立场进行思考，在有限的时间内给出恰当的突发事件处理方法。因此，在民航广播中必须告知旅客突发事件救援的进展、救灾物资的领取方式、获得救助的渠道、重建的方案、避免次生灾害的知识和卫生防疫的常识等信息。与此同时，民航广播还应提供心理抚慰。研究显示，"处于紧张状态的人对声音有异常的敏感"。民航广播通过即时报道能够有效减少旅客的恐慌心理，使其产生心理安全感。危机发生时，民航广播所传出的声音可以让旅客感到精神上的依托，觉得在突发事件中社会的运转还在正常进行，各方力量都在共同参与救助。这些帮助性的提示和积极的信息能够有效帮助旅客建立起心理安全感，充满克服危机的希望，鼓励他们走出困境。

（3）播音词。民航突发事件的类型多样，不同的突发事件播音词也不尽相同。主要的突发事件播音词包括：

1）起飞前突发事件播音词。飞机起飞前的突发事件主要包括飞机延误、飞机故障等，这类事件发生时，应及时通过广播告知旅客，并提供具体的解决办法。具体播音词包括：

播音词①：

　　女士们、先生们：

　　你们好！我是本次航班的（主任）乘务长××，首先，我代表南方航空向您致以最诚挚的问候。今天由于××（飞机晚到/机场天气不符合飞行标准/航路交通管制/机场跑道繁忙/飞机故障/等待旅客/装货等待/临时加餐）耽误了您的旅行时间，希望能得到您的谅解。

播音词②：

　　女士们、先生们：

　　本次航班由于××原因造成延误，耽误了您的宝贵时间，给您的出行造成了很多不便，我们对此表示歉意。

　　需要转机的旅客，请您告诉客舱乘务员，我们将尽快为您联系地面工作人员。飞机落地后，将由他们协助您办理转机事宜。如有其他需要，也请随时提出，我们将尽力为您服务。

播音词③：

女士们、先生们：

现在是乘务长广播。今天我们的航班由于××（天气不符合飞行标准／航空管制／机械故障／个别旅客）原因造成了延误。您急切的心情我们非常理解，但是，当安全和正点发生矛盾、不能兼顾时，我们会首选安全。我们感谢您的宽容和理解，您的耐心等候和积极配合是对我们工作的巨大支持。我们机组全体工作人员代表××航空公司再次感谢您的理解与配合。谢谢！

播音词④：

女士们、先生们：

由于部分旅客（还没有办完登机手续，他们将很快上机。／已办完登机手续，但仍未登机。／正在中转到我们飞机。）请您在座位上稍等片刻。谢谢！

播音词⑤：

女士们、先生们：

由于××（航路交通管制／机场跑道繁忙／机场天气不符合飞行标准／机械故障），目前我们暂时还无法确定起飞时间（预计等待时间不会太长），请大家在座位上休息等候，如有进一步的消息，我们会尽快通知您。在此期间，我们将为您提供饮料服务／餐饮服务。谢谢您的理解与配合！

播音词⑥：

女士们、先生们：

接到机长的通知，由于××天气尚未好转（排除飞机的故障还需要一定的时间），我们将安排您到候机厅休息等候。请您配合我们的工作，带好您的机票、登机牌下飞机，您的手提物品可以放在飞机上，但贵重物品请您随身携带。进一步的消息地面服务人员将随时广播通知您。对于由此给您带来的不便，我们深表歉意。再次感谢您的理解与配合！

播音词⑦：

女士们、先生们：

非常抱歉地通知您，由于飞机的故障暂时无法排除，我们将换乘另一架飞机。现在请您带好全部手提物品随同地面服务人员下飞机。对于由此给您带来的不便我们深表歉意。感谢您的谅解与配合。

播音词⑧：

女士们、先生们：

经过机组和维修人员的共同努力，现在飞机的故障已经排除，可以安全起飞了。感谢您在等待期间对我们工作的理解和支持，现在请大家回原位坐好。谢谢！

2）飞行中突发事件播音词。飞机飞行过程中的突发事件包括飞机颠簸、旅客突发疾病、下降加油、中途站天气不好决定直飞等。这类事件发生时，应及时通过广播告知旅客，具体播音词包括：

播音词①：

女士们、先生们：

受航路气流影响，我们的飞机正在颠簸，请您尽快就座，系好安全带。颠簸期间，为了您的安全，洗手间将暂停使用，同时，我们也将暂停客舱服务。（正在用餐的旅客，请当心餐饮烫伤或弄脏衣物。）谢谢！

播音词②：

女士们、先生们：

我们的飞机正经过一段气流不稳区，将有持续的颠簸，请您坐好，系好安全带。颠簸期间，为了您的安全，洗手间将暂停使用，同时，我们也将暂停客舱服务。（正在用餐的旅客，请当心餐饮烫伤或弄脏衣物。）谢谢！

播音词③：

女士们、先生们：

请注意！现在飞机上有一位（重）病人需要帮助，如果您是医生或护士，请立即与我们取得联系。谢谢！

播音词④：

女士们、先生们：

请注意！现在飞机上有一位重病人需要尽快抢救，为了保证病人的生命安全，机长决定临时降落在最近的××机场，飞机将在××分钟后到达。我们非常感谢您的理解与支持！

播音词⑤：

女士们、先生们：

我们刚刚接到机长的通知，由于航路有（较）强逆风，飞机油料消耗较大，机长决定将在××机场降落加油，到达××（终点站）的时间将会受到影响。飞机将在××分钟后抵达××（备降）机场，由此给您带来的不便，请您予以谅解。谢谢！

播音词⑥：

女士们、先生们：

非常抱歉地通知您，由于本次航班的中途站××机场因××（天气不符合飞行标准/特殊原因）已经关闭，飞机无法降落，机长决定直接飞往××（终点站）。预计到达机场的时间是××。

原计划在××下机的旅客，我们将在飞机落地后为您联系地面服务人员，他们将会安排相关事宜。由此给您带来的诸多不便，请您予以谅解。谢谢！

3）飞机准备、正在降落期间的突发事件播音词。飞机准备、正在降落期间的突发事件包括空中盘旋、降落站天气不好等，具体播音词包括：

播音词①：

女士们、先生们：

我们刚刚接到机长的通知，由于××机场××（天气不好／能见度较影／空中交通繁忙／停机坪拥挤，无停机位），我们将在空中盘旋等待。进一步的消息我们会随时通知您。谢谢！

播音词②：

女士们、先生们：

非常抱歉地通知您，由于降落站××机场天气不符合飞行标准，目前飞机无法降落，机长决定降落在××机场，待天气好转后再继续飞行。备降后的有关事宜，我们会随时通知您，飞机预计在××点××分到达××机场。谢谢！

播音词③：

女士们、先生们：

本架飞机由于××原因备降在××机场。决定在此站下机的旅客，请务必与客舱乘务员或地面服务人员办理相关手续后再离开，以免给我们的后续工作及其他旅客带来不便。谢谢您的合作！

播音词④：

女士们、先生们：

我们刚刚接到机长的通知，由于（飞机出现了一些机械故障／航路天气不符合飞行标准／降落站机场关闭），我们现在必须返回××机场，飞机预计在××点××分到达。由此给您带来的诸多不便，请您予以谅解。返航后的有关事宜，我们会随时通知您。谢谢！

4）其他突发事件。其他突发事件包括航班取消、客舱起火、客舱释压、迫降、寻人、失物招领等，具体播音词包括：

播音词①：

女士们、先生们：

我们刚刚接到机长通知，由于××（天气尚未好转／机械故障尚未排除），我们将取消今天的航班。请您带好全部手提物品准备下飞机。地面服务人员将安排有关事宜。由此给您带来的不便，请您予以谅解。谢谢您的合作！

播音词②：

女士们、先生们：

现在客舱前（中／后）部起火，我们正在组织灭火，请大家不要惊慌，听从乘务员指挥，我们将调整火源附近旅客的座位，其他旅客请不要在客舱内走动。严禁吸烟。谢谢！

播音词③：

女士们、先生们：

现在客舱发生释压，请坐好，系好安全带。用力拉下氧气罩，并将面罩罩在口鼻处，进行正常呼吸。在帮助小孩或其他人之前，请自己先戴好。飞机将会紧急下降，请听从乘务员的指挥。谢谢！

播音词④：

女士们、先生们：

我是本次航班的乘务长。如机长所述，我们决定采取陆地紧急迫降，我们全体机组人员都受过良好的训练，有信心、有能力保证你们的安全。请听从乘务员的指挥。

现在我们将向您介绍最近出口的位置，请确认至少两个以上的出口。撤离时，请前往最近的出口并不要携带任何物品。（介绍应急出口位置，突出区域划分）

现在我们将向您介绍防冲击的姿势。根据实际情况选择一种：两脚分开用力蹬地，手臂交叉抓住前方椅背，收紧下颚，头放在两臂之间；收紧下颚，双手虎口交叉置于脑后，低下头，俯下身。（示范防冲击安全姿势及救生衣的使用方法）

"请乘务员再次进行安全确认。"（确认自身安全，向乘务长报告后，按要求发出指令）

播音词⑤：

女士们、先生们：

请注意！现在广播找人，××旅客，当您听到广播后，请您到××，有人找（与客舱乘务员取得联系）。谢谢！

播音词⑥：

女士们、先生们：

请注意！有哪位旅客在××遗失了物品，请尽快与乘务员取得联系。谢谢！

播音词⑦：

乘坐××航班的旅客请注意：

由于航班延误时间较长，我们在此表示万分歉意。我们将为您提供经济补偿，请您到××号登机口前与工作人员取得联系，谢谢合作。

拓展阅读

民航突发事件的应对措施

民航突发事件应急管理是民航安全管理的重要组成部分，是未雨绸缪、防患于未然的关键，更是决定着航空公司亡羊补牢的能力。应对民航突发事件的具体措施包括：

（1）加强应急管理体制建设。民航突发事件的应急管理是一个综合的、动态的过程，需要一个完整的应急管理体系来支撑其运行。只有将各个部分理顺关系，明确职责，并逐步建立规范、协调、有序的应急管理工作长效机制才能提高突发事件的处理、应对能力。这个应急管理体系的构成应该包括多个内容和功能各有侧重的系统，如指挥调度、处置实施、物资及人力资源、信息管理及决策辅助系统。不同的系统尽管目标相同，职责却各有不同，整个体系的五个系统是按照功能而非部门进行划分的，因此，体系中某一系统的组成成员可能分别来自航空公司、机场、民航空中管制中心和地方政府部门。因此，要保证目标的顺利实现，同样需要协同作战。这样除了及时有效、准确充足的信息，以及应急资源等必备条件之外，要保证这些来自不同部门的人员和物资资源的系统在整个体系框架之下高效运行，还必须有相应的管理机制。应急管理机制应由体系运行机制、预警与应急准备机制、紧急处置机制及善后协调机制和评估机制五大部分组成。后四个机制有着时间上的先后顺序关系，而运行机制则贯穿整个应急管理过程的始终。运行机制为处理整个突发事件提供日常和紧急状态的保障，评估机制则是通过对应急管理各项工作有效性的评估而对整个应急管理机制的不断完善。

（2）加强应急指挥系统建设。据了解，我国民航局已经建立应急指挥中心。各地区管理局、监管办、航空公司、机场等保障单位都应该建立应急指挥系统，不但要建立室内应急指挥系统，还应该建立室外应急车载移动指挥系统。达到中国民航局应急指挥系统与地区管理局应急指挥系统对接，各地区管理局应急指挥系统与辖区各单位应急指挥系统对接，室内应急指挥系统与室外应急指挥系统对接，形成全行业应急管理指挥系统"横向到边，纵向到底"的网络体系。

（3）加强应急预案的编修工作。

1）明确民航应急预案的种类。在我国民航局应急预案的框架下，各地区管理局、各航空集团、各机场集团也应该编制同类应急预案并报中国民航局备案，形成民航行业应急预案体系。

2）各单位、各部门根据主管上级的应急预案，编制本单位、本部门的同类应急预案，形成单位应急预案体系。编制应急预案要有针对性、实用性和可操作性。预案编制目的、编制依据、分类分级、适用范围、工作原则、预案体系、组织体系、运行机制、应急保障、监督管理、应急演练、分析评估、附件附则等预案内容应该具体明确。与此同时，要根据情况变化，不断对应急预案进行修改完善，增强预案的完备性和流程的合理性。

（4）加强应急资金投入。民航公司在提高营运设备质量和性能投资的同时，还要切实保证应急管理工作的资金投入，多渠道筹集资金。应急管理设施设备的改造资金及应急管理运行费用应该优先安排，确保应急管理工作正常开展。同时，加快研究应急管理和应急救援等应急方面的经费政策，保证应急管理体系的健康发展。

（5）选拔、培养突发事件应急管理队伍。民航突发事件是一类特殊的事件。它们突然发生、难以预料，部分问题极其重要、关系安危、必须马上做出处理；部分事件首次发生、无章可循。而且其现场处理、事故调查和善后处理过程都呈现出明显的随机性、紧迫性。因此，突发事件的应急管理仅仅依靠程序化决策是远远不够的。更多的时候需要依靠管理队伍的非程序化决策。因此，民航公司要选拔那些政治素质过硬、工作责任心强、业务水平较高的人员到应急管理岗位工作，并为他们进行学习、培训、深造等创造条件。根据民航工作性质的特殊性，还应该在一些业务职能部门，相对固定一些业务技术力量较强的人员兼职应急管理工作。通过讲座、培训等方式，提高干部职工应对和处置突发事件的应急意识能力。充分发挥技术咨询机构和专家的咨询指导作用，聘请一些专家教授建立民航应急管理专家库。在全民航形成干部职工全员参与、专兼职人员共同负责、专家教授理论技术支撑的民航应急管理队伍。根据多年来的经验总结，当突发事件来临时，其管理队伍至少应该做到：

1）当机立断，迅速控制事态。如出现突发事件，领导者应该立刻作出正确反应并及时控制局势。领导者可采用心理、组织、舆论三个控制法。

①心理控制法。无论哪类突发事件，都会对人们的心理产生相当大的冲击与压力，使大部分人处于强烈的冲动、焦躁或恐惧心理之中。所以，领导者首先应控制自己的情绪，冷静沉着，镇定自若。这样组织成员的心理压力就会大大减轻，并能在领导的引导下恢复理智，利于突发事件的迅速及时解决。

②组织控制法。对于突发事件，运用组织控制法是指在组织内部迅速统一观点，严格纪律，稳住阵脚。不允许任何人自行其是、草率从事，从而妥善处理好突发事件。

③舆论控制法（即信息控制法）。突发事件是新闻媒体追踪报道的热点。但在处理突发事件的过程中，媒体不合时宜的曝光不仅不利于事件的妥善解决，反而会带来更大的麻烦。运用舆论控制法是指领导者采取必要的保密措施，增加"神秘感"，而绝不可增加"透明度"。必要时可采用"全封闭式"操作，使媒体"针插不进""水泼不进"。这样就能保证组织在一个相对稳定的舆论环境中及时、妥善地处理好突发事件。

2）注重效能，标本兼治。正因为处理突发事件的首要目标是迅速果断行动，控制局势，这就要求"非程序化决策"的指向必须针对表象要害问题，各个击破。"立竿见影"，首先治"标"，在治"标"的基础上，再谋求治"本"之道。

3）打破常规，敢担风险。正因为突发事件扑朔迷离，犹如处于瞬息万变战场的军队，所以，需要强制性的统一指挥和力量凝聚。同时，在突发事件决策时效性要求和信息匮乏的条件下，任何莫衷一是的决策分歧都会产生严

模块六 异常运输及突发事件服务沟通技巧

重的后果。所以，对突发事件的处理需要灵活机动，要改变正常情况下的行为模式，由领导者采纳特殊建议，迅速作出决策并付诸实施。

4）循序渐进，寻求可靠。在处理突发事件时，领导者固然要有勇敢承担风险精神，但绝不意味着当"鲁莽的军事家"，无论何时都要注意选择稳妥的阶段性控制的决策方案，以保证有效控制突发的事态发展。领导者须冷静地回避可能造成不必要被动的方案（例如，向媒体透露不确定的消息等）。同时注意克服急于求成的心理，在不断控制表象的过程中作出一环扣一环的阶段性决策。这就是说，在非程序化决策实施中，必须循序渐进、步步为营、稳扎稳打，方能最终化险为夷。

模块小结

旅客运输异常包括误机、漏乘、错乘、登机牌遗失或漏撕（漏扫）及航班超售等情形，航班运输异常包括航班延误及取消、航班中断、航班返航及航班备降等情形。突发事件则是人们对于出乎意料的事件的总称。民航突发事件一般具有突发性和不确定性、针对性和目的性、社会性和复杂性、破坏性和延续性。无论是旅客运输异常、航班运输异常还是突发事件发生时，民航服务人员都应第一时间安抚旅客情绪，运用沟通技巧与旅客进行有效的沟通，帮助旅客顺利完成旅行。

岗位典型工作任务实训

1. 岗位实训项目

航班取消沟通训练。

2. 岗位实训内容

将学生分成两组：一组模拟候机旅客；另一组模拟民航服务人员。

3. 岗位实训要求

正在候机的旅客听到机场广播，乘坐航班因大雾取消，民航服务人员就此问题与相关旅客进行沟通。

模拟表演的学生讲述自身的感受，其他观摩学生为两组表演的学生打分，并讨论在与旅客沟通过程中应注意的问题及沟通的技巧。

4. 岗位实训心得

_____
_____
_____
_____
_____
_____
_____

▲ 在线答题

模块七
民航服务人员内部沟通技巧

1. 了解民航服务人员内部沟通常用的两种沟通形式——正式沟通与非正式沟通；
2. 熟悉民航服务人员内部沟通要求；
3. 掌握上行沟通、下行沟通和平行沟通的技巧。

民航服务人员能够掌握员工内部上行沟通、下行沟通、平行沟通的技巧，避免因上、下级沟通不畅给旅客的旅行造成不便。

1. 培养团队合作精神，同事间相互协调，密切合作，共建友善、和谐的工作环境；
2. 学会换位思考，与人为善，在沟通中多一份理解与包容。

在某航班上，由于头等舱客满，乘务长只好安排一位持有 VIP 卡的常客到后舱去坐，同时将此事告诉其他 4 位乘务员。航行中，这位 VIP 旅客向 2 号乘务员要了一杯水，并询问她本次航班是否送正餐，2 号乘务员告诉他这个航班只送点心，他便没说什么，这时有位旅客向 4 号乘务员提出要吃米饭，她就把上一段多出来的米饭送了出去，这一切被 VIP 旅客看在眼里。他很不高兴地把 2 号乘务员叫了过来："你不是说没有米饭吗？为什么别人有，我是 VIP 客人却没有？"乘务员马上解释说："先生，米饭是上一段多出来的，刚才我以为您只是问一下，对不起，如果您需要，我可以拿一份机组餐给您。"VIP 旅客非常生气，他认为乘务员根本没把他当贵宾进行服务，虽然后来乘务员又向其道歉，并对其格外照顾，他还是有些不满。

　　案例中，由于机组成员之间沟通不到位，导致乘务员与旅客之间的沟通矛盾，给旅客的行程带来不便，令其产生不满情绪，由此可见，机组成员之间的沟通在民航服务过程中的重要性。

单元一　正式沟通与非正式沟通

一、正式沟通

正式沟通是指在工作时间内按照公司规定的原则所做的一些交流，如会议、通报等。正式沟通应首先建立相应的沟通渠道，如分公司召开的周例会、月例会、专题会、骨干会议、老员工会议、新员工会议、年会等。正式沟通有链式沟通、环式沟通、Y式沟通、轮式沟通和全通道式沟通五种形态。

1. 链式沟通

链式沟通又称为直线型沟通，是指若干沟通参与者，从最初的发信者到最终的受信者，环环衔接，形成信息沟通的链条，如图7-1所示，这是一个平行网络，其中居于两端的人只能与内侧的一个成员联系，居中的人则可分别与两人沟通信息。在一个组织系统中，它相当于一个纵向沟通网络，代表一个五级层次，逐渐传递，信息可自上而下或自下而上进行传递。在这个网络中，信息经层层传递、筛选，容易失真，各个信息传递者所接收的信息差异很大，平均满意程度有较大差距。另外，这种网络还可表示组织中主管人员和下级部属之间中间管理者的组织系统，属控制型结构。在管理中，如果某一组织系统过于庞大，需要实行分权授权管理，那么，链式沟通网络将是一种行之有效的方法。

▲ 图7-1　链式沟通

> **拓展阅读**
>
> **链式沟通的优点和缺点**
>
> （1）链式沟通的优点。
> 1）传递信息的速度快。
> 2）解决简单问题的时效高。
> （2）链式沟通的缺点。
> 1）信息经过层层筛选，容易出现失真的现象，使上级不能直接了解下级的真实情况，下级不能了解上级的真实意图。
> 2）各个信息传递者接受信息的差异很大，平均满意程度有很大的差距。
> 3）处于最低层次的沟通只能做上行沟通，或接收失真度较大的信息，造

成接收者心理压力大,最容易产生不满足感;每个成员的沟通面狭窄,彼此沟通的内容分散,不易形成群体共同意见,最低层次的沟通者与最高层次的沟通者难以通气,不利于培养群体凝聚力。

2. 环式沟通

环式沟通也称圆周式沟通,类似链式沟通,但信息链首尾相连形成封闭的信息沟通的环。这种组织内部的信息沟通是指不同成员之间依次联络沟通,如图7-2所示,此形态可以看成是链式形态的一个封闭式控制结构,表示5个人之间依次联络和沟通。其中,每个人都可同时与两侧的人沟通信息。在这个网络中,组织的集中化程度和领导人的预测程度都较低,畅通渠道不多,组织中成员具有比较一致的满意度,组织士气高昂。如果在组织中需要创造出一种高昂的士气来实现组织目标,环式沟通将是一种行之有效的措施。

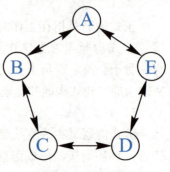

▲ 图7-2 环式沟通

拓展阅读

环式沟通的优点和缺点

(1)环式沟通的优点。组织内民主气氛较浓,团体的成员具有一定的满意度,横向沟通一般使团体士气高昂。

(2)环式沟通的缺点。组织的集中化程度和领导人的预测程度较低,沟通速度较慢,信息易于分散,往往难以形成中心。如果在组织中需要创造出一种高昂士气来实现组织目标,同时追求创新和协作,加强组织中的决策机构、咨询机构、科研开发机构及小规模独立工作群体,采用环式沟通将是一种行之有效的措施。

3. Y式沟通

Y式沟通是指链式沟通在途中变换为环式沟通,是链式沟通与环式沟通的结合,如图7-3所示。这种沟通表明第二层主管与两个上级联系着,下面还有两个层次的联系,这是一个纵向沟通网络,其中只有一个成员位于沟通环节的中心,成为沟通的媒介。在组织中,这一网络大体相当于组织领导、秘书班子再到下级主管人员或一般成员之间的纵向关系。这种网络集中化程度高,解决问题速度快,组织中领导人员预测程度较高,除中心人员ⓒ外,组织成员的平均满意程度均较低。如果把图式倒过来,第二层主管则变成了第三层主管,上面有两层上级,下面有两个下属。此网络适用于主管人员的工作任务十分繁重，需要有人选择信息，提供决策依据，节省时间，而又要对组织实行有效的控制。但是，此网络易导致信息曲解或失真，影响组织中成员的士气，阻碍组织提高工作效率。

4. 轮式沟通

轮式沟通是指最初发信者直接将信息同步辐射式发送到最终受信者，如图7-4所示。轮式沟通属于控制型网络，其中只有一个成员是各种信息的汇集点与传递中心。在组织中，大体相当于一个主管领导直接管理几个部门的权威控制系统。此网络集中化程度高，解决问题的速度快。主管人（当然是ⓒ）的预测程度很高，而沟通的渠道很少，组织成员的满意程度低，士气低落。轮式网络是加强组织控制、争时间、抢速度的一个有效方法。如果组织接受紧急攻关任务，要求进行严密控制，则可采取这种网络。

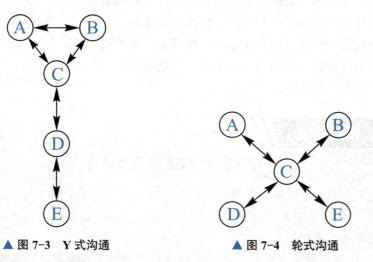

▲ 图7-3　Y式沟通　　　　　　　　▲ 图7-4　轮式沟通

拓展阅读

轮式沟通的优点和缺点

（1）轮式沟通的优点。

1）集中化程度高，解决问题的速度快。

2）解决问题的精确度高。

3）对领导人物的预测能力要求很高。

4）处于中心地位的领导人的满足程度较高，他是信息沟通的核心，一切信息都得经过这个核心进行传递，所以，可以接收所有的信息，有利于了解、掌握、汇总全面情况并迅速把自己的意见反馈出去。

（2）轮式沟通的缺点。

1）沟通渠道少。

2）除处于核心地位的领导了解全面情况外，其他成员之间互不通气，平行沟通不足，不利于提高士气。

3）组织成员心理压力大，成员平均满足程度低，影响组织的工作效率，将这种沟通网络引入组织机构中，容易滋长专制型交流网络。

5. 全通道式沟通

全通道式沟通是指所有沟通参与者之间穷尽所有沟通渠道的全方位沟通，如图7-5所示，这是一个开放式的网络系统，其中每个成员之间都有一定的联系，且彼此了解。此网络中组织的集中化程度及主管人员的预测程度均很低。由于沟通渠道很多，组织成员的平均满意程度高且差异小，所以，士气高昂，合作气氛浓厚。这对解决复杂问题，增强组织合作精神，提高士气均有很大作用。但是，这种网络沟通渠道太多，易造成混乱，且又费时，影响工作效率。

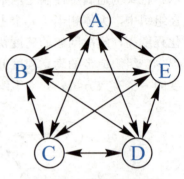

▲ 图7-5 全通道式沟通

拓展阅读

全通道式沟通的优点和缺点

（1）全通道式沟通的优点。

1）该网络是高度分散的，组织内的每一个成员都能同其他任何人进行直接交流，没有限制。

2）所有成员是平等的，人们能够比较自由地发表意见，提出解决问题的方案。

3）各个沟通者之间全面开放，彼此十分了解，组织成员的平均满意程度很高，各个成员之间满意程度的差距很小。

4）组织内士气高昂，合作气氛浓厚，个体有主动性，可充分发挥组织成员的创新精神。

5）比环式沟通的沟通渠道开阔，弥补了环式沟通难以迅速集中各方面信息的缺陷。

（2）全通道式沟通的缺点。

1）沟通渠道太多，易于造成混乱。

2）对较大的组织不适用，在一个较大的企业组织中，各成员不能都有彼此面对面的接触机会。

3）沟通路线的数目会限制信息的接收和传出的能力。

4）信息传递费时，影响工作效率。

二、非正式沟通

非正式沟通是指正式组织途径以外的信息流通程序，一般是由组织成员在感情和动机上的需要而形成。它是正式沟通的一种补充形式，因不受固定形式、环境、时间限制，往往比正式沟通效果要更好。

非正式沟通和正式沟通不同，因为它在沟通对象、时间及内容等各方面，都是未经计划和难以辨别的。非正式组织是由于组织成员的感情和动机上的需要而形成的，其沟通途径是通过组织内的各种社会关系，这种社会关系超越了部门、单位及层次。在相当程度内，非正式沟通的发展也是配合决策对于信息的需要的。这种途径相比正式途径具有较大弹性，它可以是横向流向，或是斜角流向，一般也比较迅速。在许多情况下，来自非正式沟通的信息反而会获得接收者的重视。由于传递这种信息一般是以口头方式为主，不留证据、不负责任，许多不愿通过正式沟通传递的信息，有可能在非正式沟通中透露。

非正式沟通有一种可以事先预知的模型。心理学研究表明，非正式沟通的内容和形式往往是能够事先被人知道的。它具有以下几个特点：

（1）信息越新鲜，人们所谈论的就越多。
（2）对人们工作有影响的人或事，最容易引起人们的谈论。
（3）最为人们所熟悉的，最多为人们所谈论。
（4）在工作中有关系的人，往往容易被牵扯到同一传闻中去。
（5）工作上接触多的人，最可能被牵扯到同一传闻中去。

▲ 微课：积极心态（一）

职场小贴士

虽然非正式沟通有着不同于正式沟通的优点，但过分依赖这种非正式沟通途径，也有很大危险，因为这种信息遭受歪曲或发生错误的可能性相当大，而且无从查证。尤其与员工个人关系较密切的问题，如晋升、待遇、改组之类，常常发生所谓"谣言"。这种不实消息的散布，对组织往往会造成较大的困扰。

非正式沟通有群体链式、密语链式、随机链式和单线链式四种形态，如图7-6所示。群体链式是指在沟通过程中，可能有几个中心人物，由他们将信息转告若干人，而且有某种程度的弹性，如图7-6（a）所示中的A和F两人就是中心人物，代表两个集群的"转播站"。密语链式是由一人将信息告知所有其他人，犹如其独家新闻，如图7-6（b）所示。随机链式是碰到什么人就转告什么人，并无一定中心人物或选择性，如图7-6（c）所示。单线链式就是由一人转告另一人，他也只再转告一个人，这种情况最为少见，如图 7-6（d）所示。

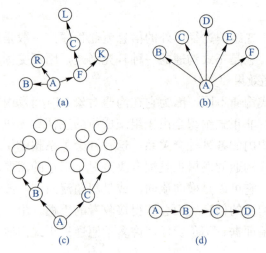

▲ 图 7-6　非正式沟通的形态
（a）群体链式；（b）密语链式；（c）随机链式；（d）单线链式

拓展阅读

员工内部沟通的原则

（1）平等化原则。高效的内部沟通必须以平等化为原则，在所有沟通者之间建立起一个等距离的沟通桥梁，从而达到理想的沟通效果。如果内部沟通无法坚持平等化原则，上司只一味地表扬和青睐部分员工，而对另一部分员工的工作能力和工作表现熟视无睹，这些被忽视的员工则会产生对抗、猜疑和放弃沟通的消极情绪，这对于内部沟通而言是十分不利的。因此，在内部沟通的过程中，应该实现平等化，在成员之间建立起等距离关系。

（2）换位思考原则。高质量的内部沟通必须以换位思考为原则，坚持双向思考，注重站在对方的角度进行沟通。可以说，换位思考使内部沟通更具有说服力。一般来说，企业追求利益最大化或长远发展，而员工更多注重的是自身的发展前景，两者之间必然存在着一定的差异。为了缓和这个矛盾，在企业与员工之间、领导与员工之间、员工与员工之间建立起有效沟通的桥梁，需要营造一个双向沟通的氛围，学会换位思考，注意角色互换，多站在对方立场思考问题，把"对方需要什么"作为思考的起点，并且善于聆听对方的看法和意见，做到尊重他人、积极倾听，不但有助于问题的解决，而且能够建立良好的人际关系。

（3）规范化沟通原则。乘务员内部沟通的方式是多种多样的，为了确保沟通的有效性和可靠性，需要对其进行规范化，对不同的事务采取不同的沟通方式，对沟通的口头语言、肢体语言、书面语言等进行规范，对沟通的渠道进行一个大致的谋划，以防止因沟通方式不同而造成信息传递不当的问题。例如，可以设置周会、月会、年会等方式来定期地进行内部沟通，也可以不定时地在乘务员之间开展座谈会。除这些正式的沟通方式外，还可以采取发送电子邮件、举行小型聚会、组织集体旅游等方式来加强乘务员之间的沟通，并让他们建立起深厚的友谊。制度化、规范化的内部沟通有助于实现高效性，加强乘务员之间的互动，使乘务员的意见可以被领导所知晓，实现公开化、正面化，从而提高内部信息沟通的管理水平。

（4）多方沟通原则。为了提高沟通效率和沟通效果，应提倡直接沟通、双向沟通和平行沟通并重的多方沟通原则。一方面，高层管理者、部门主管和员工之间要进行纵向的直接沟通。上级可以通过会议、面对面交谈等形式向下属传达信息、布置任务；而下属需要将工作实施情况、完成情况或者遇到的问题及时向上级报告，并且要注意明确上级的指示和要求，确保工作朝着预定目标前进。另一方面，部门之间要进行横向的相互沟通。在实际工作中，很多任务都要由各个部门合作完成，此时，部门主管之间或是不同部门的员工之间就需要相互沟通、相互理解、相互协调，建立良好的合作关系。企业也可以通过召开主管例会等形式，将各部门主管聚集在一起，互通工作情况，共同讨论、解决问题，从而形成共同的努力方向和目标。

（5）人际信任原则。信息传递不是单方面的，而是双方甚至是多方的沟通，因此，沟通双方的诚意和相互信任至关重要。在组织沟通中，当面对来源不同的同一信息时，员工最可能相信的是他们认为最值得信任的那个来源的信息。此外，沟通双方的特征，包括性别、年龄、智力、种族、社会地位、兴趣、价值观、能力等方面的相似性越大，相互的信任程度也越高，沟通的效果也会越好。只有充分地信任，才能得到充分交流和沟通。

（6）积极沟通原则。积极沟通的第一个特征是主动沟通、积极反馈。沟通的有效性在于信息和反馈之间的不断循环、不断更新。因此，组织内部沟通固然需要技巧，但主动性是最重要的。只有主动沟通，问题才有可能得到解决。第二个特征是和当事人沟通，即谁的问题和谁沟通，和谁有冲突与谁沟通。选错了沟通对象，也达不到沟通的效果。

（7）利于组织原则。重视沟通并不意味着所有信息都可以毫无限制地交流、传播，组织内部沟通的出发点是为了组织利益，所以，沟通的内容、时机、交流程度等都必须利于组织的发展。沟通不只是信息的交换，如果沟通的信息是灰色阴暗、消极对抗，甚至是妖言惑众、蛊惑人心的内容，只会涣散人心，削弱组织的向心力，甚至使组织成员离心离德，猜疑不止，内讧不断，这样的沟通必须被消除和禁止。

单元二　上行沟通

上行沟通是指企业内的较低层向较高层主动提供信息，即自下而上的沟通。有效的上行沟通系统不仅有助于管理者评估向上沟通系统的绩效，而且能使管理者了解员工所面临的具体问题。

一、明确上行沟通要求

上行沟通的形式是多种多样的，如非正式的讨论、态度调查、员工申诉程序、工会代表、正式会议及员工信箱等。与向下沟通类似，这些方式中以个人的、直接的方式最为有效，间接的、古板的方式效果最差。

▲ 视频：上行沟通（双语版）

上行沟通包括四项：员工的工作绩效与达到目标的水平；了解员工未能解决和面临的问题；企业各种改进的意见、观念和建议；有关员工对本职工作、同事、企业的态度与感觉。不言而喻，上述信息对管理者而言是很有价值的。最主要的是它们提供了企业运用人力资源情况的评价依据。

上行沟通要求如下：

（1）尊重上级。尊重上级，不仅仅能进行良好的沟通，更重要的是做人的成功，是心理成熟的标志。尊重上级实际上是尊重他的职位，下级服从上级是上下级关系的游戏规则。任何一个上司，提升到这个职位上，必然有某些过人之处。他们精湛的管理技能、丰富的工作经验、娴熟的待人处事方略，都是值得学习借鉴的。虽然不是每一个上司都很完美，也许他在某些方面可能还不如你，也许工作中上级有失误，但千万不要因此而瞧不起上级，对领导的抱怨、背后对领导的指责等，只能给自己的工作增加阻力，甚至影响自我的发展。

（2）及时请示。请示汇报是和上级进行沟通的主要渠道，作为下属要主动及时地与上级进行沟通。工作进行中要随时向上级汇报。对于自己的工作进度情况，无论是提前还是延迟了，都应该向上级汇报，让上级了解自己的工作进度，并及时听取上级的意见和建议。工作完成后也要及时汇报，总结成功的经验和不足，以便在下一次的工作中改进提高。同时，不要忘记在总结中提及上级的正确指导和同事的辛勤工作。当然，上级的工作较为繁忙时，下属不用事事都请示，要学会判断什么事情必须请示。比如，对于上级主管的事情、上级擅长的事情及牵扯到其他部门的事情，一定要上级做决定。对于问题的请示，应准备两个以上的方案，能向上级分析各方案的利弊，这样有利于领导做决断。如果领导同意某一方案，你应尽快将其整理成文字呈上，以免上级事多遗忘，造成不必要的麻烦。

（3）把握时机。和上级沟通，要注意场所、把握时机。上级的情绪在很大程度上影响到你沟通的成败。如先确定上级的工作行程与心情状态，当部门顺利完成了某项工作时，上级的心情较为轻松，这是与上级进行沟通的好时机。不要在上级工作繁忙时、遇到重大问题时、受到领导的斥责时去进行沟通。这个时候往往不利于双方沟通。下属一般不要在公众场合向上级提出意见，如在会议上等，因为如果领导觉得面子上过不去，将难以接受你的意见。如果在只有双方在场时提出意见，效果会好得多。

（4）换位思考。"要当好管理者，就要先当好被管理者"，要站在上级的角度思考问题，从上级的利益出发，看你的意见是否对公司或者上司有利，应多强调上级或者公司从中可以得到的利益。同时提出解决问题的方法，你的意见往往会更容易被接受。

二、掌握上行沟通语言技巧

与上级沟通，是身处职场的人沟通的重中之重，只有讲究方法、灵活运用语言表达技巧，才能保持良好的上下级关系，让自己在职场中有更大的发展空间。

（1）汇报语言简洁明晰。要和上级高效沟通，首先要做到言简意赅，尽量少占用上级的时间。在向领导汇报工作时，应当理清思路，打好腹稿或拟出要点，汇报语言清晰，简明扼要。尽可能把汇报过程系统化，采取归纳推理的方法，首先亮出结论或建议，这样可以明确主题、节省时间。拣最重要的事项来说，突出重点。在接受上司交代的任务时可以说"是""好的"，表示明确并承受上级的命令。向上级汇报工作，表达必须清楚明晰，不能天马行空，云遮雾罩，重复啰唆，不知所云。

（2）建议语言准确充分。建议要从部门工作大局出发，具有一定格局。在"进谏"时，不仅要站在自认为对集体有利的角度，还要"换位思考"，站在上级的角度考虑问题。在陈述时多用中性词语及祈使句，而不要让领导感觉你是在将自己的想法强加给他，换句话说是给老板提"建议"而不是提"意见"。语言要有根有据，准确充分。

（3）交谈语言尊重平等。与上级交谈，要遵循尊重平等的原则。在工作场所以外遇到上级时，应主动与上级交谈，如天气、见面场所的装修、着装等，从而在心理上与上级拉近关系。办公室以外，大家地位平等的，要用一种平等放松的态度对待上级，上级也会感受到与你的亲近而不是距离。多找机会与上级交流。如开会时，尽可能坐在上级旁边，方便就开会讨论的工作与上级多交流细节，谈谈自己的想法。与领导谈话时，要采取委婉的语气，切不可意气用事，更不能放任自己的情绪。

（4）赞美语言适度真诚。作为上级首先是一个人，其次才是一位领导。人都渴望得到赞美，而与上级沟通时要永远记住，上级都希望得到下属的恭维与赞美。要找出上级的优点和长处，在适当的时候给领导诚实而真挚的赞美。当你想称赞30岁以上的女上司漂亮时，请用"有气质"这个词，当你对男上司说"在您手下做事，我学到了很多为人处事的道理，我愿意能多有这样的机会"，你会看到他脸上自信的笑容。你还可以倾听领导畅谈他值得骄傲的经历，请他指导自己应该努力的方向，这样做会引起他的好感，他会觉得你是一个对他真心钦佩、虚心学习的人，是一个有培养前途的人。

（5）善于领悟言外之意。在实际工作中，要学会倾听提高感悟力，善于领悟上级的言外之意，对于自己的发展有着重要的意义。职场中尽可能少说话多倾听，尽管说

话能够很好地表现自己，但在不明情况时急于表现，乱说话对自己是不利的。给上级说话的机会，自己尽量倾听，认真揣摩上级的话外之音。

三、掌握上行沟通非语言技巧

与上级沟通时，要善于运用态势语。向领导汇报工作成绩，应面带微笑，充满自信。向领导叙述重要事宜，或回答领导提问时，要做到目不斜视地盯着对方的眼睛，这样不但会增强语言的说服力，还会给领导留下精力充沛、光明磊落的印象。听领导讲话，高兴时不妨扬起眉，严肃时瞪大眼，困惑时大胆询问，听完后简要复述，这样做会给领导留下头脑敏锐、率直认真的印象。反之，如果你面无表情，唯唯诺诺，甚至无动于衷，就会给领导留下反应迟钝、消极应付的印象。尽量配合上司的心情状态，用不同的表情与语气跟上司说话，如果老板很严肃，就不宜太嬉皮笑脸；如果老板心情很雀跃，就不宜表情呆滞，语气冰冷。

职场中上、下级的眼神交流，能无声地传达出他们之间的关系如何、默契与否。例如，上司说话时，不看着你，这并非一个好迹象，他想用不重视来传达对你的态度，说明他不想评价你；上司从上到下看了你一眼，则表明其优势和支配，还意味着自负；上司久久不眨眼盯着你看，表明他想知道更多情况；上司友好地、坦率地看着你，甚至还眨眨眼睛，则表明他同情你，对你评价比较高或他想鼓励你，甚至准备请求你原谅他的过错；上司用锐利的眼光目不转睛地盯着你，则表明他在显示自己的权力和优势；上司只偶尔看你，并且当他的目光与你相遇后立即马上躲避，如果这种情形连续发生几次，表明面对你时，这位上司缺乏自信心。

下属也能透过上司的态势语知晓其内心世界，了解他所说的是否就是他的真实想法。例如，双手合拢，从上往下压，表明上司想使其内心平静下来；双手叉腰，双肘向外，这是古典体态语，象征着命令式，同时也意味着在与人接触中，他是支配者；当上司舒适地向后靠，双手交叉在脑后，双肘向外，这是自负的表现；当上司伸出食指，则表明他是支配者，有进攻性；当上司的双手平静地放在背后时，则表明他具有优越感；当上司拍你的肩后部时，表明他真诚地赞许你；如果上司拍你的肩前部时，或从上往下拍，则表明上司倨傲而又显示宽容，这些动作表明他是支配者；两个食指并在一起，放在嘴边，其余手指交叉在一起，与两个食指形成了一个锥体，这表明在你讲话前，上司已做好了拒绝的准备；握紧拳头意味着不仅想威胁对方，还要为自己进行辩护。

单元三 下行沟通

当上级依循职权指挥链对部属执行指挥、通知、协调、评估等活动时即向下沟通，其特征是信息传达由企业的较高管理层到向较低管理层。

这种由上到下的沟通有多种方式，每种方式的效果也不同。一般而言，以直接和双向的沟通效果最佳，如小团体会议、企业内部出版物及基层主管会议；而告示、公报及海报式广告的效果就相对差一些。

在传统企业形式下，下行沟通是最重要的，从管理者到员工的沟通大都依赖下行沟通的方式。但是，如果企业的组织层次过多，信息的传达就需要经过层层的中间环节，这样不但会使信息传达的速度变得缓慢，而且有歪曲信息的可能性。

一、与下属建立良好的沟通关系

在企业管理中，领导与下属的关系既是决定领导者影响力的前提条件，也是影响领导行为有效性的重要因素。卓越的领导者总是能把各个方面的专业人才团结在自己周围，让他们心情舒畅地工作，并且高效地完成工作任务。

▲ 视频：下行沟通－如何辅导下级（双语版）

领导要与下属建立良好的沟通关系应做到以下几点：

1. 不摆架子

在工作和日常生活中，常常有一些上司好摆官架子，表现出一种高高在上、让人难以接近的姿态，与周围的人和下属之间保持着情感上的距离。

有这种表现的上司首先需要端正自己的心态，明白大家只是工作岗位不同，都是为公司的事业做贡献的人。在说话做事时要注意自己的言行、情绪、处事方式，出现问题要及时调整，在思想情感上和下属保持相通，以获取他们的信任和尊重，这样就能赢得工作上的相互配合，调动下属的工作积极性，完美完成工作。

2. 给予下属一定关心

在群体中，任何人都希望被人接受、尊重，并得到赏识，当他人感受到你的友善，你也会因此受到他人的善意。领导者与被领导者之间有一种特殊的人际关系，领导者要实现其领导功能，除依赖其权力性影响力和自身的品格、知识、才能等非权力性影响力之外，更重要的是要能被下属接受、受下属拥戴。

下属经常是从非常细微之处感受自己是否被上司接纳的。比如，上司是否能热情地和下属打招呼，是否能在餐厅里和下属同桌进餐，是否过问下属的学习和生活，是否偶尔也谈谈自己的兴趣爱好、快乐与烦恼，工作上是否经常倾听下属的看法、意见和建议。这些看似简单的沟通，却能产生极大的心理效应。如果答案是肯定的，下属就会感到自己是公司中的一员，是被重视的，从而自觉地把公司的目标当作自己的目标，从而促进公司目标的实现。

3. 给予下属充分的信任

与下属建立良好的信任关系是企业领导试图达到的一种理想的用人状态。所谓"疑人不用，用人不疑"，讲的就是这个道理。

确定下属是可信任之人后，就要让他们放手工作，大胆负责。一方面要相信他们对事业的忠诚，要让他们创造性地开展工作。另一方面要相信他们的工作能力。既要委以职位又要授予权力使他们敢于负责，大胆工作。

对人才的信任和使用，还包括当他们在工作中出了问题、走了弯路时，用人者要勇于承担责任，帮助他们总结经验，鼓励他们继续前进。特别是当下属遇到阻力和困难，受到后进势力压制时，用人者要挺身而出给予坚决的支持和有力的帮助，从而将工作继续推进。

4. 给予下属明确完整的指令信息

领导者比下属更了解一项任务所要达到的标准及具体的指令信息，当领导者将指令清晰完整地传达给下属时，他们就能确切地知道该做什么、该如何做。但如果指令是不完整的，下属在理解时就可能出现偏差，做一些无用功，久而久之，彼此的关系就会恶化。

作为领导者，要花时间给予团队成员工作上的指导。如果可以的话，可以借助一些生动的例子作为辅助工具，尽可能地保证内容简洁，有逻辑性。在给予指导后，立即反馈信息也很重要，这能够确保指令信息的清晰完整。

5. 让下属清楚自己的表现

为了保证领导者与下属之间关系良好，领导者还需要让员工知道他们的任务是否完成得不错，不要让下属感觉自己像是在真空中工作，他们希望自己是公司的重要组成部分，希望公司和领导给予他们培训和支持。让员工清楚领导者对他的期望，将帮助领导者实现有效的双向沟通。

二、掌握赞美下属的技巧

鼓励和赞美能满足人们自尊心的需要，适当地赞美下属是一种领导艺术。无论能力强弱，也无论职位高低，下属都希望听到上司的赞美。

▲ 视频：下行沟通 – 如何向下属提供反馈（双语版）

在工作中，下属能否得到上司的赞美及赞美的程度如何，往往是其衡量自身价值的尺度。获得领导的赞美，下属就感到自己是重要的、有价值的，从而产生更强烈的敬业感和责任感。

一般来说，赞美下属具有以下技巧。

1. 充分考虑赞美对其他员工的影响

为了给员工以积极的导向，一般来说，赞美都是公开进行的。这时候要注意在赞美一个员工的时候不要在无意中伤害其他员工，不要激起其他员工和被赞美者的对抗。

一般来说，凡是受到领导信任的员工都容易受到其他员工的嫉妒，上司应该尽量化解这些员工的这种情绪。例如，在赞美一个员工的同时，对其他员工也进行表扬。既是表扬，就应该以事论理、以理服众。如需公开表扬，一定要在下属取得公认的成绩后再采取这种方式，以免让其他下属感到上司偏心、不公正，从而产生逆反心理。在表扬中应尊重客观事实，尽可能多地引用受表扬者的有关实例与数据，用事实来化解某些人的逆反心理。

2. 要根据员工的特点，讲适合对方的话

如果员工年龄较长、资格较老，领导赞美他经验丰富、几十年如一日兢兢业业地

工作，他就非常爱听。对大学刚毕业的新进员工，表扬他有创造性、有魄力比较合适。

三、掌握批评下属的技巧

对下属要奖惩分明，当他出错的时候，要及时批评纠正。但在批评下属时要注意维护他们的自尊心，尽量避免引起对方的反感情绪。上司在批评下属时要注意以下几点。

▲ 微课：积极心态（二）

1. 不要在大庭广众之下批评下属

批评下属是为了纠正错误，如果在大庭广众之下，容易让他觉得颜面扫地，引起抵触情绪，不利于纠正错误。如果一定要在人多的地方批评下属，最好只针对事情或不点名，这样才不会激起下属的反抗心理，能督促下属尽快纠正错误。

2. 用称赞代替批评

人们在受到批评时，多会产生抵触情绪。但也有一些特殊的人，挨了批评却"潇洒"得很，任你怎样批评，他只是听之任之、我行我素、依然如故。批评这种员工应该从另一个角度出发，利用称赞来帮助他们纠正错误，进而增加公司的工作效率。

3. 批评对事不对人

对于下属来说，做了错事是一件令人难过的事情，你应该理解对方的感受。同时表明自己的同情态度，对方一定会体察到你的细致关怀，这样有助于他接受你的意见。

> **职场小贴士**
>
> 上行沟通和下行沟通是企业中最重要的正式沟通方式，但它并不能满足企业内所有的沟通需要，而且其本身也存在一定的缺陷。向上与向下的沟通流向，必须经由不同的管理层，所以致使信息遭到曲解和人为修改。另外，不同管理层人员的地位与权力影响不可忽视。

单元四　平行沟通

平行沟通又称横向沟通，是指企业中属于同一级层员工之间所进行的沟通。

平行沟通是垂直沟通必不可少的补充。在达到一定规模的企业组织中，平行沟通有利于节省时间，促进彼此之间的协调与合作，特别是在遇到突发事件需即时行动时，平行沟通更是必要的。由于社会化分工越来越细，往往为完成一个目标、一项工程、一个产品，需要在不同企业、部门、同事之间，在不同环节、不同阶段，共同利用同一资源为产生整体的效益而协同工作。为此,同事之间的沟通与合作是非常必要的。良好的同事关系有利于形成友善、宽容的工作氛围;有利于部门之间、员工之间相互传达信息,达成共识,实现部门工作合力的最大化;有利于团队总目标的实现,团队合作精神的形成。

一、明确平行沟通的要求

同事之间处于同一办公场所,为了生存和发展要感受同一种压力,在工作中你中有我,我中有你,谁也少不了谁。每天与同事在一起的时间有时会大大超过自己的家人。良好的平级沟通关系能够帮助我们展示自我、赢得信任、获得支持、建立友谊,实现职场人际关系的和谐发展,有利于个人工作目标和职业理想的最终实现。

▲ 视频:内部沟通(双语版)

与同事沟通交谈的要求如下:

1. 摆正心态

(1)理性对待与同事之间的竞争。同事之间最主要是合作与竞争的关系。同事之间竞争的目的在于超越自我,共同进步,有利于团体竞争力的提高。我们一方面要积极建立与同事的合作关系,注意人际沟通技巧;另一方面要理性对待同级之间的竞争,不能相互排斥、互相保密,要相互尊重,携手共进、取长补短。

(2)换位思考,树立双赢意识。在与同事相处中,要多设身处地地为对方着想。主动了解对方的工作目标;了解对方对自己的工作有什么期待和要求;了解自己该怎样配合对方的工作;了解对方能够为自己提供怎样的帮助。当与平级之间出现意见分歧时,要在保持必要差异性的同时,尽量让双方的目标趋同,将组织整体利益置于个人、部门利益之上,最终实现双赢。

2. 摆正关系

(1)真诚友善,坦率待人。要善于肯定同事。多在适当的场合,恰到好处地夸奖同事的特长和优点,在单位树立他的形象和威信。当发现他有什么缺点或不足时,应该私下里实事求是地指出,并帮助他一起完善自己。

(2)适当保持距离。与同事交谈的内容可以适当地涉及一般性的私事,但不要涉及个人隐私。尽量少在同事面前抱怨单位,指责领导和同事。

3. 注意细节

(1)主动沟通。平常应注意多与同事沟通。当与同事有利益上或其他方面的冲突,要养成主动沟通解决的习惯,而不是将沟通难题推给上级。在处理这些矛盾的时候,最好的解决方法是真诚沟通,共同协商解决问题,而不是指责或命令。

(2)不跨级沟通。在工作场合中一定是"平级好说话"。设想一个场景:公司将组织一次大型促销活动,市场部需要向人力资源部调用促销员。若市场部派了一位普通员工去找人力资源部经理联系具体事项,人力资源部经理的感觉会怎样呢?

(3)注意态势语。同事之间的沟通要避免使用过分夸张的态势语。

二、掌握平行沟通的语言技巧

同事之间沟通时，在不侵害他人和部门利益的前提下，要敢于维护自己和本部门的利益，用真诚、直接的态度来表达自己的需求、意见和感受。要经常使用"我们""我们部门"作为谈话的开头。另外，还要掌握以下语言技巧。

1. 提出见解

当需要明确表达自己的见解时，可以使用"在我看来……""我的意见是……"之类的表达。我们不要把自己的意见强加于沟通对象。"我个人认为这样或许更有效""我想改变这个工作程序，你有什么见教？"的表达，既明确了自己的意见，给沟通对象提供了解决问题的建议，又给沟通对象留有选择的余地。

2. 提出请求

当需要同事帮忙的时候，说话应简明扼要，表现出自己的坦率和真诚。如"老肖，怎么样？帮帮忙，汇总表下班前一定做出来"。"老肖，提前两天把汇总表做出来，到时候我请客。""我希望我能够把销售汇总表按时交给你，但是我们以前交报表都没有这么急，恐怕各个办事处都没有准备，我们试一下再答复你，可以吗？"

当我们在沟通中发现有不理解、不明确的问题，要能直截了当地提出，主动让对方给予进一步说明，如"我的报表明天中午交来，会不会给你们的工作带来什么不便"？"你对这件事有何看法？"

3. 提出不同意见

避免直接针对对方的意见和态度作强硬的批评，而选择用建议的方式来表达自己的意见和态度。要表达与对方不同的意见可以遵循以下步骤：

第一步，明确向对方表示反对。如"不，我不认为""我不完全赞成"。

第二步，表示怀疑。如"我个人认为，这个方案存在不足"。

第三步，说明反对的理由。如"根据上个季度的业绩情况，和本季度的销售规模，我个人认为……"。

第四步，承认他人的观点。如"我知道你对此事的看法与我的不同，我们所处角度不同，请你理解"。

第五步，清楚地表明我们赞成的内容或反对的内容。如"我赞成尽快完成这次报表，可两天时间确实完不成"。

4. 提出批评

如果同事提出了违反工作原则的要求，我们要维护自己的合理权利，要"对事不对人"地进行批评。同时，也要顾及对方的自尊，提供不带强制性的建议。具体可以用以下方式表达：

（1）用建议代替直言。如"我们如果能够……就会取得更好的结果"。

（2）用提问题代替批评。如"你对这个项目的主要参考因素考虑全面了吗"？

（3）让对方说出期望。如"你认为，我们在下一步的工作中，要注意哪些问题呢"？

（4）诉求共同的利益。如"我和你的观点一样，我们要尽快找到解决问题的方案"。

5. 表达拒绝

面对同事不合理的要求,我们要明确地予以表达,并及时说明拒绝的原因。"对不起,这事无法办到。因为……"千万不能回避问题,说话拖泥带水。用"我想也许你可以……"之类的表达是不恰当的。

6. 平级沟通中要避免的表达误区

(1) 避免为自己找借口,如"平时我是不会提起这件事的,只是……"。

(2) 避免过多使用抱歉或征求对方意见的用语,如"真是抱歉,我的原意并非如此……"。

(3) 避免使用自我约束的字眼,如"我应该、我必须、我本来应当做好……"。

(4) 避免使用侵略性的表达,如"电脑借我用两天""我的这些正儿八经的工作还没有完呢,哪里有工夫管什么报表这些杂七杂八的事情""那是你的事!你自己看着办吧"。

(5) 避免自我标榜,如"我的计划总是能够按时完成,这事也就我能完成"。

(6) 避免以威胁性的语言质问对方,如"我真想不出你为什么这么做,难道你没有想出什么好办法吗"?

(7) 避免用命令,甚至是威胁的口吻提出自己的要求,如"你现在马上把报告交出来,否则后果自负"。

(8) 避免使用责怪的语言,如"如果不是你……,就不会发生这种事了。""你的态度根本就不对"。

拓展阅读

内部沟通障碍

通常在沟通过程中,沟通双方所具有的不同心态、表达能力、理解能力及所处的环境和所采取的沟通方式,都会影响沟通的效果。无论是民航企业组织内部,还是民航服务人员与旅客之间,由于这些主观因素的影响,往往存在着种种沟通上的障碍。障碍可能存在于领导上层,或存在于工作计划方面,或存在于服务过程中,或存在于信息反馈方面等。

(1) 沟通的延迟。沟通的延迟即基层信息在向上传递时过分缓慢。一些下级在向上级反映问题时犹豫不决,因为当工作完成不理想时,向上汇报就可能意味着承认失败。于是,每一层的人都可能延迟沟通,以便设法解决问题。

(2) 信息的过滤。这和前一个问题有着密切的联系。这种信息被部分删除的现象之所以发生,是因为员工有一种自然的倾向,即在向主管报告时,只报告那些他们认为主管想要听的内容。不过信息过滤也有合理的原因,所有的信息可能非常广泛;或者有些信息并不确切,需要进一步查证;或者主管要求员工仅报告那些事情的要点。因此,过滤必然成为沟通中潜在的问题。为了防止信息的过滤,人们有时会采取短路而绕过主管,也就是说他们越过一个甚至更多个沟通层级。从积极的一面来看，这种短路可以减少信息的过滤和延迟；但是也有其不利的一面，由于它属于越级反映，在管理中通常不鼓励这种做法。另一个问题涉及员工需要得到答复。员工向上级反映情况，他们作为信息的传递者，通常强烈地期望得到来自上级的反馈，而且希望能及时得到反馈。如果管理者迅速响应，就会鼓励进一步的越级沟通。

（3）信息的扭曲。这是指有意改变信息以便达到个人目的。有的员工为了得到更多的表扬或更多的获取，故意夸大自己的工作成绩；有些人则会掩饰部门中的问题。任何信息的扭曲都会使管理者无法准确地了解真实情况，不能作出明智的决策。而且扭曲事实是一种不道德的行为，会破坏双方彼此的信任。另外，有时候信息发送者头脑中的某个想法很清晰，但仍可能受措辞不当、疏忽遗漏、缺乏条理、表达紊乱的影响，未能阐明信息的含义，信息表达不清楚和不正确可能造成很大的损失，这也是内部沟通存在的障碍。通过以上现象可以看出产生这类障碍是身份、地位不平等造成的。

（4）层次障碍。层次障碍是指主管和下级的层次之间存在着各种差异。例如，主管和下级的知识及专业技术层次存在着差异。如果主管就自己的知识层次与下级沟通，而忽视了下级的知识层次，沟通就会出现障碍。有时，主管人员倾向于使用管理术语，它们或者是技术性的，或者是行政性的，下级对这些术语都一无所知。组织中常常存在着这种障碍。

（5）性别障碍。男性和女性的差异在沟通上是十分明显的。沟通时，男性通常是为了解决问题，女性则是为了解决情绪问题，男性通常认为将问题讲清楚就可以了，而女性却需要通过语言交流来解除孤独感和压力感。所以，男性常反感女性的唠叨，而女性又不满男性的断然和不耐烦。因此，在沟通上形成障碍。

（6）个性障碍。不仅异性之间的差异影响沟通，即使是同性，也会因沟通双方的个性而发生冲突，并因此产生沟通障碍也是常有的事。如果双方不是客观地看待事情，个性因素就占了主导地位，问题也就被个性化了。

（7）情绪障碍。无论是信息的发出者还是接收者，如果其情绪不佳就会影响双方的沟通质量。这里指的"不佳"不是通常所说的"坏情绪"，而是指不平稳。无论在沟通时过于烦乱、悲伤还是过于狂喜，对沟通都会造成影响。

（8）态度障碍。一些人在职场沟通过程中，或是漫不经心，或是自高自大，拒绝倾听上级或下级的意见，这些态度都阻碍了有效的沟通。这种事情的发生，或是源于"我知道所有事情"的优越感，或是源于"我一无是处"的自卑倾向。

（9）距离。由于业务的忙碌或企业内壁垒森严的等级观念，上级与下级之间的距离减少了他们面对面的沟通机会。面对面的沟通是企业内部沟通中效果显著的一种，彼此较少的面对面沟通可能会导致双方误解或不能理解所传递的信息，还使主管和下级之间的误解不易澄清。在部分企业中，有一些主管常常外出，或者把自己置身于烦琐的小事，下级没有机会与他们进行商谈、讨论或获得他们的指导。这种难以接近上级的情形会导致沟通的失败。它会挫伤下级从上级那里寻求适当指导的积极性，从而更多地依赖于自我尝试。不可接近并不一定非得是实体上的，它也可能是心理上的。若上级采取严厉的态度，下级要弄明白他的观点并不容易。

（10）负载过重。人们所能接受的信息量是有限的，当人们负载的信息过度时，他们就会倾向于清除、忽略或者忘却，以至于完成不佳。其绩效比接收信息不足的员工绩效要低。

（11）心理选择。沟通者的心理选择表现为，对双方所谈内容不感兴趣，或者只对好的感兴趣，排斥不好的一面。人都有趋利避害的本性，这也是一种本能，由此也造成了人们爱听好话，而不愿听不好的话的现象。正所谓忠言逆耳，其实不好听的话可能是良言，尽管你不想听，但它有可能真正能帮到你。因此，人的这种心理表现，应该是良好沟通的最大障碍，沟通者往往很难排除这一点。

（12）成见、偏见。这是对人对事的另外一种形式的选择。人会因为不相信某个人，而不相信这个人所说的话，或者，对某个人有偏见，因而对此人所说的话也相应产生偏见或者不感兴趣。比如，某人曾经因为某件事而被骗，以后他遇上类似的事情时，首先想到的是这件事与上次那件事很像，极有可能也是骗人的。尽管该事情本身是真实的，也改变不了他出于条件反射的偏见，这也是人的一种本能的自我保护意识。但是，从解决问题的角度来讲，这也是沟通的一个很大的障碍。

模块小结

民航服务人员内部沟通的形式包括正式沟通和非正式沟通两种：正式沟通是指在工作时间以内，按照公司规定的原则所作的一些交流，如会议、通报等；非正式沟通是指正式组织途径以外的信息流通程序，一般是由组织成员在情感和动机上的需要而形成。员工内部沟通包括上行沟通、下行沟通和平行沟通，即下属对上级领导的沟通、上级领导与下属的沟通及同事之间的沟通，下属对领导的沟通要注意语言和非语言的技巧，上级要建立与下属之间的良好的沟通关系，注意赞美下属和批评下属时的技巧，同事之间的沟通要摆正心态、摆正关系、注意掌握细节及语言上的技巧，只有这样，才能建立好上下级与同事之间良好的沟通关系。

岗位典型工作任务实训

1. 岗位实训项目

上下级沟通训练。

2. 岗位实训内容

将学生分成两组:一组模拟乘务长;另一组模拟空乘人员。

3. 岗位实训要求

乘务长在起飞前针对机上 VIP 旅客的特殊要求向空乘人员进行沟通,空乘人员根据乘务长的交代执行为 VIP 旅客服务。

模拟表演的学生讲述自身的感受,其他观摩学生为两组表演的学生打分,并讨论在上下级沟通过程中应注意的问题及沟通的技巧。

4. 岗位实训心得

▲ 在线答题

参考文献

[1] 宋文静,宫新军.民航服务与人际沟通[M].2版.北京:科学出版社,2017.
[2] 宫新军.民航公共关系与沟通[M].北京:科学出版社,2018.
[3] 金恒.民航服务与沟通[M].北京:中国化学出版社,2020.
[4] 王亚莉.民航服务与沟通[M].北京:中国人民大学出版社,2020.
[5] 汪小玲,杨青云.空乘服务沟通与播音[M].北京:国防工业出版社,2017.
[6] 陈淑君,栾笑天.民航服务、沟通与危机管理[M].重庆:重庆大学出版社,2017.
[7] 杨丽明,池锐宏.民航服务沟通理论、案例与实训[M].北京:中国人民大学出版社,2018.
[8] 朱彤.管理沟通[M].重庆:重庆大学出版社,2015.
[9] 刘晖.空乘服务沟通与播音技巧[M].5版.北京:旅游教育出版社,2019.